法律與人生

Law and Life

劉作揖 / 著

八版序

中華民國九十七年五月二十三日　總統令修正公布之民法第十四條條文，竟將第一項：「對於心神喪失或精神耗弱致不能處理自己事務者，法院得因本人、配偶、最近親屬二人或檢察官之聲請，宣告禁治產」的「禁治產」一稱謂，修正爲：「對於因精神障礙或其他心智缺陷，致不能爲意思表示或受意思表示，或不能辨識其意思表示之效果者，法院得因本人、配偶、四親等內之親屬、最近一年有同居事實之其他親屬、檢察官、主管機關或社會福利機構之聲請，爲監護之宣告」的「監護」。致民法上的「監護」，甚易與刑法上的「監護」，發生認知上的混淆。

按民法上的監護，在過去包括未成年人之監護與禁治產人之監護等兩種，而有關監護人之委託、指定、選定以及監護人之職務……等，兩者皆有明文規定。唯民國九十七年五月二十三日修正公布的民法親屬編的有關監護章次，雖然仍保留未成年人之監護一節，但原禁治產人之監護一節，則修正爲成年人之監護，且有關監護人之委託、指定或選定以及監護人之職務、監護之施行……等等，兩者更有嶄新的規定。

依民法的規定，成年人之所以必須受監護，係因其人有精神障礙或其他心智缺陷的癥狀，致不能爲意思表示或受意思表示，或不能辨識其意思表示之效果，經配偶、最近（四親等內）親屬或有同居事實（最近一年）之其他親屬、檢察官……等聲請法院，爲監護之宣告。

所謂「有精神障礙或其他心智缺陷者」，當然指當事人罹患神經病症或精神病症，致精神喪失、心智錯亂、反應遲滯或當事人罹有老人癡呆症、帕金森氏症、阿滋海默氏症、失智症、失憶症……等之精神障礙或心智缺陷之症狀，致不能爲意思表示或受意思表示，或不能辨識其意思表示之法律效果，因此，上述之有精神障礙或其他心智缺陷之成年人，自應接受監護。

至於刑法上的監護，係指受監護人因觸犯刑罰法律，爲法院所繫屬、審判，惟其犯罪之原因，係由於精神障礙或其他心智缺陷，致不能辨識其行爲違法或欠缺依其辨識而行爲之能力；或其辨識行爲違法或依其辨識而行爲之能力顯著減低，經法院謹愼鑑定其精神狀況、審酌其情節輕重，爲不罰或減輕其刑的判決確定後，足認其情狀仍有再犯或有危害公共完全之虞，乃於刑之赦免後，或於刑之執行前或刑之執行完畢或赦免後，令入相當處所，爲五年以下之監護處分。

按刑法上所指的「精神障礙或其他心智缺陷」，雖然與民法上所指的「精神障礙或其他心智缺陷」，同是法院宣告監護的主要原因，但刑法上所稱的「精神障礙」係指因精神上的疾病，或腦部的損傷，致思想、記憶、辨識、言語……等能力，發生顯著的障礙而言。而「其他心智缺陷」，則指因先天的遺傳，或後天的腦部損傷，致認知、記憶、辨識、邏輯、推理、解決問題……等智能，發生顯著的缺陷，導致心智低劣，呈低能、癡呆現象。

犯罪行爲人，因有「精神障礙或其他心智缺陷」的癥狀，致不能辨識其行爲違法或欠缺依其辨識而行爲之能力；或其辨識行爲違法或依其辨識而行爲之能力顯著減低，因而觸犯了刑罰法律，實在值得同情；惟經法院爲不罰或減輕其刑之判決確定後，如依其情狀，足認犯罪行爲人有再犯或有危害公共安全之虞，得於不罰後，或於刑之執行前或刑之執行完畢或赦免後，令入相當處所爲監護之執行。

足見刑法的監護，與民法的監護，不盡相同。刑法上的監護之執行，必須依據刑法及保安處分執行法的明文規定，凡刑法、保安處分執行法或少年事件處理法未規定的事項，才適用民法的規定。而民法的監護之行使，僅須依據民法的有關規定。

法律，形形色色，種類繁多，欲以有生之年，窮盡所有法律，恐心力有所不逮；但重要的法律，例如中華民國憲法、民法、刑法、訴訟法（包括民事訴訟法、刑事訴訟法……）……等，則非涉獵不可。

「法律與人生」一書，除了闡述法律的基本概念之外，亦扼要敘述中華民國憲法、民法、民法的特別法規、刑法、訴訟法……等重要法律。惟僅概略加以敘述，未能一一詳盡論撰，引爲憾事。

承蒙五南文化事業機構的大力推介，以及國內專家、學者、讀者的厚愛、採用，致本書已創下七版二刷的業績。值此修訂八版即將付印、出書之際，爰謹再次感謝「五南」所有編輯同仁，爲本書的再版所付出的心力，並期望國內專家、學者、讀者繼續惠予賜教。

劉作揖　謹識

2011.11.14

自　序

當時光邁進了2000年的黃金軌道，人類社會將面臨資訊科技大放光彩、智識領域不斷擴充的衝擊；以國內來說，不但大學院校將如雨後春筍般的不斷擴增；即使學術研究的自由，亦將綻放燦爛的花朵，帶動社會文化的提昇與進步。

惟不可否認的，社會文明的進步，亦將激起社會的繁榮、物質的充斥、交通的發達、經濟的起飛、人民生活品質的提高……；同時，相反地，也將挑起若干意志薄弱而無所事事的遊民的犯罪慾念，故犯罪問題的嚴重，特別是經濟犯，也將威脅未來社會的安全，困擾法治政治的作爲，論者咸認爲欲防範經濟犯罪的氾濫，除了應採取嚴刑酷罰的刑事政策外，最主要的莫過於加強法律教育，充實警力戒備……；且對於無一技之長、工作能力欠缺、生活條件低劣之輩，應給予職業訓練之機會，俾能獲得一技之長，謀求適當的職業。

法律是安定社會、維護秩序、保障個人生命、身體、自由、名譽、財產、貞操……等權利的行爲規範，懂得法律的人，固然要遵守法律，不得知法犯法；不懂法律的人，也不能因爲不懂法律而網開一面，任其爲所欲爲不加干涉；法律之前，人人平等，懂得法律的人犯了罪，固然要依法處罰，不懂得法律的人犯了罪，也同樣要依法科刑；倒是不懂法律而犯了罪的人，值得同情，有必要施予法律教育，使其不致再次誤觸刑罰法律。

法律與人生的關係，相當密切，沒有犯罪的人，一輩子可以享受自由自在的生活，其生命、身體、自由、財產……等法益，皆能享有法律上的保障；而犯罪的人，假若被判處死刑，則生命的法益將被剝奪，這一生的希望也將歸於幻滅……，不久即將被迫永離社會，再也見不到親人朋友，其處境是相當悽慘的……；而犯罪的人，假若被判處無期徒刑或長期有期徒刑，則身體自由的法益將被剝奪，這一生將被長久的拘禁於監獄內，過著與社會隔絕的囹圄生活，其處境也是相當淒慘……；再者，犯罪的人，假若仍有新台幣幾佰萬元或幾千萬元的民事賠償負擔，則一旦出獄後，如何以有生之年，償還這筆民事賠償費？亦著實令人爲之擔憂？！總之，法律與人，如影之隨形，只有知法守法的人，才得以享有身體自由的生活；而知法犯法的人，其生命、身體、自由、財產……的法益，將被依法剝奪，而失去其自主的權利。……

承蒙五南圖書公司的厚愛，將拙著「法律與人生」一書，於2003年9月間出版，並在「五南」諸位同仁的全力支持與推介之下，能拓展銷路，陸續的再版，迄今已再版三次之多，甚感榮幸，謹在此向毛總經理基正、李副總經理純聆，以及所有爲本書投入心血的同仁致謝。

作者法律素養尚淺，祈盼海內外專家、學者不吝指正。

劉作揖 謹識

2004.1

目次

第一編

導　論

法律是每個人必須遵守的社會行爲規範，一個人從出生之後，在生長發展的過程中，無論在家庭、學校與社會，都必須遵守法律、瞭解法律，並接受法律的拘束與支配。只有知法守法的人，才能過著無憂無慮、自由自在的快樂生活，其個人的生命、身體、自由、名譽、財產……等權益，才能獲得法律上的確切保障；而知法犯法的人，將自絪於法網，無法逍遙法外，無法享受無憂無慮、安逸舒適的幸福生活，其個人的生命、身體、自由、財產……等權益，亦將遭受國家的剝奪，而失去其法律上的確切保障。本編爲使讀者能明瞭法律的基本知識，特別精要分述以下各章：第一章法律的意義及其社會功能；第二章法律與其他社會行爲規範；第三章法律的演進與主要法系；第四章法律的制定、公布、施行及其效力；第五章法律的特性與淵源；第六章法律的類型；第七章法律的體系；第八章法律的適用與解釋；第九章法律的制裁。

第一章
法律的意義及其社會功能

第一節　法律的意義

人不能離群索居，而營與世隔絕的孤獨生活。人一旦脫離社會、離開人群，生活便陷入困境，生命便難以延續，所以，人必須接納社會，與社會共存。

在人群眾多、生活繁忙、組織複雜的群體社會，個人必須與其他個人或團體，建立和諧的、友善的相互關係，才能圓滿地適應社會的生活。同時，個人也必須遵守社會道德、習慣……以及群體制定的社會生活規範，一方面約束個人的行為，使個人的行為不致侵害他人或團體的權益，一方面尊重其他個人或團體的人格，減少衝突、摩擦的負面影響，使社會得以維持平和與安定。

一、法律的實際意義

法律的意義如何？學者間的見解分歧不一，例如前管歐教授認為：「法律是經過一定的制定程序，以國家權力而強制實行的人類生活規範」[1]。已故的前大法官鄭教授玉波認為：「法律是以保障群眾安寧，維持社會秩序為目的，而透過國家權力以強制實行之一種社會生活規範」[2]。已故的前大法官林教授紀東認為：「法律是社會生活上人和人間關係的規律，以正義為其存在的基礎，以國家的強制力為其實施的手段者」[3]。已故的前司法院副院長韓教授忠謨認為：「法律是憑藉強制力以為施行之保障的社會生活規範」[4]。

綜合前述各權威學者的詮釋，法律可以說是國家與人民或人民與人民相互間權利義務關係的社會生活規範；或者換句話說，法律是以公權力強制施行的一種社會生活規範。惟實際意義的法律，除了制定法之外，尚包括道德、宗教、習慣……等種種未經制定的社會生活規範，故又稱為廣義的法律。

二、法律的形式意義

法律的形式意義，是指法律均依照一定的程序，由特定的機關制定的所謂社會生活規範。換句話說，法律必須如中華民國憲法所明定：「本憲法所稱之法律，謂經立法院通過，總統公布之法律」才符合，且有形式上的文字記載與行為規範才稱之。

綜上所述，法律的形式意義，是指制定法而言，是屬於狹義的法律；而法律的實際意義，是屬於廣義的法律，包括制定法與道德、宗教、習慣……等非制定法，內容較為廣泛。

三、法律的定名

我國的法律，在早期有稱為「法」者，有稱為「律」者，前者如戰國末年李悝所編的盜法、誠法、囚法、捕法、雜法、具法等六篇法經，後者如商鞅輔秦，改「法」為「律」，漢高祖時代將李悝所編的法經六篇，修訂為九章律……等，其後魏、晉、隋、唐、宋以至明、清，歷代的法律，均稱為「律」，特別是唐律，對後世以及鄰國——日本、韓國……等影響最大。

晚近由於法治思想的澎湃，法律的種類益加繁多，必須明確定名，才不致混淆不清；特別是法律與命令，常被一般人所誤解，以為同屬法律，性質相同，沒什麼區別；殊不知命令是口頭上或習慣上所稱之法令，並不是實際上所稱的法律；命令毋須提交立法機關審議，而法律必須經立法機關制定通過，故性質上仍然不同，其名稱亦截然有別。

㈠法律

法律，依中央法規標準法第二條之規定，「法律得定名為法、律、條例或通則」，均必須經立法院通過、總統公布，始生施行的效力。稱「法」者，如中華民國憲法、民法、刑法、民事訴訟法、刑事訴訟法、公司法、保險法、票據法、海商法……等。稱「律」者，如戰時軍律（已廢除）。稱「條例」者，如卸任總統禮遇條例、教育人員任用條例、貪污治罪條例、檢肅流氓條例、鄉鎮市調解條例……等。稱「通則」者，例如少年矯正學校設置及教育實施通則……等。

㈡命令

命令，依中央法規標準法第三條之規定，「各機關發布之命令，得依其性質，稱規程、規則、細則、辦法、綱要、標準或準則」，均由有關機關，例如行政院、司法院、考試院……等，依法定職權或基於法律之授權而制定，而不必經由立法院通過，總統公布之程序。稱規程者，例如臺北市政府組織規程、臺北市議會組織規程……等，稱規則者，例如公職候選人檢覆規則、執行死刑規則……等。稱細則者，例如公務人員考試法施行細則、公務人員升等考試法施行細則……等。稱辦法者，例如家事事件處理辦法、法官檢察官互調辦法……等。稱綱要者，例如臺北市各級組織及實施地方自治綱要、高雄市各級組織及實施地方自治綱要……等。稱標準者，例如中小企業認定標準、有限公司及股份有限公司最低資本額標準……等。稱準則者，例如票據掛失止付處理準則、勞工保險被保險人因執行職務而致傷病審查準則……等。

第二節　法律的社會功能

人類從母體出生後，即在社會環境中成長，並接受社會文化的薰陶，與社會的行為模式表同。惟人類的本性，非善非惡，在起初純潔如同一張白紙，漸漸地，由於閱歷的增廣、經驗的累積，使其可善可惡的本性，開始有了潛移默化的轉變。社會是一個生活場地，也是一個大染缸，所謂「染於蒼則蒼，染於黃則黃」，人類終生處於複雜的社會，難免受其影響，為其左右，其操守、其品性、其氣質、其待人處事的態度，也自然有了不同的個別差異。人類是群居的動物，有群居以求共生共存的習慣，惟人類的獸性尚未完全消滅，理性亦常為慾念所困，故人類一旦與人相處不悅，糾紛、械鬥之事亦常習見；倘若生活困苦，三餐不能溫飽，亦有可能鋌而走險，幹起竊盜、搶劫的事來。因此，常有人戲稱：「有社會，即有犯罪」。法律既為因應社會之需要而產生，則自然具有遏阻犯罪的功能，可以促使人類發展理性，控制情慾、遵守紀律，克制行為，使社會能趨於和諧、安定。那麼，法律到底具有哪些社會功能？下面一一加以分述：

一、規範社會行為

人類在社會生活上，往往須與其他個人或團體，發生相互的關係，此相互的關係，如果是和諧的、友愛的，便會增進彼此的友誼；如果是摩擦的、衝突的，便會產生彼此的敵對，演變下去可能會導致發生鬥毆、仇殺……等有礙社會秩序的社會行為。社會是以和諧、安定為主，社會的繁榮與進步，是建立在和諧、安定的基礎上，犯罪問題的頻繁，只會帶給社會混亂、不安的亂象，對社會的繁榮與進步，並無任何幫助。故法律是規範人類的行為模式，使人類在社會生活上，能遵守紀律、維護秩序，踐行法律所允許的社會行為，儘量遏阻犯罪的慾念，克制情慾的衝動，做一個知法、守法、崇法的社會文明人。

二、維護善良風俗

社會是由人類的群居所形成，大的社會因為人口較多，工商業發達，交通頻繁，於是形成都市或城市；小的社會，因為人口較少，開化較慢，交通較不便，於是形成偏僻、落後的小鄉村或小聚落。每一個社會，均有其共同的語言、文字、風俗與習慣；語言與文字是表達情意的工具；語言以聲音的組合，來傳達內心的意思；文字以符號的組合，來記述所見所聞，以傳授後代；而風俗與習慣是人類所開創，並為社會所慣行的行為模式；好的風俗與習慣，因為大多數人類均表贊同，於是，常為社會所流傳、所倡導；壞的風俗與習慣，因為有損社會倫理與道德，對於社會秩序的維護有負面影響，故逐漸消聲匿跡，為社會所淘汰。人類雖然有嫉惡如仇的心態，但畢竟獸性未除，稍有慾念萌生，則理智控制不住衝動，致傷風敗俗的行為，時有所聞，例如裸體狂奔、強暴婦女……等是。社會的和諧與安定，有賴善良風俗的維護，道德行為的認同，故法律以明文規定，禁止人類為傷風敗俗的行為，違者依法懲罰，此為法律所具的社會功能。

三、維持社會秩序

社會是人類生活的場地。人類為了生活，常須東奔西跑，與人頻頻接觸，一方面與他人交換生活經驗，一方面謀求自己之發展；假若人與人之間的交互行為，能維持和諧、友愛、愉快的情誼，則社會將可趨向和平、安定、繁榮的境地，而社會秩序自然可以長久維持，日趨向上。唯人類各有私情、私慾與人性上的弱點，因此，與人摩擦、衝突、口角、鬥毆……等之事，常可習見一二，即使搶劫、殺人、勒索、強暴、縱火、欺詐……等影響社會秩序與安全之犯罪案件，亦層出不窮，令人震驚！法律為維持社會之秩序，使人類能安居樂業，享受美滿、恬靜的生活，明文規定凡有妨害社會秩序之擾亂行為，或有嚴重影響社會安全之犯罪行為，一律依法加以制裁，以示炯戒，此亦為法律的社會功能。

四、保障私人權利

人類是組成社會的分子。每一社會，無論其地域的大小、人口的多寡、環境的優劣，都有其發展的餘地。人類在社會生活上，為了求生存、求發展，必須在社會團體裡覓求適合自己的工作，扮演社會所給予的角色行為，而在互助合作、各盡所能的努力下，促進社會的和諧與進步。人類的權利能力，始於出生，終於死亡，故人類從母體出生後，即享有法律上所保障的權利，例如人格權、身分權與財產權等是。人類因為享有法律所保障的人格權，故對於侵犯其生命、身體、名譽、自由、貞操……等權利的加害人，得訴諸法律加以排除或制裁；人類因為享有法律所保障的身分權，因此，才享有繼承財產的權利，以及充當家長或監護人的資格；人類因為享有法律所保障的財產權，因此，才得以自由使用、支配、收益以及處分其財產，並得排除他人不法的侵占，故法律具有保障私人權利的社會功能。

五、限制個人自由

社會是一個人類所組成的團體，同時在這個大團體內，又分門別類組成性質不同的小組織體，例如農會、工會、商會、漁會、機關、學校、公司、工廠……等等。而每一個組織體內，又有許多組織內的分子，在一個領導者的指揮與監督下，分層負責，各司其職，各負組織體所賦予的角色行為責任。惟人類為了求生存、求發展，除了表現自己的才能、善盡自己的職責外，常有擴充自由的意願，例如工作自由的爭取、言論自由的主張，身體自由的呼籲……等等；假定個人所爭取的自由，是合情、合理，又為法律所容許，自然不必受法律的制裁與懲罰；但是，如果為了擴充自己的自由，而侵犯他人的自由，則為違法的行為，應視情節的輕重、接受法律的制裁。目前中華民國憲法雖然以明文規定保障人民的身體自由、居住遷徙自由、言論講學著作出版自由、秘密通訊自由、信仰宗教自由、集會結社自由等等，但並不贊同無限制的自由，故凡有任性放縱，假藉自由之名義，為所欲為，致侵犯他人權益者，仍應接受法律的制裁，基於此，可見法律具有限制個人自由的社會功能。

六、促進社會安定

原始社會，因為沒有成文法律，沒有生活法則，故亂象叢生，常有你爭我奪，強欺弱、眾暴寡的混亂現象，致民不聊生，紀律鬆弛；其後，雖然有宗教、道德、習慣所認同的行為規範，來拘束人類的慾念、貪婪與獸行，但畢竟力量薄弱，缺乏強制性。法律誕生後，一方面可以拘束人類的社會行為，一方面以強制力強制人類遵守，於是知法而違法者少，知法而守法者多，致社會日趨於安定、文明之狀態，人類的生活呈現欣欣向榮的景象，故法律有促進社會安定的社會功能。

附　註

[1] 參考自管歐著　法學緒論（81.8修訂再版　著作者發行）第九十頁。

[2] 引自鄭玉波著　法學緒論（81.8再版　三民書局印行）第二頁。

[3] 引自林紀東著　法學緒論（81.10再版　五南圖書公司出版）第二頁。

[4] 引自韓忠謨著　法學緒論（83再版　著作者發行）第十七頁至第二十一頁。

研究討論問題

一、法律，依中央法規標準法的規定，得定名為法、律、條例、通則等四種，請參考六法全書，各舉一二例說明之。

二、命令，依中央法規標準法的規定，有哪幾種稱謂？請參考六法全書，各舉一二例說明之。

三、法律命令有何不同？請依你的見解說明之。

四、法律有何功能？請依你的研究心得說明之。

第二章
法律與其他社會行為規範

第一節　法律與道德

法律與道德，關係密切，兩者都是保存善良風俗、維持社會秩序所不可缺少的社會行為規範。法律是經由立法機關依法定程序所制定的具有形式的成文法，而道德是經由內心的意識作用，所形諸於外的不具形式的社會行為表現。法律與道德，究竟有如何的關係，其相同點與相異點如何？以下分述之：

一、法律與道德的關係

原始社會，無所謂法律，但是，社會上已經有雛形的社會生活規範，什麼事可以做，什麼事不可以做，社會有一定的認定標準，這便是道德行為的評價；可見，那時候已經有道德的意識，同時以道德代替法律。社會進步後，道德已不足以拘束人類的行為，於是有法律的產生，同時將道德意識容納於法律之中，形成道德與法律的合而為一。例如古代的中國法與羅馬法，即係如此。迨文明發達後，社會漸趨複雜，道德觀念與法律觀念，於是漸趨分離，道德的尺度與法律的尺度，亦無法使其一致，因此，道德與法律的關係，有越來越複雜之勢。其情形如下：

甲、有道德所贊同的行為，法律亦贊同，例如不違背善良風俗的行為、慈善的行為、誠實信用的行為……等。

乙、有道德所唾棄的行為，法律亦禁止，例如殺人行為、縱火行為、搶劫行為、詐欺行為……等。

丙、有道德贊許的行為，法律不允許，例如劫富濟貧的行為，從道德上而言，是行善事，故認為是救世的行為；但從法律上而言，是搶劫行為，應受法律的制裁，故法律不允許社會上有劫富濟貧的行為。

丁、有道德唾棄的行為，法律卻不禁止，例如同性戀，道德上認為是違背常理與自然法則的行為，故為不提倡的行為，而法律卻不禁止其行為，致同性戀行為日漸公開化，美國便是一個活生生的例子。

戊、有道德不提倡的行為，法律卻不干涉者，例如兒子婚後，媳婦因切除子宮無法懷孕，醫師乃取其子之精細胞與另一健康女子捐贈之卵細胞結合，使其體外受精，並將受精後之卵細胞植入母親的子宮內，由母親代替媳婦懷孕、生子。從道德上來說，此為違反倫理與自然法則的行為，自應為道德規範所不容許；惟從法律上來說，並非違法行為，故法律對其借腹生子一事，並不加以干涉。

己、有道德與法律，互不相干者，例如現行的各機關組織法、公文程式條例……等便是[1]。

二、法律與道德相同之點

法律是抽象規定的社會行為規範，道德是意識認可的社會生活法則，兩者之間，雖然其名詞不同，但是在目的上、內容上有其相同之處：

㈠目的相同

法律與道德的目的，都在維護善良風俗，維持社會秩序，使社會能安和樂利，沒有紛爭；人民能遵守法紀，律己向善。故法律與道德的目的相同。

㈡內容相同

法律與道德的規範內容，大致相同。法律通常以道德的內容為內容，故違反道德的行為，大多也違反法律，例如殺人、縱火、搶劫……等行為，不但為道德所不容，即使法律亦明文禁止，故有上述不法行為者，須接受法律的制裁。其次，誠實信用為道德所贊許的行為，同時也是法律所期許的行為，故法律與道德的內容，有其類同之點。

三、法律與道德不相同之點

法律與道德，同為人類社會行為的規範，但法律是國家制定的形式規範，道德是內心意識的價值判斷，兩者之間，仍有其不同之處：

㈠產生方法不同

法律與道德的產生方法不同。法律是制定的，有一定的程序；道德是因應社會需要，逐漸發展的，沒有一定的程序。法律通常是由立法機關，依據法定程序制定後，移送總統公布施行；道德是由社會上的長輩，依據生活的經驗與理性的判斷，所揭示的社會生活準則，只有傳遞給下一代的任務，沒有制定與公布的程序。法律有具體而詳盡的內容，道德僅是良心的推理作用，沒有具體的明文規定。

㈡作用不同

法律與道德的作用不同。法律是在拘束人類外部的行為；而道德是在拘束人類內在的良心；法律所規範的行為準則，人人有遵守的義務；但法律不過問人類內心的作用；因此，凡行為未表現於外部，而內心已有不良之陰謀者，法律仍不加以制裁；道德所揭示的觀念，深入人類的內心，故有不良的行為表現於外部，則受良心的譴責。法律僅對於表現於外部的違法行為加以制裁，因此，法律是制裁於已然之後；道德僅對於內心的不良意圖，加以譴責，故道德是禁止於未然之前。

㈢觀念不同

法律與道德的觀念不同。法律是講求享有權利與履行義務，權利與義務立於對等的地位，有權利即有義務，有義務即有權利，例如因繼承關係，享有土地所有權，即應履行繳交土地稅的義務，能履行繳稅的義務，才能享有自由使用、受益及處分土地之權，可見權利與義務是相互對立的。而道德僅講求義務，不講求權利，譬如當你發現一男童在海中戲水，因不諳水性致將溺斃，這時，道德上的良知會催促你趕快下海救助男童，而救助男童的行為，是一種應盡的義務，而不是為了享有某種權利，故道德的行為較具理想化、嚴格化。

㈣制裁方法不同

法律與道德的制裁方法不同。法律的制裁方法是：當有違反法律者，即依據法律的規定，加以制裁、懲罰；法律的規定較具體而明確，法律的制裁也較有效，能一針見血，達到預期效果。而道德的制裁方法，只是良心的責備與輿論的譴責。惟個人做錯了事，其良心是否受到責備，旁人無法知曉，故良心的責備，是渺茫、不確實的；至於輿論的譴責，受譴責的一方，也不見得能檢討反省，洗心革面，故道德的制裁方法較傾向消極，其效果亦較不明確[2]。

第二節　法律與宗教

法律與宗教，同樣是人類在社會生活上所遵循的行為規範。法律是依憑法條的規定，來約束人類的行為，使其不致危害社會；而宗教是仰賴教義的宣導，來束縛人類的良心，使其不致萌生邪念，故法律與宗教的目的，同樣也是在維護善良風俗，促進社會的安全。

一、法律與宗教的關係

古時重視神道，宗教意識甚深，當神權高漲時期，宗教與法律幾乎混為一體，凡宗教所許可的行為，法律亦許可，宗教所不容許的行為，法律亦禁止，例如摩西的十誡，便是以宗教的教規來代替法律的法規，故早期的法律與宗教的關係，就已經十分密切；其後君權盛行時期，竟有以宗教為國教或以國庫補助宗教之舉，雖然大受輿論之批評，但亦可顯示法律與宗教之不可分離。現時的法律趨向，大致已取消以宗教為國教，或以國庫補助宗教之舉，且各國均能仿效民主法治的國家，以法律規定宗教信仰之自由；顯見現時的法律容許宗教信仰之自由，也保障人民不因信教之不同而遭受歧視；而宗教所尊崇的教條、教義，對於信徒所發生的良心束縛，也可以彌補法律功能之不足，故法律與宗教的關係，迄今仍十分密切[3]。

二、法律與宗教的不同

法律與宗教，雖然同為社會上約束人類行為的規範，但是也有其不同之處：

㈠產生方法不同

法律與宗教的產生方法不同。法律是由國家的立法機關，依據法定的程序制定，並由總統公布的；而宗教是由一群具有共同信仰的人，如僧侶、長老、神父、牧師……等，假託神的意旨而創立的。

㈡作用不同

法律與宗教的作用不同。法律是約束人類的外部行為，所以法律的施行，常以強制力做為後盾，使人類不敢輕率犯法，其作用較為現實法。而宗教是約束人類內部的良心，所以，教義的宣導常以因果報應做為助力，使人類不敢為惡，其作用較為理想化。故宗教的存在，全賴信徒的信仰。

㈢範圍不同

法律與宗教所能普及的範圍不同。法律一經公布施行後，其效力普及於全國，舉凡國內人民均受其拘束，不得違反其規定。而人民在國內雖然有信仰宗教的自由，但不能以宗教的活動，煽動信徒犯罪。至於宗教一經成立，其信仰僅能及於教徒，只有相同宗教的教徒，才有遵從其教規、參與其教儀的權利。其他非教徒或不同宗教信仰的教徒，則無遵從其教規、參與其教儀的必要，故宗教的普及範圍較小。

㈣內容不同

法律與宗教的內容不同。法律的內容，包括公法與私法；公法是規定國家與人民間公的權利義務關係的法律，例如刑法、刑事訴訟法……等便是。而私法是規定人民之間私的社會生活關係的法律，例如民法。至於宗教的內容，包括教義與教條，教義多規定人與神的關係，主要的意旨在教人為善，而教條則類似行為規範，以實踐善行為鵠的。

㈤制裁方法不同

法律與宗教的制裁方法不同。法律是就事論事，公正處理。凡有違反法律者，一律加以制裁，其制裁的方式，視違法的情節而定。宗教是捫心自問，自我譴責，凡有違背教規者，則跪於神像前，自我懺悔、改過[4]。

第三節　法律與習慣

法律與習慣，同樣是人類在社會上所遵循的行為規範。法律是由國家的立法機關，依法定的程序所制定的具有形式的成文法典；而習慣是由人類的社會生活，逐漸演變的眾所遵循的行為模式，但沒有形式的成文法典。法律與習慣，因為都是在維護善良風俗，故兩者之間的關係，也十分密切。

一、法律與習慣的關係

習慣是由行為逐漸養成的，一個人在社會生活上，倘若不斷地反覆某一種行為，久而久之便形成了習慣，所以，習慣可以說是慣行的行為。習慣有好的一面，也有壞的一面，好的一面常為社會所贊許，所以便自然保存下來，壞的一面因為不受社會所歡迎，所以也逐漸被淘汰。社會生活上的習慣，常是眾所公認的行為模式，有拘束人類社會行為的功效，因此法律上常將眾所贊許、認同的習慣，採用為法律的補充素材，例如我國民法第一條有「民事，法律所未規定者，依習慣……」的規定，可見法律的規定，有時難以周全，需要習慣來彌補其不足。即使英美法系的國家，如英國，迄今仍須採用習慣法，來規範或制裁人類的社會行為。可見法律與習慣的關係，如一體之兩面，相輔相成，法律有賴習慣之補充，習慣有賴法律之選擇，法律以習慣為淵源，習慣以法律為支柱。

二、法律與習慣的不同

法律與習慣的目的相同，兩者皆是在維護善良風俗與保持社會秩序。惟法律是制定的成文法典，習慣是非制定的行為規範，故兩者之間仍有其不同點。

㈠產生方法不同

法律與習慣的產生方法不同。法律是由國家的立法機關，依據法定的程序制定完成，並經由總統公布施行。而習慣是由人類的社會生活，逐漸演變、形成的眾所公認、贊同的行為模式，並為眾所共同遵守者。

㈡效力不同

法律與習慣的效力不同。法律是以強制力，來拘束人類的社會行為，使人類不敢為非作歹，同時對於違法者，以法律加以制裁。而習慣是以社會的認同，來規範人類的行為模式，使人類能保存善良風俗，傳遞社會文化，但對於違背善良風俗者，僅能施以言論的責備，故其效力較低。

㈢範圍不同

法律與習慣的範圍不同。法律是以制定的社會行為規範為內容，其範圍僅包括公法方面的法律與私法方面的法律；非經制定的命令，以及社會的習慣不包括在內。而習慣是以非制定的社會行為模式為內容，故其範圍較廣，舉凡公法上的法律行為或私法上的社會行為，以及日常社會生活上的種種社交應對的行為，都屬於習慣的範疇。

㈣作用不同

法律與習慣的作用不同。法律的作用，在規範人類的社會行為，並制裁違反法律的人；而習慣的作用，在履行社會的行為模式，保存善良風俗，對於違反社會良好風俗的人，僅以言論加以規勸。

㈤內容不同

法律與習慣的內容，亦不盡相同。法律多以習慣為內容，例如社會生活上的買賣、交易、契約、租賃、借貸、結婚、繼承……等行為模式，已成為法律的內容。而習慣卻不以法律所規定的社會行為規範為內容。

㈥制裁方法不同

法律與習慣的制裁方法不同。法律的制裁，公正無私，凡有違法者，即依法律的規定，加以制裁、懲罰。而習慣，通常採用言論的指責，以規勸違反社會善良風俗者，改過遷善，因此缺乏有力的制裁方法；只有當習慣成為習慣法之後，才得以援引判例制裁違法者[5]。

第四節　法律與政治

法律是國家制定的社會行為規範；政治依前國父——孫中山先生的解釋，是管理眾人的事[6]。法律與政治，由於都必須借助國家的公權力，強制實行，所以兩者之間常有依存的關係。

一、法律與政治的關係

法律是維護國家安全、維持社會安定的行為規範，政治是推展便民措施、增進人民福利的行政行為，兩者都是國家不可缺乏的公權力量，其關係十分密切。

㈠政治的措施為制定法律的依據

法律通常是由行政機關或其他有關機關，先擬定法律草案，然後移送立法機關審議，立法機關經依法定程序制定後，即移送總統公布，此為我國的立法程序。而政治活動，通常是由行政機關各部會首長，依據領導者——行政院院長的施政方針、計劃、政策等，擬定種種可行的施政措施，或者是法律草案，並將法律草案移送立法機關審議，以利法律之制定與政治之推行。故行政機關所規劃的有關政治方面的措施，常為制定法律的依據。

㈡法律的規定為政治活動的準繩

法律的制定，固然是由於行政機關推行政治方面措施的必要，但最重要的是，因應社會上的迫切需要，例如社會上有噪音管制的需要，才有噪音管制法的制定。有了噪音管制法的誕生，便可以實施噪音管制的政治措施。所以法律的規定，常成為政治行為或政治活動的準繩。

㈢政治與法律有相互依存的關係

法律與政治的關係，在過去曾經有兩種說法，一說認為：「政治領導法律」，一說認為：「法律領導政治」。雖然兩種說法都有理，但難免有所偏頗。以現今我國的民主法治的政治活動來說，國家的政治措施，是制定法律的依據；而法律的規定，是國家政治活動的準繩；故國家的一切政治措施的推行，必須依據法律的規定；而法律的制定，必須顧及社會的需要，以及人民的福利。現時行政機關是推行民主政治活動的中樞，立法機關是制定法律的殿堂，而立法機關的立法委員是由民選產生，可以採納大多數人民的意見，制定有利於人民、有利於政治改革的法律。所以政治與法律，實有相互依存的關係。

二、法律與政治的不同

法律與政治，雖然如一車之兩輪，有相互依存的關係；但是，也有其不同之區別。

㈠產生機關不同

法律與政治的產生機關不同。法律是由立法機關所制定，政治是由行政機關所推行。我國現時的最高立法機關是立法院，故立法院是制定法律的機關。我國現時的最高行政機關是行政院，雖然我國的政治活動分由司法、考試、監察、行政等治權機關實施，但仍以行政院為主，故行政院是推行政治措施的中樞機關。

㈡產生方式不同

法律與政治的產生方法不同。法律是經由立法機關，依法定的程序制定完成，即所謂立法程序。通常一則法律草案，必須經過立法院的三讀程序，一再地審查、討論、議決後，才算定案，完成形式上的立法程序。而制定後的法律，一經總統公布施行後，即正式誕生。至於法律的修正與廢止，亦須經一定的法定程序。政治，雖由行政機關訂定目標，決定政策，擬定計劃，但其政治方面措施的實行、變更、廢止，並無一定的嚴格的法定程序。

㈢型態不同

法律與政治的型態不同。法律為有形的具體的條文規定，其型態較為固定、恆久。政治為無形的抽象的動態活動，其行為較易變動、更改[7]。

第五節　法律與經濟

法律是社會生活的規範，經濟是社會生活的型態，兩者之間，仍有不可分離的關係。法律在社會生活上，規範了經濟活動的行為模式；而經濟在社會生活上所表現的行為規範，也成為法律規定的素材；法律因經濟生活的繁榮，而擴充其內容；經濟因法律的行為規範，因而有了發展的秩序。

一、法律與經濟的關係

人類的社會生活，可分精神生活與物質生活等兩種，法律可以說是精神生活的一部分，經濟可以說是物質生活的一部分。經濟之所以為物質生活的一部分，乃是因為經濟是人類解決食、衣、住、行等問題的活動，所以人類的經濟活動甚為廣泛，不但生產、消費、分配……等活動，是屬於經濟活動的一部分，即使買賣、交易、借貸、租賃、契約的訂定……等活動，也是屬於經濟活動的範圍。經濟活動要能納入軌道進行有序，的確有賴法律規範的拘束，否則搶劫、謀財害命、偷竊、詐欺、綁架勒索……等有關經濟類型的犯罪，便會不斷發生，而嚴重影響及公共的秩序與社會的安全，所以法律與經濟向來是分不開的。

㈠法律的規範是經濟活動的準繩

法律所規定的社會行為規範，甚多是人類經濟生活的行為法則；人類在社會上因為必須經營食、衣、住、行等經濟上的生活，因此在社會行為上與人發生糾紛、爭吵的衝突，也都是起因於經濟問題的解決。所以法律所規定的有關經濟方面的行為規範，可做為人類經營經濟活動的準繩；人類在社會生活上從事經濟活動，必須遵循法律的規定，並講求誠實信用，否則便會觸法犯法，為法律所制裁。

㈡經濟活動的行為模式是法律的內容

經濟活動的進行，是源於社會生活的需要；在往昔的古代社會，人類為瞭解決生活問題，便發生了「日中為市」的經濟活動；其後，人類的經濟活動，隨著社會的繁榮、人口的遽增，而更加活躍，同時，各種經濟活動的行為模式與制度，也隨著社會的需要自然發展起來，法律為了使人類的經濟活動，能夠在公平合理的原則下，井然有序地進行，而不會發生經濟上的犯罪問題，於是將經濟活動上眾所認同的行為模式，規定於法律中，成為法律的內容的一部分，例如現今民法上的債編、物權編……等，大多是經濟活動上必須遵循的行為規範，即使刑法上的分則編，也將觸犯與經濟生活有關的罪情，如偽造貨幣罪、偽造有價證券罪、偽造度量衡罪、侵占罪、詐欺背信及重利罪、擄人勒贖罪……等列入制裁的範圍，於是社會生活上的經濟活動，有了法律做後盾，經濟秩序乃獲得維持與改善。

㈢法律與經濟有相互輔助的關係

法律與經濟的關係，在過去曾有兩種說法，一說認為法律依附於經濟，一說認為法律支配經濟。其實，法律所規定的有關經濟生活的行為法則，目的是在建立經濟制度、維持經濟秩序，並不在支配經濟活動；而經濟生活上所遵循的經濟行為模式，雖然成為制定法律的素材，擴充了法律的內容，但法律並不一定依附經濟而存在。經濟是人類社會生活最重要的一面，所以為了使人類的經濟生活不發生爭端、衝突，致破壞了經濟秩序，法律不得不制定有關經濟方面的行為規範，來拘束或制裁人類的違法經濟行為，於是種種因應經濟生活需要的法規，如專利法、商標法、證券交易法、商業登記法、公司法、票據法……等便隨之產生。可見法律與經濟有相互輔助的關係。

二、法律與經濟的不同

法律與經濟，雖然有相互輔助、不可分開的關係，但是兩者之間，仍有其不同之處。

㈠性質不同

法律與經濟的性質不同。法律是經過法定程序制定的有形的、具體的行為法則，其性質較為固定、恆久；而經濟是人類在經濟生活上所認同的無形的、抽象的行為模式，其性質較為多變、不定。

㈡產生方法不同

法律與經濟的產生方法不同。法律是由立法機關依據法定程序制定後產生的。經濟是由人類因應生活的需要自由創設的；法律由總統公布施行後，即發生效力；經濟須由行政機關擬定法律草案，移送立法機關審議、制定，並經總統公布後，才成為經濟方面的法律，有拘束人類經濟行為的效力。

附　註

[1] 參考自管歐著　法學緒論（82.2著作者發行）第九十五頁。

[2] 參考鄭玉波著　法學緒論（81.8三民書局出版）第五頁至第七頁，及林榮耀著　法學緒論（79.5著作者發行）第九十五頁及第九十六頁，以及管歐著註1前揭書　第九十五頁及第九十八頁。

[3] 參考自註1管歐著前揭書　第九十三頁及第九十四頁。

[4] 參考自註1管歐著前揭書　第九十四頁及第九十五頁，及註2鄭玉波著前揭書　第七頁及第八頁，以及註2林榮耀著前揭書　第九十九頁及第

一百頁。

[5] 參考自註2林榮耀著前揭書　第七頁及第八頁與第一百頁及第一百零一頁，及註2鄭玉波著前揭書　第二十及第二十一頁。

[6] 國父孫中山先生在三民主義的民權主義第一講中，曾說政治是眾人的事，治就是管理，管理眾人的事，便是政治。

[7] 參考自註1管歐著前揭書　第九十八頁及第九十九頁，及註2鄭玉波著前揭書　第十頁及第十一頁，以及註2林榮耀著前揭書　第一百零三頁。

研究討論問題

一、何謂道德？法律與道德有何異同？請抒發你的見解。

二、何謂宗教？法律與宗教有何異同？請發表你的看法。

四、何謂習慣？法律與習慣有何異同？請說明你的見解。

四、法律與政治有何關係？有何不同？請說明之。

五、法律與經濟有何關係？有何不同？請說明之。

第三章
法律的演進與主要法系

第一節　法律的演進

法律是社會文化的產物；法律的發生與演進，常隨社會的進化而進化。社會進化的過程，不外由野蠻進於文明，由無知進而有知，由紛亂進而有序，由不合理進而合理，法律的進化，亦離不開社會的進化與影響。

法律的演進，是在探討法律是如何發生的，以及如何的發展，一方面從法律進化的起點，來探究法律發生的來龍去脈，一方面從社會變遷的過程，來剖析法律的發展經過，俾能追本溯源，鑑往知來。

一、法律的發生

法律的發生，從社會學方面來說，是萌芽於社會的需要。因為最初的原始社會，民智閉塞，紀律鬆弛，缺乏約束行為的社會規範，因此，人與人或者部落與部落之間，常有仇鬥、殺戮的情事發生，於是部落的酋長，為維護部落子民的生存與生命的安全，不得不設定可供規範的行為法則，或者與其他部落酋長，共訂和平生存的誓約，以及約束行為的規範，漸漸的，這些不成文的原始規範，就成為社會所遵行、容許的習慣。同時，隨著人類社會生活的進步而漸次分化，於是，法律便逐漸萌芽、發生，可見法律是隨著社會的進化而進化，故法諺有「有社會，斯有法律」之稱。

法律的起源，有的學者認為發生自復仇一事。因為在原始社會，各部落自成一社會，雖然人類已能自營生活，或狩獵，或捕魚，或耕稼，或畜牧，但社會組織鬆弛、社會力量薄弱、人類的生命與安全、社會的生存與發展，仰賴個人的自衛與保護。個人的自衛行為，除了對外來的侵犯者加以抵禦外，就是復仇。復仇是一種報復的行為，當一個人的身體或財產，遭受他人的侵害時，受害者或其家族，也同樣會對加害者或其家族，施以身體上或財產上的報復，這種做法，對於將來可能發生的侵害，具有威嚇的作用，故為原始社會所容許、贊許，認為「以命償命，以牙還牙」乃天經地義的事，是保護個人生命與財產，維護社會秩序與安全的最有效的手段。

復仇演變到後來，即由個人的單獨復仇，演變為群體的復仇或家族的復仇；個人的單獨復仇，難免勢單力薄，易遭對方的反擊，群體的復仇或家族的復仇，聲勢浩大，不但增強攻擊的力量，也增強防衛的力量，但因復仇的結果，雙方皆可能遭受巨大的損害，包括生命、身體或財產方面的損失，且破壞社會的秩序與安定，於是，規範社會行為的準繩便逐漸因應社會的需要而產生。

群體的復仇或家族的復仇，是有組織的復仇團體，雖然可以為受害的族人或家族的成員，向加害者的個人或家族以牙還牙，討回公道，但是畢竟有害善良風俗，破壞社會秩序與安定，且冤冤相報何時了，於是，復仇慢慢有了限制，其限制是這樣的：一、復仇須於一定期間內為之。二、復仇以被害人及其近親為限。三、復仇以一次為限，且不得對於被復仇人再行復仇。四、復仇須先經公共團體或首長的許可。五、復仇的方法限於同類，即以被害人所受的同類程度損害為限，例如「以命償命，以目償目，以牙還牙……」等是[1]。

復仇既有上述種種的限制，則違反者，自應接受社會的制裁，於是，公權力逐漸伸張。另外，有些學者認為摩西法律有所謂避難市（City of refuge）制度的設立，使復仇的現象漸趨合理。依照此制度，凡不是故意殺人者，可以進入市內避難，被害人的近親，不得對之復仇。而故意殺人者，在避入市內後，即由市內的長者裁判曲直，倘認為沒有避難的資格，即將之驅逐市外。此又為「刑事裁判」制度的濫觴[2]。

其次，由於復仇，又產生兩種制度，一是賠償制度，一是扣押制度。賠償是緩和復仇的方法，通常是由加害者對於被害者，以物質賠償的方式，向被害者贖罪，以消除其復仇的意念。此種制度在初創時，係以賠償或復仇二項，任由被害人選擇，其後，公權力擴大，則強制以賠償方式行之。至於賠償的數額，最初聽由加害人與被害人雙方的協議，其後則定為法規，依照侵害的種類、程度，以及被害人的身分階級，而規定相當的賠償金額，前者成為民事上損害賠償的起源，後者成為刑事上罰金的開端。而扣押制度的演進，學者認為有三個階段：第一個階級，是被害者得扣押對方的財物，以充賠償。第二個階段，是以扣押物為擔保，以促對方為賠償或履行義務，倘對方不履行時，即沒收其扣押物。第三個階段，是扣押物的所有人，得向團體的首長或長者申訴，請求裁判扣押的當否，並返還其扣押物。而第三階段的請求裁判，學者認為就是民事訴訟的起源[3]。

二、法律的演進

法律是逐漸逐漸發展起來的，而且是隨著社會的進化而進化，在最初，法律只是一些因應社會需要，所認定的習慣，其後，習慣又包含了道德與宗教，而成為不成文法的法律；法律由不成文法的階段，演進到成文法的嚴密階段，是受到社會的進化、文化的發達、民智的開化所影響。下面僅就法律的演進情形，分期說明之：

㈠神權時期——神秘法時代

原始社會，民智閉塞，生活簡單，人類的社會行為，固然沒有成文法律可遵循，即使道德規範也缺乏，所以維持社會秩序，保護人類生活安全的共同法則，便是宗教信仰或習慣。原始社會的人類，因為知識未開，對於自然界的現象，如風、雨、雷、電……等氣候的變化，毫無瞭解，總以為是神的主宰，故敬神的心十分虔誠，將神視為萬能的主宰，人類應該以神的旨意，為生活規範，不可違背。迨神權高漲時期，寺院的僧侶、長老或祭司，更利用宗教的信仰，假借神的旨意，要信徒虔誠信教，並行善去惡，例如舊約中的摩西十誡，必須遵行的有：一、不得事奉他神。二、不得雕塑偶像，不得跪拜偶像。三、不得妄呼上帝之名。四、謹守安息日。五、孝敬父母。六、不可殺人。七、不可姦淫。八、不可偷盜。九、不可妄證。十、不可貪戀他人所有……等十誡，除了一至四誡為宗教的信仰外，其餘六誡則類似行為規範，為成文法的萌芽樣態。另外，原始社會，除了敬神之外，又重「法祖」，故對於祖先遺傳下來的習慣，認為應誠心奉行，不可違背，於是，習慣也成為人類共同生活的法則。惟神的意思，渺不可測，習慣亦模糊不明，故學者稱神權時期的法律，為神秘法時期[4]。

㈡君權時期——權力法時代

自君王和領主的封建制度興起後，社會組織逐漸的嚴密；人與人之間的糾紛，也日見增多；社會生活秩序的維持，要靠模糊不明的習慣，以及虛幻的神的旨意，是無法發生作用的。於是，君王與領主在人民的擁戴下，開始握有統治權力，可以調解人與人之間的糾紛，對於危害社會秩序者，也可以施以刑罰，因此，統治權力日形強化。迨君權高漲的時候，便有所謂「君權神授」論調的出現，此乃號稱統治階級的君王，為了鞏固其奴視子民的地位，增強其統治權力，假借神的意旨來欺騙人民，說君王的統治權力，是神的旨意傳授給予的，人民不可反抗他、敵對他，而應該服從其命令，這時君王有無比的權力，可以任意駕馭人民、奴役人民，無所顧忌，為所欲為，可以任意制定法律或廢止法律，甚至君王的命令就是法律，於是，統治者的權力高漲，人民的自由與權利受到限制，人民對於君王的專制，往往敢怒不敢言。這時，統治者為了鞏固其地位與權力，更建立了階級專政與世襲制度。同時，為了壓制人民，更任意制定了許多有利於統治權力的成文法，由於這時社會生活的規則，完全掌握在統治者的手上，所以學者稱之為權力法時代，或嚴格法時期，或警察法時期[5]。

㈢民權時期——權利法時代

君權高漲的時候，因為君王的統治權力過大，又太專制，不僅不能愛護人民，為人民謀福利，抑且採取高壓的方式，欺壓善良人民，於是，人民在君王的命令就是法律的專制統治下，毫無自由、平等的權利可言。十八、十九世紀的民權革命，推翻了專制的君權，於是盧梭（Jean Jadques Rousseau）的自然法思想興起，主張天賦人權論，高唱個人的自由與平等，解除了昔日專制的壓迫與身分方面的種種限制。在民權抬頭的時期，這種自由與平等權利的重視，對於近世各國憲法的制定，影響至大。同時，這時的國家為了迎合民權思想，順應時代潮流，紛紛厲行民權政治，揚棄專制體制、建立民主政體，把國家的權力，分由行政、立法、司法等三個部門負責，而形成三權分立、相互制衡的民主體制。另外，立法部門的國會，為了保障人民的自由、平等與權利，更制定了種種成文法律，以適應社會的各方面需要。迨民權思想高漲後，個人主義囂張，在經濟方面，由於崇尚自由競爭，保障私有財產，於是形成資本主義，造成貧富不均的社會問題。在政治方面，由於崇尚個人的自由與平等，如果個人的自由太大，容易造成暴民政治，形成政府的無能。在法律方面，由於尊重個人的人格，於是在刑法上形成「罪刑法定主義」，在民法上形成「所有權絕對」、「契約自由」及「過失責任」……等原則，乃法律制度的一大突破。學者鑑於民權時期，國家大多厲行民主法治，而法律的制定，又重視人民權利的保障，故有稱之為「權利法時期」，或「法治國時期」，或「權利本位時期」[6]。

三、法律的趨向

民權時期的權利法，過度尊重個人的自由與權利，在經濟上又倡導自由競爭，於是，促進了資本主義的發達，雖然對人類社會的經濟發展，或多或少有其貢獻，但是也形成了種種社會問題。以「所有權絕對原則」而言，由於過份的保障所有權人的財產權，不免造成權利的濫用，以致形成了貧富的懸殊、勞資的對立。以「契約自由原則」而言，由於過份尊重契約自由，於是財力雄厚者，每每假借契約自由的名義，誘騙經濟上的弱者，簽訂不公平的契約。以「過失責任原則」而言，由於過份主張過失責任，致大企業經營上所造成的災害，如環境污染的公害，受害者竟無法求得賠償。凡此種種，足見過度的尊重個人的自由與權利，不免阻礙社會的進步，於是自二十世紀以來，乃有社會本位的法律思想興起，主張法律應講求社會化，注重社會的公益、社會的安全、社會的福利……，故有些學者稱現階段的社會本位的法律趨向，為「社會本位時期」，或「協同法時期」，或「社會國時期」，茲分述之：

㈠謀求社會安全

民權時期的權利法，過份重視人民的自由與權利，在經濟上又提倡自由競爭、保障私有財產，於是富者越富、貧者越貧，形成了貧富不均以及種種嚴重的社會問題。而二十世紀以來的法律趨向，是要解決這些社會問題，所以，開始以謀求社會的安全為中心，制定了種種有利推行社會安全措施的法律，以保障人民的生活權、工作權，並救助經濟上的弱者。例如我中華民國憲法第十三章第四節，即有社會安全的規定，而且是屬於國家的基本國策，其中較重要的規定事項，不外：一、解決人民之工作權。二、實施保護勞工及農民之政策。三、勞資糾紛之調解與仲裁。四、扶助與救濟老弱殘廢、無力生活及受非常災害者。五、實施婦女兒童福利政策。六、推行衛生保健事業及公醫制度……等等。

㈡推展社會福利

二十世紀以來，工商業發達，經濟成長快速，社會繁榮，人民的生活較以前改善，但是，從另一個角度來看，社會問題卻十分嚴重，不得不加以重視，譬如老、弱、殘廢或無力生活者，缺乏愛心的照顧。青少年缺乏管教，致遊蕩街頭、惹事生非的事件，層出不窮。兒童缺乏母愛，屢屢遭受虐待。雛妓人數的增多、殘障人士的遭受不平等待遇……等等，不勝枚舉。二十世紀以來的民主國家，大多以福利國相標榜，對於社會問題都競相設法解決，以謀求人民的福利、社會的安定為施政目標。以我國而言，除了於中華民國憲法內規定之社會安全措施外，並制定「老人福利法」、「少年福利法（已廢止）」、「兒童及少年福利法（現已修正為兒童及少年福利與權益保障法）」、「身心障礙者保護法」……等法律，供推展社會福利措施之依據。

㈢限制私人自由

民權思想高漲時期，因為深受「天賦人權說」的影響，致過度尊重人民的自由，形成個人主義的囂張；法律上也以保障個人的自由為核心，而制定了種種應保障的自由權，於是，人民在自由權受保護的情形下，竟目無法紀，漠視善良風俗，輕忽社會秩序，行為放肆，為所欲為，破壞了社會安全與紀律，二十世紀社會本位思想興起後，認為個人的自由需要限制，人類的行為必須要維護善良風俗與社會秩序，否則要受到法律的制裁，於是，法律上又有限制個人自由的規定。以我國的法律而言，中華民國憲法所保障的人民自由權，包括人身自由、居住自由、意見自由、通訊自由、信仰自由、結社自由……等等，但是，中華民國憲法所保障的自由，也不是毫無限制，假定個人的自由侵害到他人的自由，或者違背了善良風俗與社會秩序，那是法律所不容許的，因此，現在的法律趨向已邁向限制私人自由的社會化軌道。

㈣權利義務並重

民權時期的權利法時代，偏重權利的保障，致發生「所有權絕對」、「契約自由」、「過失責任」等三大原則的不合理現象；同時，以權利為中心的個人主義法律制度，也發生流弊，因為個人常常濫用其權利或怠於履行其義務，致社會公益受其影響。現階段的法律思想，既然以社會公益為先，則一面須限制個人權利之濫用，一面須勉勵義務之履行。特別是個人是社會的一份子，各有其應盡的職分與義務，倘不先盡其職分，履行其義務，則無享有其權利之餘地，例如身為國家的公僕，有俸給權，有忠誠盡職的職分，同時有按時服勤的義務，假定你是一個公務員，不能忠誠盡職、按時服勤，善盡職分與義務，則如何能升遷或加薪，而享有優厚的俸給權。故現階段的法律趨向，主張權利與義務（職分）並重，法律不但有權利的規定，也有義務的規定，個人享有法律上規定的權利，也必須履行法律上規定的應盡義務，只有履行義務的人，才得以享有法律上規定的特定權利。

㈤私法的公法化

私法是規定人與人相互間平等關係的法律，以我國的法律而言，民法法典便是屬於私法。民法有債編、物權編、親屬編、繼承編等內容；債編是規範債權人與債務人之間的權利與義務關係；物權編是規範物的所有權人與其他人之間的權利與義務關係；親屬編是規範親屬間的權利與義務關係；繼承編是規範繼承人的先後順序以及種種的限制。民權思想高漲時期，因為偏重個人主義，崇尚自由競爭，保障私有財產，因此，經濟上的強者常常濫用私權剝削弱者，形成社會上的不平現象；社會本位思想興起後，注重社會利益；私法上的個人權益，雖然仍受保障，但是，行使私人權利，不得妨害社會公益，因此，私法已趨向公法化、社會化的軌道。現在的法律趨向，重視對私權的監督，例如民法上加強對法人的監督，檢察官參與民事案件的偵查……等便是。

㈥教化代替刑罰

昔日的個人主義思想，偏重個人的自由，致法律的功能柔軟無力，而青少年的犯罪問題日益嚴重，影響社會的安全與秩序。社會本位的法律思想興起後，認為社會的功能必須發揮，個人的自由必須限制，善良的風俗以及社會的公共秩序必須維持，於是，在社會上採取有效的防範措施，以防範青少年的犯罪；而在法律上，則揚棄應報刑主義的刑事政策，採用教化刑主義的刑事政策，主張以教育代替刑罰，一方面對於少年犯罪者，盡量斟酌情況，以保護處分代替刑罰，一方面施以教育，以激勵其改過向上，重新做人。因此，晚近的法律趨向注重社會的防範功能，並制定有關處置少年犯罪的法律，例如少年事件處理法、少年事件處理法輔助法規、少年矯正學校設置及教育實施通則（以前稱「少年輔育院條例」）、少年觀護所條例……等。

第二節　法律的主要法系

法系是法律的系統，法律的系統與法律的體系不能混為一談；法律的系統是超越國家的界線，以各國的法律淵源、思想、制度為研究的對象，綜合比較其特徵、尋求其相互間的共同點與差別點，而將性質相同或類似的歸屬於某一種法律系統中，因此，形成法學上的所謂法系。而法律的體系，乃是指一個國家內的全部法律，按其性質的不同予以歸類，而構成不同層級、系統的法律規範。

世界各國的法律，因其國情、傳統文化的不同而有所差異，有些國家的法律思想與制度，是承襲固有的法律文化與法律制度；有些國家的法律思想與制度，是受他國高度的科學文化與法律思想所影響，致模仿其「法制」而制定成類似的法律，因此，形成性質相同或類似的法律系統，簡稱「法系」。世界的法系，究竟有多少種類，依前學者——管歐教授引用英國魏莫爾（H. Wigmore）所著《世界法律系統大全》一書所云，認為可分為十六個法系，不過其中有八個法系，如埃及法系、希伯來法系、希臘法系、巴比倫法系、色勒特法系、海上法系、教會法系、古羅馬法系等，因其國亡種滅或法律變遷的關係，已失其存在。而現存的法系，僅有中國法系、印度法系、日本法系、德意志法系、蘇俄法系（又稱斯拉夫法系）、回回法系、大陸法系、英美法系等八種[7]。

現在，一般研究法學的學者常在其所著法學緒論中，將世界的法系分為印度法系、回回法系、大陸法系、英美法系、中國法系等數類加予闡述，本書謹就較主要的法系扼要介紹如下：

一、歐洲大陸法系

歐洲大陸法系，是承襲羅馬法的精神，遞嬗演變而來，最先影響及歐洲大陸，盛行於德、法兩國；其後擴及亞洲、拉丁美洲、非洲等若干國家，形成類似或相似的法律系統，因此，學者將其稱為大陸法系或歐洲大陸法系。

羅馬是文明古國，其法律思想甚為發達，例如西元前450年所鐫示的十二銅表法，乃至以後的「羅馬民法典」，均深深影響及歐洲大陸諸國，特別是德、法兩國受其影響最深。

德國在十五世紀末葉，曾以羅馬法為其普通法而適用，其後，各種法典的制定，亦沿襲羅馬法的體制與精神。法國在十六世紀至十八世紀間，所制頒的商事、海事及民事等法律，亦多承襲羅馬法的體制與精神，其後，並流傳至西班牙、葡萄牙、意大利、比利時……等國。

大陸法系的主要特徵，是採用成文的法典，德、法兩國既以羅馬法的法典為根柢，從而去制定種種成文法典，則其法制思想自然影響至歐陸各國，即使亞洲的日本，在維新之後，亦以羅馬法為其法律思想的指標，可見大陸法系影響力之深之遠[8]。

二、英美法系

英美法系又稱海洋法系，乃是以英國法與美國法為代表的法系思想。英國在十一世紀以後，關於訴訟、審判方面，已有巡迴審判及陪審制度的建立，惟其審判案件係以固有的「習慣」及累積的「判例」為依據，因此，這種所謂不成文法的「普通法」又稱為「習慣法」或「判例法」。習慣法與判例法，雖然是英國傳統的法制思想，但適用上仍不周延，法院判決案件常有違反正義的情事發生，為彌補其缺失，其後乃有「衡平法」的產生，和普通法共同構成判例法的主要部分。十六世紀以後，英國的國會的權力日益增大，已取得完全立法權，可以制定法律以彌補判例法的不足，這時才有所謂的制定法或成文法。

美國因國民大多由英國移民而來，所以，在殖民地時期所採用的法律與法院制度，仍與英國的法制相類似；即使西元1776年宣告獨立以後，其民事、商事的法律思想以及司法制度仍因襲英國的成規，且英國法院的判例，亦常為美國法院所引用，可見美國法制實淵源於英國，美國法與英國法乃融合於一體的法系。惟美國獨立後是一聯邦制的國家，所以法律和法院制度採雙軌制，聯邦有聯邦的法律制度，各州有各州的法律制度，而各州之間又分歧不同，這是與英國法不太類似的地方[9]。

三、中國法系

中國法系是以中國歷代遞嬗、演變而成的法律思想與制度為主流的一個法系，中國是一個歷史悠久、文化發達、地大物博的文明古國，當其國家富強、文化鼎盛的時候，其法律思想與制度也曾影響及日本、韓國……。

中國的法律思想，萌芽於唐虞夏商時代，例如尚書舜典有：「象以典刑，流宥五刑，鞭作官刑，扑作教刑，金作贖刑……」之記載。而夏書甘誓有：「用命賞於祖，不用命戮於社」；「夏有亂政，而作禹刑；商有亂政，而作湯刑；周有亂政，而作九刑」之記載。可見唐虞夏商時代，已有刑法制度。

東周西周，凡八百年，其典章制度相當完備，周禮一書，已包含各種法律制度，雖然學者間多懷疑此書為後人所偽撰，但周朝政制、文物、典章之發達，則無人懷疑。春秋戰國時代，學術發達，諸子爭鳴，所謂法家者流，如管仲、商鞅、申不害、韓非……等，皆各自發抒法治思想，編撰刑法的典籍，特別是戰國末年李悝編撰的《法經方篇》，包括盜法、賊法、囚法、捕法、雜法及具法等，尤為著名，可以說是成文法的開端。其後，商鞅改「法」為「律」，並以此「秦律」輔助秦始皇，使秦國得於傲視天下。

漢高祖得天下後，最先僅約法三章，以安臣民，其後乃命蕭何依據李悝編撰的法經六篇，加上興、廄、戶三律，而成為「九章律」。漢朝之後，經魏、晉、南北朝，以迄於隋朝，雖然每一朝代或有新律制度，如魏有新律十八篇、晉有秦始律二十篇，但大多為漢律之增損而已。

唐繼隋祚之後，在法律方面，先後有「武德律」、「貞觀律」、「永徽律」及「開元律」；而高宗永徽時編撰的「唐律疏議」，計分名例、衛禁、職制、戶婚、廄庫、擅興、賊盜、鬥訟、詐偽、雜律、捕亡、斷獄等十二篇，共三十卷，律制內容完備，不啻為中國法律之黃金時代，影響東鄰日本甚深，且中國五代的梁、唐、晉、漢、周，以及宋、元、明、清等各朝代，也大多因襲唐律，例如五代時雖間有律、令、格、例等名稱，但也都是唐律的補充。

滿清末葉，因政治腐敗，國事日非，列強相繼欺凌，清廷在遭受領事裁判權之恥辱後，極謀改善法制、預備立憲，惜未見成效。民國成立以後，先有臨時約法的頒布，其他民、商、刑法亦陸續制定，至民國17年國民政府奠都南京後，乃頒行民法、刑法、民事訴訟法、刑事訴訟法及商事法等現行之法律，並採大陸法系之立法例，於民國36年1月1日公布現行之中華民國憲法，至此中國法系之法律思想與制度，乃大放光彩、益加卓越、完備[10]。

至於印度法系、回回法系以及日本法系，本書擬省略，不加以介紹。

附　註

[1] 參考自林紀東著　法學緒論（81.10五南圖書公司出版）第一百四十三頁至第一百四十五頁。及鄭玉波著　法學緒論（81.8三民書局印行）第一百八十三頁至第一百八十五頁。

[2] 參考自註1林紀東著　前揭書　第一百四十五頁。及註1鄭玉波著　前揭書　第一百八十五頁。

[3] 參考自註1林紀東著　前揭書　第一百四十五頁及第一百四十六頁。及註1鄭玉波著　前揭書　第一百八十五頁及第一百八十八頁。

[4] 引自註1林紀東著　前揭書　第一百四十七頁。

[5] 引自註1林紀東著　前揭書　第一百四十七頁及第一百四十八頁。及註1鄭玉波著　前揭書　第一百八十七頁。以及林榮耀著　法學緒論　第一百二十九頁。

[6] 參考自註1林紀東著　前揭書　第一百四十八頁及第一百四十九頁。及註1鄭玉波著　前揭書　第一百八十七頁。以及註5林榮耀著　前揭書　第一百三十頁。

[7] 見管歐著　法學緒論（82.2著作者發行）第二十五頁及第二十六頁。

[8] 參考自林榮耀著　法學緒論（79.5著作者發行）第一百二十一頁。

[9] 參考自註7管歐著　前揭書　第三十一頁至第三十三頁。及註8林榮耀著　前揭書　第一百二十二頁及第一百二十三頁。

[10] 參考自鄭玉波著　法學緒論（82三民書局出版）第一百九十頁至第一百九十二頁。

研究討論問題

一、請說明法律的發生原因、經過？

二、請說明法律的演進階段。

三、請說明法律的未來趨向。

四、何謂法系？我國現行法律係屬於何種法系？有何特色？

五、比較歐洲大陸法系與英美法系之不同。

第四章
法律的制定、公布、施行及其效力

第一節　法律的制定

法律，有制定法與非制定法之別；制定法的法律，通常有一定的組成文字、一定的制定機關以及依一定的法定程序所通過、公布的法典。茲就我國的法律制定機關、制定程序……等，扼要概述之。

一、法律的制定機關

法律的制定機關，在外國大致屬於國會，在我國依憲法第六十三條的規定，立法院有議決法律案之權，因此，立法院是我國法律的制定機關。

立法院是國家最高的立法機關，由人民選舉之立法委員組織之，代表人民行使立法權，憲法第六十二條有明文規定；惟我國的政府體制——即中央與地方權限之劃分，因憲法上採取均權制度，故屬於中央的立法權，由立法院行使之；屬於直轄市的立法權，由直轄市議會行使之；屬於縣（市）的立法權，由縣（市）議會行使之。

二、法律的制定程序

法律的制定程序，是指制定法律時，通常必須經過的一定步驟或是階段，習慣上常稱之為立法程序。外國的法律制度因不盡相同，因此，制定法律的程序也不一致，而我國現行慣用的立法程序，則比較有一致性。

㈠法律案的提出

法律案的提出，簡稱為提案，其提案的程序，大致有以下情形：

甲、由行政院、司法院、考試院、監察院……等有關機關，就所掌事項，向立法院提出法律案。惟上述各院所屬之機關，不得逕向立法院提出法律案；換言之，如欲提出法律案，必須透過主管院，以其主管院之名義提出之。

乙、由立法委員提出法律案。惟應有立法委員三十人以上之連署，才可提出[1]。

法律案的提出，應以書面為之，並應附具法律之名稱及其條文，說明提出該項法律的理由。

法律的條文，應分條書寫，冠以「第×條」字樣，並得分為項、款、目。項不冠數字，空二字書寫；款冠以一、二、三等數字，目冠以㈠、㈡、㈢等數字，並應加具標點符號。法律的內容，倘若繁複或條文較多時，得劃分為第×編、第×章、第×節……等[2]。

法律案提出後，原提案的機關，或者是立法委員，均得於議決前，撤回該法律案。惟立法委員所提之法律案，必須經連署委員之同意，始得撤回。

㈡法律案的審查

立法院依憲法第六十七條之規定，設有內政、外交、國防、經濟、財政、教育、交通、司法……等各種委員會。法律案的審查，則依其性質，由有關的委員會為之。

通常行政院、司法院、考試院、監察院等機關，依憲法的規定提出法律案後，應先經立法院程序委員會，提報院會朗讀標題後，交付有關的委員會審查。至於立法委員所提出的法律案，得由提案人說明其旨趣，經大體討論，議決交付審查。

立法院有關委員會審查法律案時，得由召集委員推選委員若干人審查之，亦得共同審查之，審查法律案時，得邀請政府人員及社會上有關係人員到會備詢[3]。

㈢法律案的討論

法律案的討論，即就提出的法律案，經審查或是報告後，依法所進行的讀會程序。

就外國而言，法律案提出於議會後，其討論的程序，有採二讀制的，也有採三讀制的，前者如法國、義大利；後者如英國、德國。採二讀制的，初讀大致為總討論，二讀大致為逐條討論。採三讀制的，有初讀為總討論、二讀為逐條討論、三讀為修正文字者，如德國。有初讀為讀案由、二讀為總討論，逐條討論在全院委員會進行、三讀僅做形式上的文字修正者，如英國[4]。

我國法律案的討論，採三讀制，初讀是報告提案，或朗讀議題，或兼說明立法意旨，一讀後即交付有關委員會審查；或議決逕付二讀程序；或於委員會審查報告後，議決是否繼續二讀的程序。至於立法委員提出之議案於朗讀後，提案人得說明其旨趣，經討論後即議決交付審查，或逕付二讀，或不予審議。二讀較詳盡，除就議案朗讀，依次逐條提付討論外，並得就審查意見或原委要旨，先做廣泛討論；討論之後，如有出席委員提議，並經三十人以上之連署或附議，於表決通過後，得重付審查或撤銷之。三讀除發現議案內容有互相牴觸，或與憲法及其他法律相牴觸者外，只得為文字的修正[5]。

㈣法律案的議決

立法院院會主席，於法律案經三讀程序後，應即提付院會表決。法律案之議決，以出席委員過半數的同意行之，可否同數時，取決於主席。法律案經立法院院會議決通過後，即完成法律的制定程序，亦即完成所謂「立法程序」。惟法律一經制定後，尚須依法公布，始能發生效力。

第二節　法律的公布

法律制定後，必須依法公布，才能發生施行的效力；法律是由何機關公布？其公布的程序、公布的方法如何，茲分別概述之：

一、法律的公布機關

法律制定後，歐美各國大致由國家元首依法公布。惟國家元首對於立法機關通過的法律案，是否必須公布，有無阻撓或拒絕的權力，各國的法制未必相同，有不許元首拒絕公布者；有允許元首拒絕公布者。而後者又有兩種情形：

㈠絕對的否決

有些君主國家，法律案經立法機關——議會通過後，須經國家元首的同意或批准，倘若國家元首不同意，則該法律案便不能成立，這種否決權稱之為絕對的否決。例如在英國，國會通過的法律案，尚須呈送國王批准，國王同意則批准公布之，不同意則拒絕批准。

㈡限制的否決

法律案經立法機關——議會通過後，移送元首公布，元首倘若不贊同，可移交立法機關——議會覆議；議會覆議時倘不堅持維持原案，則該法律案形同撤銷，自然不能成立。這種限制的權力，稱之為限制的否決。例如美國便是這種制度的創始者[6]。

我國法律案經立法機關——立法院通過後，依法須移送總統及行政院，故法律的公布機關為總統府的總統。依憲法第七十二條的規定，立法院法律案通過後，移送總統及行政院，總統應於收到後十日內公布之。惟行政院對於立法院決議的法律案，倘若認為有窒礙難行之情形時，得經總統之核可，於該決議案送達行政院十日內，移請立法院覆議。覆議時，如經全體立法委員二分之一以上決議維持原案，行政院院長即應接受該決議。可見我國法律案的批准與公布，是採取限制的否決，但與外國的法制有些不同。

二、法律的公布程序

法律應經立法院通過、總統公布，中央法規標準法第四條有明確的規定。惟總統公布法律時，應依據憲法第三十七條之規定，經行政院院長之副署，或行政院院長及有關部會首長之副署；例如公布「兒童及少年福利法」，因兒童及少年福利主管機關，在中央為內政部，故總統公布「兒童及少年福利法」的法典，須經行政院院長以及內政部部長之副署；又例如公布「教育人員任用條例」，因教育行政最高機關為教育部，故總統公布「教育人員任用條例」的法規，須經行政院院長以及教育部部長的副署[7]。

三、法律的公布方法

法律的公布方法，隨時代之演進而不同，在過去有所謂「朗誦法」，即將法律之規定內容，於公眾聚集的場所朗誦之；也有所謂「公簿登錄法」，即將法律的規定內容，登錄於公共簿冊上，而放置於公共場所供人閱覽；也有所謂「傳閱法」，即將法律規定的內容，製成多份，輾轉傳遞以供人閱覽。惟現行常用的公布方法，則有下列幾種情形：

㈠張貼揭示法

即將法律規定的內容或者條文，張貼於公共場所的揭示版上供人閱覽，使眾人皆知。

㈡公報登載法

即將法律規定的內容或者條文，登載於政府的公報，做為傳閱的橋樑，供人閱覽，並便於保存查考[8]。

㈢新聞報導法

即將法律的制定意旨以及法律規定的內容或者條文，經由新聞報導，使眾人皆知。

法律的公布，與命令的下達或發布不同，法律的公布，由總統行之，並須經行政院院長或行政院院長及其有關部會首長之副署；而命令的下達或發布，則由各機關依其法定職權或基於法律之授權訂定而為之[9]。

第三節　法律的施行

法律的施行，通常在法律公布之後；倘若法律案經立法院通過，而尚未由總統依法公布，則法律尚不能施行，仍然無拘束國民行為規範的效力。故法律一經公布，法律的施行便有了依據，同時，法律的效力便在法律開始施行之期日自然發生，而產生了拘束的力量。惟法律的施行期間，應視法律條文的規定而定，茲依中央法規標準法之規定，舉述現行的幾種情形：

一、法律自公布之日施行

法律每於所規定的條文的最後一條，明文規定：「本法自公布日施行」或者「本條例自公布日施行」……等等，前者如立法院組織法、中央法規標準法、司法院組織法、法院組織法……；後者如卸任總統禮遇條例、鄉鎮調解條例、貪污治罪條例……。

法律自公布之日施行，是表明法律公布之日，即為其施行之日，惟並非其生效之日。依據中央法規標準法第十三條之規定，「法規明定自公布或發布日施行者，自公布或發布之日起算至第三日起發生效力」，故法律之最後一條條文，若規定自公布日施行者，應自公布之日起，算至第三日起發生強制施行的效力。

二、法律施行日期以命令定之

法律亦常於所規定的條文的最後一條，明文規定：「本法施行日期，以命令定之」，例如監察院組織法、中華民國總統府組織法、行政院組織法……等。

法律施行之日期，以命令定之，是表明法律公布之後，仍須藉命令之發布，以定其施行之日期；俟施行之日期一到，即發生強制施行的效力。施行的日期未到，法律的公布仍不發生效力。故中央法規標準法第十四條有「法規特定有施行日期或以命令特定施行日期者，自該特定日起發生效力」之規定。

第四節　法律的效力

法律自施行期日生效後，即自然發生強制的效力，或者說是拘束的效力，或者說是規範的效力。

法律的效力，常涉及時、地、人……等方面的適用限制，換句話說，法律在什麼時候、在什麼地方、對什麼人才可以適用，而發生強制拘束的規範效果，茲分述之：

一、法律關於時的效力

法律關於時的效力，是指法律從什麼時候開始才可以適用，而發生強制拘束的效力，茲依中央法規標準法的規定概述之：

㈠法律因公布施行而發生效力

法律的發生效力，有下列種種情形：

甲、法律有特定施行日期，或以命令特定施行日期者，自該特定日起發生效力。

例如國家賠償法第十七條規定，本法自民國70年7月1日起施行，是法律有特定之施行日期，自應從施行日期當日起發生效力。又例如道路交通管理處罰條例第九十三條有「本條例施行日期，由行政院以命令定之」之規定，是法律授權給予行政院以命令特定其施行期日，故自該特定施行日起發生效力。

乙、法律明定自公布日施行者，自公布日起算至第三日起發生效力。

例如兒童及少年福利法第七十五條有「本法自公布日施行」之規定，因該法是於民國92年5月28日由總統令公布，故自公布之日起算至第三日起發生效力。

㈡法律因公布廢止而失其效力

法律的廢止，應經立法院通過，總統公布。廢止的法律，自公布之日起算至第三日起失效。法律之所以必須廢止，依中央法規標準法第二十一條之規定，有下列情形之一：

1.機關裁併，有關法規無保留之必要。

2.法規規定之事項已執行完畢，或因情勢變遷，無繼續執行之必要。

3.法規因有關法規之廢止或修正致失其依據，而無單獨施行之必要。

4.同一事項已定有新法規，並公布施行者。

另外，法規定有施行期限者，期滿當然廢止，但應由主管機關公告之。

㈢法律因暫停適用而失其效力

法律自公布施行之日期起發生效力，惟依中央法規標準法第十九條之規定，法律因國家遭遇非常事故，一時不能適用者，得暫停適用其一部或全部。法律既暫停適用其一部或全部，則無異一部或全部暫時不發生適用之效力，必俟暫停適用之期間屆滿或公布恢復法律之適用，才再次發生適用之效力[10]。

㈣法律受不溯既往及新法優於舊法之支配

法律的效力，必須受「法律不溯既往」以及「新法優於舊法」的拘束。所謂「法律不溯既往」，是指法律只能適用於公布施行後所發生的事實，不能適用於公布施行以前所發生的事實。例如未經規定應處罰的行為，縱然行為後法律變更為應處罰的行為，亦不得追溯既往之行為而加以處罰。至於「新法優於舊法」，是指同一事項，舊法與新法有不同規定時，新法應優先適用，但新法只能支配其法律施行以後所發生的事項，新法施行以前所發生的事項，仍歸舊法支配。惟刑法的「從新從輕」原則，竟然在大幅修正條文後，變更為「從舊從輕」原則，甚為不妥。

二、法律關於地的效力

法律關於地的效力，是指法律在什麼地方、什麼情形下才可以適用，而能發生強制拘束的效力。茲依我國現行採用的規定略述之：

㈠法律在本國領域內有適用效力

凡居住於本國領域內的人民，不論是本國籍或是外國籍，皆應受本國法律的拘束，並遵守我國法律的規定，不得知法犯法、明知故犯。

本國的領域，除領土之外，尚有領海、領空，因此，除本國領土範圍內的本國人民以及在本國居住、旅遊的外國人，皆為法律效力所能及，應遵守我國法律的規定外，本國之領海、領空亦為法律效力所能及的空間，外國的飛機、戰艦、輪船、漁船……等交通工具，自應受我國法律的拘束，遵守我國法律的規定，不得無故侵入或觸犯法律。

㈡法律例外在外國領域內有適用效力

法律固然在本國領域內有適用效力，即使在外國領域內，也有例外情形為本國法律效力所能及，得適用本國的法律。例如：

1.本國駐在外國的使領館，為本國法律效力所能及，應受本國法律的拘束。

2.航行外國領海、領空的本國船艦、飛機，或航行於公海、公空的本國船舶、飛機，皆為本國法律效力所能及，應受本國法律的拘束。例如刑法第三條有「在中華民國領域外之中華民國船艦或航空機內犯罪者，以在中華民國領域內犯罪論」之規定，可見本國法律例外在外國領域內之特定對象——中華民國船艦、航空機……等，有強制拘束及適用之效力。

三、法律關於人的效力

法律關於人的效力，是指法律對於什麼人可以適用，而能發生強制拘束的效力。關於這個問題，在過去有所謂屬人主義與屬地主義之分，前者是認為凡是屬於本國的人民，不問其居住地是在本國抑或外國，均受本國法律的拘束；至於外國人居住於本國者，則不受本國法律的拘束。而後者是認為凡在本國領域之內，不問其為本國人抑或為外國人，均受本國法律的拘束。

由於屬人主義與屬地主義，各有所偏，不夠周延，例如屬人主義不足以適應事實的需要，屬地主義亦多窒礙難行，故晚近歐美各國之法律均採折衷主義，即以屬地主義為原則、屬人主義為例外，我國亦同。茲依我國現行的規定略述之：

㈠居住於本國領土者的法律效力

甲、凡居住於本國領土內之本國人民適用本國法律，受本國法律之拘束。但亦有例外，例如總統除犯內亂或外患罪外，非經罷免或解職，不受刑事上之訴究（中華民國憲法第五十二條），國民大會代表在會議時所為之言論及表決，對會外不負責任（憲法第三十二條），立法委員在院內所為之言論及表決，對院外不負責任（憲法第七十三條）……等等，皆是法律在國內關於人的效力的例外情形。

乙、凡居住於本國領土內之外國人民適用本國法律，受本國法律之拘束。但亦有例外，例如外國元首、外國使節、外國領事、外國軍隊及其他有關人員，如侍從、家屬……等等，享有治外法權，不受我國法律之拘束。

㈡本國人民僑居於外國的法律效力

本國人民僑居於外國者，自然受該國（居住國）法律的拘束，應遵守該國的法律。但亦有例外，例如民法上關於身分、能力、親屬、繼承……等事項的規定，仍適用本國法律。

附　註

1 法律案的提出，各國的情形不一；有專屬於議會的，如美國；有專屬於政府的，如英國；有屬於政府與議會雙方的，如法國；有除政府與議會之外，尚認其他機關也有提案權的，如德國、墨西哥、秘魯……等，我國法律案的提出，除政府機關外，立法院的立法委員也有提案權。

2 錄自中央法規標準法第八條、第九條之條文。

3 參考自立法院職權行使法第八條之條文。

4 參考自朱元懋著　中華民國憲法精義（49.5著作者發行）第一百四十七頁。

5 參考自立法院議事規則。及管歐著　法學緒論（81.8著作者發行）第九一百五十六頁。以及林榮耀著　法學緒論（79.5著作者發行）第五十七頁。

6 摘錄自劉慶瑞著　比較憲法（50.6大中國圖書公司出版）第二百三十七頁至第二百四十一頁。

7 「少年福利法」已修正為「兒童及少年福利法」。

8 參考自管歐著　法學緒論（81.8著作者發行）第一百六十三頁。

9 依中央法規標準法第七條的規定，各機關依其法定職權或基於法律授權訂定之命令，應視其性質分別下達或發布，並即送立法院。

10 參考自註8管歐著　前揭書　第一百九十五頁及第一百九十六頁。

研究討論問題

一、說明法律的制定程序。

二、說明法律的公布程序。

三、請就時、地、人方面，簡要說明法律的效力。

第五章
法律的特性與淵源

第一節　法律的特性

法律是人類社會行為的規範與準繩，人類在社會上經營生活，難免與他人發生交互行為，倘若社會上有一定的行為規範可遵循，或者有一定的行為法則可約束人類的舉動，則社會將可趨於安定與繁榮，而為非作歹、作奸犯科的事，必將遭受社會的譴責與制裁。於是，法律乃因應社會之需要而產生。法律除習慣法之外，大致由國家基於社會之需要，以國內通行的文字所制定，因此，舉凡成文法的法律，大多具有以下共同的特性：

一、普遍性

法律是人類在社會行為上，應遵循的規範行為；法律的功用，在拘束人類的交互行為，使人類在社會生活上能各守本分、克制情慾、循規蹈矩、守法向善，一方面尊重他人，一方面嚴以律己，並能共謀社會之福祉。惟人類的本性，並非毫無瑕疵，為了防止少數人的作奸犯科，維護社會的安全與公共秩序，法律的制定乃不可避免的事。

通常法律的擬定，是因應社會的需要，就某一共同的問題、共同的事項，以通行的文字，有組織、有系統的做一普遍性、抽象性的規定；當然，法律的擬定，要顧及社會全面的需要，社會大多數人的利益；絕不能為一個人或少數人的請願、關說，而擬定不具普遍性的法律。

法律的制定，依我國的現行制度而言，大致由行政、司法、考試、監察等相關機關（以行政機關為多），依據社會的迫切需要，先擬定法律草案，而後移送立法機關審議；立法機關經三讀會程序完成審議後，法律的制定方正式通過，惟必須再移送總統公布後，法律的施行才發生效力。

法律經公布後，法律的效力便具有普遍性與拘束性，舉凡全國國境內每一地區、每一角落、每一個國民，均受其拘束，於是，法律的效力便具有適用上的普遍性[1]。

二、確實性

法律的擬定，雖然是以通行的文字，有組織、有系統的予以規定，但是，所規定的事項或條文仍然是抽象性的原則，具體的行為事實必須適用於抽象的法律條文，才能發生法律的效果。

法律的規定，具有確實性，任何人適用，只要沒有適用上的偏差，所發生的法律效果大致一樣，譬如刑法第二百七十二條規定，殺直系血親尊親屬者，處死刑或無期徒刑。此乃抽象的規定適用上的原則，換句話說，法律的規定，通常是就預想可能發生的社會行為態樣與事實，設定一個確實的處理原則，供適用上之依據，因此，假設有某人犯了殺直系血親尊親屬之罪，則將其犯罪的具體行為事實適用於刑法第二百七十二條抽象條文上，而任何人適用本條文均不會發生偏差，犯罪人也不會發生意外的法律效果（如被判有期徒刑），這便是法律的確實性。

法律的確實性，是公平、公正的保證；法律的確實性，是一就是一、二就是二、死刑就是死刑、加重其刑就是加重其刑，絕無商榷的餘地，也不容許他人擅改法律條文，或曲解法律條文的意思。法律因為有了確實性，法律所規範的行為法則才能發生拘束的效果[2]。

三、拘束性

法律未制定、公布之前，根本不發生效力問題，對於人類的社會行為，也無規範、拘束的功效；可是，法律經制定公布之後，法律所規定的事項或禁止的行為，便發生施行上的效力，而拘束力也隨之發生，因而促使人類在社會生活上，不得不遵循法律的規定，約束自己的行為，以免因一時的放肆而誤觸刑罰法律，這便是法律所發生的拘束性效力。

法律為了增強其拘束力，常在法律的條文內，明定制裁的原則，例如刑法第二百十條「偽造、變造私文書，足以生損害於公眾或他人者，處五年以下有期徒刑」的規定，及第二百九十三條「遺棄無自救力之人者，處六月以下有期徒刑、拘役或××元以下罰金」的規定……等。法律，雖然在抽象的條文內，明定應遵守的行為規範，但卻缺乏強制力，故必須在抽象的條文內，附加制裁的原則，如此，法律才有拘束性，人類在社會行為上才會自我約束，盡量克制私慾、壓抑衝動，使其行為表現不致違反法律的規定。因此，法律一經公布，便具有拘束性。

四、強制性

法律一經公布施行，雖然具有拘束性，但人類在社會生活上，不免陽奉陰違或虛與委蛇，表面看起來或許是一個知法守法的好國民，背地裡說不定是一個無惡不作的大流氓，只因人類有隱私及防衛心理，故其違法的行為一直未被發覺而已。法律所規定的事項，有些是國民應盡的義務，例如中華民國憲法第十九條「人民有依法律納稅之義務」的規定，第二十條「人民有依法律服兵役之義務」的規定……等等，均具有法律的強制性；即使刑法的分則編，沒有明示是國民應盡的義務，但卻是國民應遵守的行為規範，也是國民應履行的義務，同樣具有法律的強制性；所以，假設有人觸犯刑法上所規定的禁止事項，即不應作為而作為的違法行為，自應依其觸犯刑法的具體事實，適用相當的法條加以制裁，以示炯戒。故法律常借助其懲罰，以增強其拘束性與強制性。

五、恆久性

法律具有恆久性。法律一經制定、公布後，便發生施行的效力，而法律的條文，即保持固定不變，不能任意增補、刪減、修正或更改，有其恆久性。法律倘若施行相當期間，發覺有若干條文不能適應現時社會之環境，或適用上發現有窒礙難行之處，須修正條文時，應依循制定法律的程序，由相關之行政、司法、考試……等機關（其實以行政機關之機會較多），將法律的修正案移送立法機關審議；立法機關審議通過後，尚須將修正之法律移送總統公布，修正之法律公布後，始發生效力。法律的修正，不是輕而易舉的事，也不能朝令夕改、任意修正；一則法律公布施行後，往往要經過長久的施行期間，才有重新檢討、研究與修正之舉，如中華民國憲法、刑法、少年事件處理法……等法律。可見法律確實具恆久性與安定性[3]。

第二節　法律的淵源

法律的淵源，簡稱「法源」。什麼是法源？有的學者說，法源是法律產生的原因；有的學者說，法源是法律組成的資源；有的學者說，法源是法律資料的來源；有的學者說，法源是法律構成的材料……等等；雖然各人的說法不同，但都正確[4]。

一種法律的制定、公布，常常是依據他種法律的規定、授權，例如「行政院組織法」，是依據中華民國憲法第六十一條「行政院之組織，以法律定之」之規定而制定的；「國籍法施行細則」，是依據國籍法第二十二條「本法施行細則由內政部定之」之規定制定的，因此，法源就是法律制定的根源，或者也可以說是法律資料的來由。

法源有直接發生法律之效力者，如憲法、法律……等，一般稱之為直接法源；有須經過國家之承認，才能發生效力者，如習慣、法理……等，一般稱之為間接法源，茲分別概述之：

一、直接法源

直接法源，又稱成文法源或制定法源，包括憲法、法律、命令、自治法規、條約等。

㈠憲法

憲法是國家的根本大法。憲法的內容較重要者，有人民的權利與義務、國家的基本組織、地方自治、基本國策……等，均是法律的法源；凡是憲法條文中，有「……以法律定之」之規定者，政權或治權機關均須依據憲法所賦予之職權制定成法律。例如原中華民國憲法第三十四條有「國民大會之組織……以法律定之」之規定，因此，國民大會（政權機關）則依此規定制定成「國民大會組織法」，並經立法院通過，總統公布。又例如原中華民國憲法第八十九條有「考試院之組織，以法律定之」之規定，因此，考試院（治權機關）則依此規定制定成「考試院組織法」，並經立法院通過，總統公布，足見憲法的確是法律的直接法源之一。

㈡法律

以我國的法制而言，法律是經過立法院通過、總統公布的成文法典。法律的名稱與種類，相當繁多，依中央法規標準法第二條的規定，「法律得定名為法、律、條例、通則」，因此，上述法、律、條例、通則等都是法律的一種。

一種法律制定、公布後，其條文之規定，常促成他種法律之制定，成為他種法律制定之法源，例如制定了「破產法」，就促成「破產法施行法」的制定；「破產法」就成為「破產法施行法」的法律淵源。又例如少年事件處理法第二十六條之二第五項有「少年觀護所之組織，以法律定之」之規定，於是，乃有「少年觀護所條例」之制定、公布，從而「少年事件處理法」便成為「少年觀護所條例」——（現已改稱「少年觀護所設置及實施通則」）的法律淵源，可見法律也是直接法源之一。

㈢命令

命令有法規命令與職權命令之分。法規命令是治權機關（行政院、考試院……等）基於法律之授權或政策的推行，所制定的口頭上所稱的法令，例如中央法規標準法第三條「各機關發布之命令，得依其性質，稱為規程、規則、細則、辦法、綱要、標準或準則」。職權命令是上級機關對於下級機關，或同一機關內主管對於部屬，為推行政策，基於職權所為之命令。

法規命令，有依法律之規定而制定者，例如「司法院大法官審理案件法施行細則」是依據「司法院大法官審理案件法」之第三十四條規定而制定的；「土地法登記規則」是依據「土地法」之第三十七條第二項規定訂定的……等等，由於憲法和法律的效力高於命令，因此，法規命令不得牴觸憲法和法律。法規命令牴觸憲法和法律者，無效。

法規命令，有依職權之作用而制定者，例如治權機關（行政院、司法院……等）為推行國策或執行某項政令，得基於職權之作用，為制定「法規命令」之命令；亦得基於「法規命令」所規定之注意事項，為制定「法律」之命令，故學者間有認為命令也是法律淵源之一的論調。

職權命令，一般來說，有普通的職權命令與緊急的職權命令之分。前者例如總統以命令公布法律；治權機關（行政院、司法院……等）對於下級機關為執行某項國策、政令所為之命令，以及同一機關內主管對於部屬所為之命令。後者是當國家遭遇到緊急危難或重大變故時，總統為避免國家或人民遭遇緊急危難或應付財政經濟上重大變故，得經行政院會議之決議發布緊急命令，為必要之處置；此項緊急命令之效力，雖與普通法律相等，但可以變更法律、牴觸法律或停止法律之適用，故只有總統有發布此種緊急命令之職權[5]。

㈣地方自治法規

地方自治法規，是地方自治團體（直轄市、縣（市）），基於國家之授權，在其權限之範圍內，根據地方之需要，所制定之種種自治法規而言。

依據原中華民國憲法第十一章地方制度之規定，所謂地方自治法規，包括四種：㈠省自治法，係由省民代表大會制定，但不得與憲法牴觸（原憲法第一百十二條第一項）。㈡省法規，係由省議會制定，但不得牴觸法律，省法規與國家法律牴觸者，無效（原憲法第一百十六條）。㈢縣自治法，係由縣民代表大會制定，但不得與憲法及省自治法牴觸（原憲法第一百二十二條）。㈣縣單行規章，係由縣議會制定，縣單行規章與國家法律或省法規牴觸者，無效（原憲法第一百二十五條）。

基於此，凡直轄市自治法、直轄市法規、縣（市）自治法、縣（市）單行規章等地方自治法規，如有特殊重要性或全國一般性或有永久制度性質等情形者，國家自得參酌需要，採擇做為立法之資料，故自治法規，亦為法律之淵源。

㈤條約

條約是國家與國家間基於平等互惠之原則，所締結的具有約束效力的契約，例如邦交方面的條約、商務方面的條約、關稅方面的條約……等。晚近由於航空交通的發達，國際間的接觸、往來頻繁，為了增進彼此間的邦交、友誼、貿易、合作，減少無謂的摩擦、衝突、糾紛，乃至戰爭，於是有締結條約之舉。條約之締結，依中華民國憲法之規定，應由行政院提請立法院議決，並由總統依法行使之。條約締結後，其條約所規定的內容，對於締約國任何一方都有約束的效力，同時，制定成法律，也有拘束國民的效力，故學者間咸認為條約也是法律的直接淵源。

關於條約之締結經批准公布後，是否即有國內法的效力？各國間的認定不同。有在憲法中明文規定，條約批准後即生國內法之效力者，如義大利、法國等。有條約經締結後，須另行制定法律公布，始生國內法之效力者，如英國。前者認為條約的締結，是締結國雙方的意思表示，具有拘束締結國政府及其全體國民的效力；後者認為條約的締結，固然是締結國雙方的意思表示，但只能拘束締結國政府，不能拘束其人民，故必須另行制定法律公布，始生拘束人民之效力。

我中華民國憲法對於條約之效力問題，並無明文規定；條約簽訂、公布後，在國內如何以國內法施行，法律亦無明確規定，惟在習慣上，條約一經締結後，則依其條約之主旨、內容，另制定成法律以為施行之依據，例如與他國簽訂保護野生動物方面之條約，於是，國內乃有「野生動物保育法」之制定[6]。

二、間接法源

間接法源，又稱不成文法源或非制定法源，包括習慣、法理、判例……等。

㈠習慣

人類在社會生活中，一方面累積生活經驗，一方面模仿社會行為，於是，形成了所謂「習慣」。習慣，從個人方面來說，是個人在日常生活上反覆表現的行為，例如飲食的種種習慣；穿衣、入廁、沐浴的種種習慣；居室的打掃、布置、美化的種種習慣；吸菸、飲酒、嫖賭……等的種種習慣……等等。從社會方面來說，習慣是社會上一般人，長期以來所認同、贊同與遵守的共同行為規範，例如人死後有將其屍體埋葬或火化的習慣；損壞他人財物者，有賠償、致歉的習慣……等等。習慣，有所謂好的習慣與壞的習慣之別，好的習慣是公眾所認同、贊許與模仿的行為規範，例如早起早睡、守時守法……等；壞的習慣是違背善良風俗與妨害社會秩序的行為表現，例如深夜喧嘩、衣飾不整、隨地便溺……等。好的習慣較易為社會上大多數人所接受，因此，常被保留、發揚；壞的習慣因其不為社會上大多數人所接受，因此，逐漸被淘汰、排斥；惟人類難免有任性、懶惰、不受拘束之劣根性，所以，社會再如何文明，壞習慣依然存在於少數人。

習慣之所以成為間接的法律淵源之一，乃是因為有些為社會大眾所認同、贊許的社會性習慣，的確有拘束人類行為的功效，故法制上常用來補充法律之不足。惟習慣要能成為具有拘束力的行為規範以代替法律，必須具備下列四個要件：

甲、須在社會上有反覆實施同一之行為

習慣從客觀方面來探討，必須是社會上事實存在的同一反覆行為，同時，此種習慣是社會性的，為社會大眾所認同、贊許或慣行的行為規則，個人的慣行行為不包括在內。

乙、須在社會上有拘束群眾行為的效力

習慣從主觀方面來探討，必須在社會上有拘束群眾行為的效力，同時，社會群眾也有共同遵守的體認。

丙、須不違背善良風俗與公共秩序

習慣從價值方面來探討，必須在社會上不違背善良風俗與公共秩序者，才能為群眾所接受、所贊許、所認同、所樂於慣行，因此，也才有可能用來補充法律之不足。

丁、須法律未規定之事項

習慣從法制方面來探討，須在法律未規定之情形下，才有補充法律之效力。例如民法第一條規定：「民事，法律所未規定者，依習慣……」；基於此，法律倘已設有具體的規定，不能適用習慣；習慣僅能在法律未規定之情形下，才有代替法律之效力。惟習慣在某方面又具優先適用的效力，例如民法第二百零七條第二項之規定，「前項規定如商業上另有習慣者，不適用之」；又第四百五十條第二項之規定，「租賃未定期限者，各當事人得隨時終止契約，但有利於承租人之習慣者，從其習慣」。由此可見法律對某事項未加規定時，習慣才能成為法律的間接法源[7]。

㈡法理

什麼是法理？學者間的界說分歧不一；有謂法理即是法律的條理者；有謂法理即是法律的原理者；有謂法理即是法律的自然道理者……等等。惟究竟哪一種界說較為合理，很難做一論斷，一般來說，將法理解釋為法律的原理的學者較為多數。

法理之成為法律的間接法源之一，乃是因為法理有補充法律不足的效力；從法律的具體內容來說，法律不論是刑法、民法或其他經制定的成文法，都有詳盡、完整的法律條文可資遵循，惟法院的法官在審理民、刑事訴訟案件時，間或有「無法可據以審判」之狀態，蓋因法律雖然規定詳盡，但因社會現象瞬息萬變、複雜萬端，難免有遺漏不周全之處，故法官遇有法律未規定之事項時，得適用一般公認有拘束力之習慣，以為處置；但倘若遇有無習慣可據以審判之狀態時，自得援用法理以濟其窮，是故，我國民法第一條有：「民事，法律所未規定者，依習慣，無習慣者依法理」之規定，可見法理有彌補法律規定不足的功效，惟僅限於民事部分，刑事部分之審判不適用民法第一條之規定[8]。

㈢判例

判例是法院法官對於某一類特殊的訴訟案件所為的判決先例，可供以後遇有相同或類似訴訟案件的審判法官，做為引用此判決而為判決之依據，則此一判決先例，即稱之為「判例」。判例反覆引用做為審判的參考依據，於是，拘束力增強，可以補充法律規定的不足。故亦為法律的間接法源之一。

關於判例的引用，在外國的法制上也有跡可尋，例如英美法系國家，如美國，除制定的成文法外，判例也是主要的法源，各級法院審理案件，大多以判例為裁判的依據；我國的法制，雖然傾向大陸法系國家，以成文法為裁判的依據，惟法院法官在審理訴訟案件，遇有法律條文規定不備之時，自得援引判例以為補救。

判例在我國是以最高法院的重要判決例為準繩，各級法院的判決案不得做為判例引用。一般來說，最高法院的裁判，其所持法律見解，認有編為判例之必要者，應經由院長、庭長、法官組成之民事庭會議、刑事庭會議或民刑事庭會議決議後，報請司法院備查。倘若最高法院法官在審理案件，關於法律上的見解，認為有變更判例之必要時，亦得循此途徑組成民、刑事庭會議決議，報請司法院備查[9]。

㈣學說

學說是指學者就學問研究的結果，所發表的心得或提倡的主張。研究學問的學者，倘若所提倡的主張，理論正確、允當，自然可引用為制定法律的法源，例如孟德斯鳩（Montesquieu）之法意（The spirit of Laws）理論一出，於是三權分立之政制，即風行於歐美；前國父　孫中山先生之五權憲法及權能區分之理論一提倡，乃有五權分立之中華民國憲法之誕生。

附　註

[1] 參閱林榮耀著　法學緒論（79.5著作者發行）第一百十五頁及第一百十六頁。

[2] 參閱註1林榮耀著　前揭書　第一百十六頁及第一百十七頁。

[3] 法律確實具有恆久性，不能任意修正，也不能任意廢止。

[4] 管歐教授在其所著《法學緒論》一書中，稱法源是法律產生的原因；鄭玉波教授在其所著《法學緒論》一書中，認為法源是以法律組成之資料為通說；林榮耀教授在其所著《法學緒論》一書中，指法源是法律資料的來源；林紀東教授在其所著《法學緒論》一書中，則認為法源是法律構成的材料。

[5] 參考自註4林紀東著　前揭書　第九頁及第十頁。

[6] 參考自註4管歐著　前揭書　第一百十一頁及第一百十二頁。以及註4鄭玉波著　前揭書　第十九頁及第二十頁。

[7] 參考自註4鄭玉波著　前揭書　第二十頁起至第二十二頁。及註1林榮耀著　前揭書　第七頁及第八頁。以及註4林紀東著　前揭書　第五十一頁起至第五十五頁。

[8] 參考自註4鄭玉波著　前揭書　第二十二頁及第二十三頁。以及註4林紀

東著　前揭書　第五十九頁至第六十二頁。以及註5林榮耀著　前揭書　第九頁。

[9] 參考自註4管歐著　前揭書　第一百十四頁。及註4鄭玉波著　前揭書　第二十三頁及第二十四頁。以及註4林紀東著　前揭書　第五十六頁至第五十九頁。以及註4林榮耀著　前揭書　第八頁及第九頁。

研究討論問題

一、法律有何特性？

二、說明法律的淵源？

三、法律是否可以修正？修正法律有何程序？

四、何謂法律的安定性？請發抒你的看法。

五、何謂法理？法理何以能成為法律的法源？請說明之。

六、何謂判例？何種判例可以援引為法律的法源？請說明之。

第六章
法律的類型

第一節　國內法與國際法

法律從其適用的範圍而言，可分國內法與國際法。凡適用於國內的法律，稱之為國內法；適用於國際的法律，稱之為國際法。茲分述之：

一、國內法

國內法是指一個具有主權的國家，用以拘束國民的行為規範——即法律，如果是成文法的話，通常都是以一種或數種通行的文字，有系統的制定為法律草案，而後依循法定程序，移送國會（我國是立法院）審議，國會審議通過後，即移送總統公布，法律經總統公布後，即有拘束國民的效力，所以，國內法是由一個有主權的國家所制定，並適用於主權所能及的領土範圍內。

我國的法律，不論其名稱是法、是律、是通則、是條例，皆是國內法，換句話說，都是適用於國家領域內的全體國民的行為規範。所有的法律，不論是由行政機關或司法機關、考試機關基於職權所擬定的法律草案，均必須經立法院審議通過、總統公布始生效力，例如中華民國憲法、刑法、民法……等便是國內法的範疇。

二、國際法

國際法是指一般國際社會所公認的規約，其行使不限於一國之領域範圍，換言之，凡國際團體間任何國家均一致行使者，稱之為國際法。例如聯合國憲章。

國際法得依其性質之不同，分為國際公法與國際私法等兩類，國際公法（即國際法）雖然是規定國際間應相互遵守的規約，但又有平時國際公法與戰時國際公法之別，前者如外交關係公約、領事關係公約、公海公約、領海及鄰接區公約、國際法院規約……等；後者如戰時俘虜的處理、敵方傷殘士兵的人道待遇等的國際慣例。至於國際私法，雖冠有國際二字，實際上，它是以本國主權為立場，對於涉外的私法上權利義務事件，規定應適用何國的法律，所以，仍為國內法的一部分。例如我國現行的涉外民事法律適用法，其性質即為國際私法[1]。

國際法雖不如國內法有完備的立法機關、制裁機關，以及絕對的強制力，惟現今聯合國已設有國際法院，以制裁國際間的糾紛，舉凡有違反國際法、蔑視國際正義而侵害他國主權的國家，均會遭受國際間的集體制裁，例如國際間輿論的譴責、外交關係的斷絕、經濟制裁與封鎖港口、武力干涉、戰爭……等等。

第二節　成文法與不成文法

法律以制定的形式為標準，可分成文法與不成文法等兩種，前者是依法定程序所制定的法律；後者是未依法定程序制定但國家承認的法律；茲分述之：

一、成文法

成文法，通常是指一個有主權的國家，以自己國家通用的文字，有系統、有組織、有條理的記載成一條、一條具有形式的條文，並依一定的立法程序，經國會（議會）審議通過，制定成完整的法典，而後由總統公布，這種法律便是成文法，例如美國憲法。

我國的法律，不論是法、是律、是條例、或是通則，皆屬於成文法。因為我國的所有法律，都是經過立法院通過、總統公布，而且以我國通行的文字所制定的。例如民法、刑法、公司法、票據法……等法律，便是成文法的一環。

二、不成文法

不成文法，通常是指一個有主權的國家，未曾以自己國家通行的文字，有條理、有系統、有組織的記載成一條、一條具有形式的條文，並依一定的立法程序，制定成完整的法典；換句話說，不成文法或許有文字的記載，但並未制定完整的法典，僅依社會上的習慣、學者主張的學說、公認的法理，以及法院的判例……等等，為不成文法的法律，並由國家承認其效力，例如英國早期所慣行的便是不成文法的典型與樣態。

三、成文法與不成文法的比較

成文法與不成文法的不同，不在有無文字的記載，而在於是否經過立法程序，制定成完整的法典，並依法定的程序公布。

成文法的優點，在於具有形式上的條文，內容較周詳、明確，便於施行、研究，且修正與廢止均有一定的法定程序；惟成文法修正較不易，若干法律條文一經社會之變遷、時代之演進，常有適用上的困難，必須重新修正方能適應，因此費時費力。反之，不成文法既未制定完整的法典，則變更較易，能適應社會的需要，惟缺乏有形式的條文，內容較不具體、明確，因此適用時較不便[2]。

第三節　公法與私法

法律從其規定的關係或主體之不同，可分公法與私法。這是傳統的分類法，肇始於羅馬法時代，由於年代久遠，自然不適合現在的法律觀點，所以究竟哪些法律是公法？哪些法律是私法？公法與私法的區分標準如何？學說紛紜，迄今仍無一致的看法。

一、主體說

主張主體說者，以法律關係的主體，為公法與私法的區分標準。凡法律關係主體的一方或雙方，為國家或公法人者，是屬於公法，例如中華民國憲法、刑法、刑事訴訟法、行政訴訟法……等法律，皆是公法的範疇。至於法律關係主體的雙方，均為私人或私團體者，是屬於私法，例如民法、公司法、票據法……等法律，便是私法的範疇。

採用主體說，以法律關係的主體來作為區分公法與私法的標準，雖然是一種比較妥當的說法，但也有缺陷，例如民法是屬於私法，而國家與人民間的買賣契約，卻須適用民法的規定是。

二、權力說

權力說又稱之為意思說。主張權力說者，以權力關係作為區分公法與私法的標準。凡規定權力服從關係的法律，或者說是國家與人民相互間存有命令與服從的不平等關係的法律，是屬於公法，例如監察法、公務人員考試法、刑法……等，皆是公法的範疇。至於規定對等關係的法律，或者說是不含有權力服從的性質，人民相互間得依自己之意念為意思表示的法律，是屬於私法，例如公司法、保險法、合作社法……等，皆是私法的範疇。

主張權力說，以權力關係為區分公法與私法的標準，仍有其缺陷之處，例如國際公法是屬於公法，可是，它是對等關係的法律，並無權力服從的性質；而民法是屬於私法，可是民法中關於親權的行使，卻具有權力與服從的關係，可見公法與私法仍難以權力關係的情形予以區分。

三、利益說

利益說，學者亦稱之為「目的說」。主張利益說者，以法律所保護的利益，為區分公法與私法的標準。凡以保護公益為目的者，為公法；以保護私益為目的者，為私法；前者如刑法、少年事件處理法、社會秩序維護法……等；後者如民法、著作權法、專利法……等。

以利益說為區分公法與私法的標準，也有其缺陷之處，例如社會秩序維護法，固然在保護公益，同時也在保護私益；著作權法，固然在保護私益，同時也在調和社會公共利益；民法雖然是私法，在保護私人利益，但同時也尊重公益，以不悖於公共秩序或善良風俗為原則。

四、關係說

關係說，是以法律規定的關係，為區分公法與私法的標準。凡規定公的權利義務關係者，是公法；規定私的權利義務關係者，是私法。換句話說，凡規定國家與國家間或國家與人民間公的權利義務關係，皆屬於公法的範疇；規定國家與人民間或人民與人民間私的權利義務關係者，皆屬於私法的範疇；前者如國際公法、憲法、刑法、社會秩序維護法……等，後者如民法、公司法、票據法、保險法……等[3]。

以法律規定的關係，為區分公法與私法的標準，應較主體說、權利說與利益說為適當，因為以主體說、權利說或利益說為區分公法與私法的標準，皆有其不周延之處，而關係說，只要法律規定的是公的權利義務關係，即可認定是公法；法律規定的是私的權利義務關係，即可認定是私法，故較為適當、易識。

惟晚近由於社會之演進、法律之增多，公法與私法之外，又另增公私綜合法，有的學者稱之為「社會法」，例如經濟法、勞動法……等。

第四節　普通法與特別法

法律以施行效力所及的人、事、地為範圍，可分普通法與特別法。凡施行效力及於國內一般的人、事、地者，為一般法或稱普通法。凡施行效力及於國內特定的人、事、地者，為特別法。茲依人、事、地的區別標準概述之：

一、以人為區分標準

法律施行的效力所及之人，是全國一般的人者，為普通法；限於特定的人者，為特別法；前者如刑法、民法等法律適用於全國一般人，故為普通法；而陸海空軍刑法僅適用於具有軍人身分之特定人，少年事件處理法僅適用於未滿十八歲特定之少年，故上述兩種法律均為特別法。

二、以事為區分標準

法律施行的效力所及之事，是國內一般事項者，為普通法；限於特定事項者，為特別法。前者如民法適用於一般民事事項，刑法適用於一般刑事事項，故上述兩種法律均為普通法；而公司法適用於公司的經營事項，票據法適用於票據的行使事項，均限於特定的事項，故為特別法。

三、以地為區分標準

法律施行的效力所及之地，為國內各地區者，是普通法；限於某一地區者，是特別法；例如民法、刑法、民事訴訟法、刑事訴訟法……等種種法律，均適用於全國各地區，一般人民均受其拘束，故為普通法；而臺灣省內菸酒專賣暫行條例……等法律，僅適用於臺灣省一個特定地區，故為特別法。

普通法與特別法的區別，是屬於相對的，例如土地法是民法的特別法，但同時又是實施耕者有其田條例的普通法；陸海空軍刑法是刑法的特別法，但同時又是戰時軍律的一般法。

普通法有時又會與特別法競合適用，在此情況下，究竟應適用普通法抑或適用特別法？由於法律之適用，有「特別法優先普通法適用」之原則，故理論上自應優先適用特別法。例如未滿十八歲之少年，觸犯竊盜、猥褻罪情，依法應優先適用刑法之特別法——少年事件處理法，予以適當的處遇；又如房屋租賃，民法有規定，土地法也有規定，適用法律時自應優先適用民法的特別法——土地法的規定，惟土地法沒有規定的事項，才可適用民法的規定（債編中關於租賃的規定）[4]。

第五節　實體法與程序法

法律以所規定的內容為區分標準，可分實體法與程序法。凡規定權利與義務的本體內容的法律，稱之為「實體法」；規定實現權利與義務的程序內容的法律，稱之為「程序法」。茲分述如下：

一、實體法

刑法、民法、商事法……等法律，為實體法。

實體法又稱主法，是規定權利義務本體的法律，也可以說是規定權利義務的性質、內容、發生、行使、變更及消滅……等事項的法律，可供法院作為審判民事、刑事案件之依據。

二、程序法

民事訴訟法、刑事訴訟法、行政訴訟法……等法律，為程序法。

程序法又稱助法或手續法，是規定實現權利義務的程序的法律，也可以說是規定如何執行或實現權利義務的方法以及對於違反者如何加以制裁的程序的法律；例如刑事訴訟法是規定實施國家刑罰權的方法，或者說是審判處罰犯罪人程序的法律，民事訴訟法是輔助民事方面有關權利義務施行的程序的法律……等，皆屬於程序法的範疇。

三、實體法與程序法的關係

實體法與程序法的區分，是屬於相對的，不是絕對的，有些法律如少年事件處理法，一方面它是屬於實體法，另一方面它又是屬於程序法，根本沒有實體法與程序法的區分，而是一體的；民法雖然是屬於實體法，但是有關總則編、債編、物權編、親屬編、繼承編等的施行法，則又類似程序法的規定。

實體法與程序法的性質雖然不盡相同，但兩者之間應是一體兩面、相輔相成的，譬如實體法是「體」，程序法是「用」，沒有實體法，程序法無法發揮其作用，沒有程序法，實體法的規定亦不能發生效力，所以，實體法與程序法關係密切，缺一不可[5]。

第六節　強行法與任意法

法律以適用效力的強弱為標準，可分為強行法與任意法；強行法是不問私人情願與否，必須適用的法律；任意法是法律的適用，可依從私人的意思。茲分述如下：

一、強行法

強行法是不問私人情願與否，必須適用的法律；換句話說，法律規定的事項，涉及國家的秩序、社會的安全、善良風俗的維護，不問私人情願與否，必須遵守、適用、受其拘束的法律，例如中華民國憲法、刑法、社會秩序維護法等法律。

強行法理論上又分為命令法（或稱命令規定）與禁止法（或稱禁止規定）。命令法是強制為特定行為之法，或者說是強制行為人履行特定的作為義務的法律，例如兵役法是強制滿十八歲男子履行服兵役義務的法律；所得稅法是強制特定人履行繳稅義務的法律……等。而禁止法是禁止為特定行為之法，或者說是強制行為人履行特定的不作為義務的法律，例如刑法的規定是在禁止人民犯罪，社會秩序維護法的規定是在禁止人民妨害安寧秩序、妨害善良風俗……，而民法第九百八十五條的「有配偶者，不得重婚」的規定是在禁止有配偶者發生重婚的行為……等，皆是禁止法的實例。

二、任意法

任意法是指法律的適用，可依從私人的意思；換句話說，法律所規定的事項，僅涉及私人的利益，當事人可依從私人的意思自由，決定是否適用法律，例如民法、商事法……等法律，大部分的規定都屬於任意法。

任意法理論上又分為補充法（或稱補充規定）與解釋法（或稱解釋規定）。補充法是補充當事人意思表示欠缺的法律規定，或者說是法律預設規定，凡當事人對於某種法律關係之意思表示有欠缺時，使其依法適用以維護其權益，例如民法第一千零五條「夫妻未以契約訂立夫妻財產制者，除本法另有規定外，以法定財產制，為其財產制」之規定，便是夫妻財產制的補充法。而解釋法是解釋當事人意思的法律規定，或者說是當事人意思不明確或不完全時，用來解釋其意思的法律規定，例如民法第一千二百零七條「繼承人或其他利害關係人，得定相當期限，請求受遺贈人於期限內，為承認遺贈與否的表示，期限屆滿尚無表示者，視為承認遺贈」之規定，便是解釋法的條文規定。

三、強行法與任意法的區分

強行法與任意法的區分，應就法律條文之本身加以研究判斷，不可誤以為公法，皆是強行法；私法，皆是任意法；例如刑法，一般人認為是公法；但刑法中「告訴乃論」的規定，是屬於任意法的態樣；又如民事訴訟法，也是公法，但其中合意管轄的規定（訴訟事件的管轄法院，得以雙方當事人的合意定之），是屬於任意法；民法，雖然是私法，可是，民法總則編中有關禁治產人無行為能力之規定、物權編中關於物權不得自由創設之規定、親屬編中關於男女結婚年齡的規定……等等，是屬於強行法，自不容許私人任意變更法律的規定。

法律條文之規定，是屬於強行法抑或是屬於任意法，通常可從條文的文字加以辨別，假如條文中有「……應……」、「……不得……」、「非……不得……」等字樣之情形者，是屬於強行法；如果條文中有「得……」、「另有規定者，不在此限」……等字樣之情形者，則屬於任意法。

四、強行法與任意法的效力

強行法與任意法的法律效果不同；凡違反強行法的規定，在公法上可能要遭受刑法上或行政上的制裁，在私法上也可能發生行為無效或得撤銷的效果；例如民法第九百八十五條「有配偶者，不得重婚」之規定是強行法的規定，但倘若有配偶者違反其規定而再重婚，則在刑法上構成重婚罪，必須接受刑罰的制裁，且在私法上也發生其結婚之行為無效，必須予以撤銷的處境。至於違反任意法的規定，則不發生上述種種問題[6]。

第七節　原則法與例外法

法律依其規定事項適用之不同，可分原則法與例外法。凡法律所規定的事項，一般均應適用者，為原則法；凡法律所規定的事項，若有特殊情形時，得適用例外規定者，為例外法。茲分述之：

一、原則法

原則法是法律所規定的特定事項，一般均應適用者；或者說是法律就特定的事項，為原則性的規定，以供一般適用之準繩；例如民法第六條「人之權利能力，始於出生，終於死亡」之規定，民法第十二條「滿二十歲為成年」之規定……等，皆是原則法的規定。

法律的條文，有時有但書的規定，凡是在「但」字以前的規定，是屬於原則法；例如民法第一千零一條「夫妻互負同居之義務，但有不能同居……」之規定、民法第一千零四十九條「夫妻兩願離婚者，得自行離婚，但……」之規定……等，是屬於原則法的規定。

二、例外法

例外法是法律所規定的事項，若有特殊情形時，得適用例外之規定；或者說是法律就特定的事項為原則性的規定外，並針對特殊的必要所做的例外規定；例如民法第七條「胎兒以將來非死產者為限，關於其個人利益之保護，視為既已出生」之規定，便是民法第六條「人之權利能力，始於出生，終於死亡」的例外法。

法律的條文，有時有但書的出現，凡是在「但」字以下的規定，是屬於例外法，例如民法第九百八十四條「監護人與受監護人，於監護關係存續中，不得結婚。『但』經受監護人父母之同意者，不在此限」之規定、民法第一千零四十九條「夫妻兩願離婚者，得自行離婚。『但』未成年人，應得法定代理人之同意」之規定……等，凡是在但字以下的均屬於例外法的規定[7]。

第八節　固有法與繼受法

法律依其吸收的思想來源的不同，可分為固有法與繼受法；凡承襲本國固有的法律思想的法律，為固有法；模仿外國的法律思想的法律，為繼受法。茲分述之：

一、固有法

固有法是承襲本國固有的法律思想的法律，或者說是根據本國從前的固有文化、法律思想、風俗習慣、社會狀況、政治組織……等情形，所制定的法律，例如我國的唐律、明律是固有法的承襲資料。

固有法的優點，在於能保存本國固有的傳統文化，以及法律思想與制度比較能適合本國的風俗民情；其缺點在於容易故步自封，不能適合時代潮流。

二、繼受法

繼受法是模仿外國的法律思想與制度的法律，或者說是參考、模仿外國的文化、法律思想與制度，採取其較適合於世界潮流或本國國情者，制定成為本國的法律，例如從前美國法之模仿英國法、我國清末民初的法律之模仿日本的法律、國民政府統一全國後之模仿歐洲大陸的法制……等等，均是繼受法的例子。

繼受法的優點，在於能適合時代潮流，並使本國的法制與外國的法制趨於一致；其缺點在於不容易適合本國的風俗習慣、社會需要，若是盲目抄襲，亦難適合本國國情。

晚近，世界各國由於文化交流之影響，本國的法律已沒有固有法與繼受法的區分，換句話說，各國的法制都有固有法的成分，也都有繼受法的資料，沒有完全是固有法的法制，也沒有完全是繼受法的模式，而且各國的法制逐漸趨向一致，這是時代進步所帶來的影響[8]。

第九節　母法與子法

法律依其規範間相互關係的不同，可分為母法與子法。凡法律的規範，是屬於主體性、法源性者，為母法；是屬於從屬性、補充性者，為子法。茲分述之：

一、母法

一種法律的規範，倘依據他種法律的規範而制定者，其所依據的法律，為母法。譬如「兵役法」是一種獨立的法典，而依兵役法第五十一條之規定，制定「兵役法施行法」之後，「兵役法」即成為「兵役法施行法」之母法；又例如「大學法」是一種獨立的法典，而依大學法第三十一條之規定，制定「大學法施行細則」之後，「大學法」即成為「大學法施行細則」之母法。

母法的規範，具基本性、原則性、一般性……，是子法的主體性法律與法源性法律。子法雖然是依據母法的規範所制定，但其子法的規範，若是又為他種法律規範所依據而制定，則此一子法，又成為他種子法的母法。例如「立法院組織法」是依憲法的規定而制定，故憲法是法源性母法，立法院組織法是憲法的子法。又「立法院職權行使法」，是依據「立法院組織法」的法源而制定，故原為憲法的子法的「立法院組織法」，又成為「立法院職權行使法」的母法。再例如「立法院議事規則」，是依據「立法院職權行使法」的法源而制定，故原為子法的「立法院職權行使法」，又成為「立法院議事規則」的母法……。

二、子法

一種法律的規範，若是依據他種法律的規範而制定者，其所依據的法律，為母法；其所制定的法規（包括法律及命令），為子法。譬如「教師法施行細則」是依據「教師法」的法源而制定，故「教師法」是母法，「教師法施行細則」是「教師法」的子法；又例如「外役監條例」是依據「監獄行刑法」的法源而制定，故「監獄行刑法」是「外役監條例」的母法，而「外役監條例」是「監獄行刑法」的子法。

子法的規範，具補充性、具體性、細節性、個別性……，是母法的從屬性法律與輔助性法律。子法雖然是依據母法的規範所制定，但其子法的規範，不一定稱為法、條例、通則，並經立法程序制定完成；而可稱為規程、規則、細則、辦法、綱要、標準、準則……等，並由相關機關以命令方式發布之。

附　註

[1] 參考自管歐著　法學緒論（81.8修訂再版　著作者發行）第一百四十五頁起至第一百四十八頁。

[2] 參考自註1　前揭書　第一百二十六頁起至第一百三十頁。及鄭玉波著　法學緒論（81.8修訂再版　三民書局印行）第二十五頁及第二十六頁。以及林榮耀著　法學緒論（79.5再版　著作者發行）第十頁。

[3] 參考自註1　前揭書　第一百三十五頁起至第一百三十八頁。及註2鄭玉波著　前揭書　第二十九頁。及註2林榮耀著　前揭書　第十二頁。以及林紀東著　法學緒論（81.10五南圖書出版公司出版）第三十五頁起至第四十一頁。

[4] 參考自註1　前揭書　第一百二十八頁起至第一百三十二頁。及註2鄭玉波著　前揭書　第三十二頁。及註2林榮耀著　前揭書　第十三頁及第十四頁。以及註3林紀東著　前揭書　第四十一頁起至第四十三頁。

[5] 參考自註1　前揭書　第一百三十八頁起至第一百四十頁。及註2林榮耀著　前揭書　第十六頁及第十七頁。以及註3林紀東著　前揭書　第四十五頁及第四十六頁。

[6] 參考自註1　前揭書　第一百三十二頁起至第一百三十四頁。及註2鄭玉波著　前揭書　第三十四頁及第三十五頁。及註2林榮耀著　前揭書　第十四頁起至第十六頁。以及註3林紀東著　前揭書　第四十三頁起至第四十五頁。

[7] 參考自註1　前揭書　第一百四十二頁及第一百三十五頁。及註2鄭玉波著　前揭書　第三十四頁及第三十五頁。以及註2林榮耀著　前揭書　第十四頁。

[8] 參考自註1　前揭書　第一百四十四頁。及註2鄭玉波著　前揭書　第三十六頁及第三十七頁。及註2林榮耀著　前揭書　第十一頁。以及註3林紀東著　前揭書　第三十三頁及第三十四頁。

研究討論問題

一、何謂國內法？何謂國際法？請舉例說明。

二、何謂成文法？何謂不成文法？請舉例說明

三、何謂公法？何謂私法？請舉例說明。

四、何謂普通法？何謂特別法？請舉例說明。

五、普通法與特別法競合適用時，怎麼辦？

六、何謂實體法？何謂程序法？請舉例說明。

七、何謂強行法？何謂任意法？請舉例說明。

八、何謂原則法？何謂例外法？請舉例說明。

九、何謂固有法？何謂繼受法？請舉例說明。

十、何謂母法？何謂子法？請舉例說明。

第七章
法律的體系

法律多如牛毛，種類繁多；每一種法律，都有其適用上之效力，也有其不同的性質、內容與體制。為了說明上的方便，從縱的方面，以各種法律效力之高低、性質之不同以及相互的關係……等，來劃分與歸類，可以組成一個自上而下、層級不同、歸屬不同的法律層級系統，這便是法律的體系。所以，法律的體系是從眾多的法律中，依其效力及性質之差異，所劃分與歸類的法律層級系統。

法律的體系，在過去，一般學者多沿用日本的例子，採用「六法」的說法，即指憲法、民法、商事法、刑法、民事訴訟法、刑事訴訟法等。惟我國的法制，目前是採用民、商合一的立法例，學說上雖有商事法的名稱，法律上卻無商事法的法典，有關商事法的法則，有的援用民法的規定，但民法未規定之事項，則另制定民法的特別法以因應適用，如公司法、票據法、保險法、海商法……等，便是商事法的範疇。所以，目前坊間所編纂的「六法全書」，不外包括憲法、民法、刑法、行政法、民事訴訟法、刑事訴訟法等六種，而以行政法取代商事法。不過，「六法全書」的六法，只是就法律的性質之不同予以劃分、歸類，並無自上而下、高低不同的法律層級系統，所以不能說是法律的體系[1]。

關於法律的體系，目前一般學者都依據凱爾生（Hans Kelsen）的「法律層級構造」理論，認為法律的最高層級是基本規範（Basic Norm），其次是一般規範（General Norms），最低層級是個別規範（Individual Norms）；最高層級的基本規範，在國際間是以國際法為法律規範的最高

指導原則；在國內是以中華民國憲法為根本大法，其效力在一般規範之上；而次一層級的一般規範，在國內即指依憲法或法律的授權，所制定的法律命令而言；但依其性質而歸類，則又分為公法、私法以及公私混合法等三大類系統；至於最低層級的個別規範，依其創立主體的不同，可分為私法行為（契約）、行政行為（命令）、司法行為（裁判）等三種類型[2]。茲再加說明之：

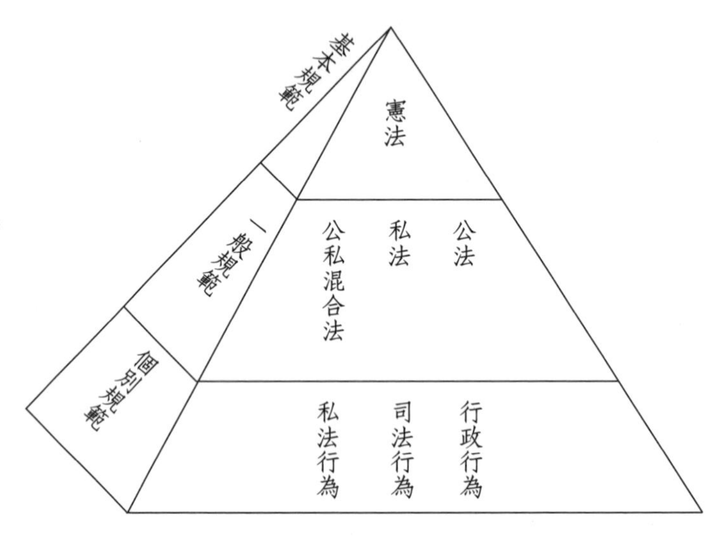

法律層級（位階）體系圖

第一節　基本規範——中華民國憲法

基本規範是最高層級的法律體系，在國內因中華民國憲法是國家的基本大法，有最高的效力，法律或命令與憲法牴觸者無效，故中華民國憲法是最高層級的法律體系；且中華民國憲法依其性質而言，亦屬於公法系統之一。

一、中華民國憲法的制定

中華民國憲法之序文，因有「中華民國國民大會，受全體國民之付託，依據孫中山先生創立中華民國之遺教，為鞏固國權、保障民權、奠定社會安寧、增進人民福利，制定本憲法，頒行全國，永矢咸遵」之明文，故中華民國憲法的制定機關，為國民大會；制定權源，係來自全體國民之付託；制定的法源，係依據孫中山先生創立中華民國之遺教，包括三民主義、建國方略、建國大綱……等種種建國理念與思想；而制定中華民國憲法的目的，在鞏固國權、保障民權、奠定社會安寧、增進人民福利。

二、中華民國憲法的公布

中華民國憲法由國民大會制定後，於民國36年1月1日經國民政府公布，同年12月25日施行。惟自國民政府遷臺以後，因時代之變遷，民主潮流之激盪，社會環境之改變，經濟、文化、政治之突飛猛進，致原來之中華民國憲法之規定以及政治制度之建設藍圖，已不能適應現時社會之需要，故乃有若干次大幅度之修正。

三、中華民國憲法的內容

中華民國憲法是規定人民的權利義務、國家的基本組織、中央與地方的政治制度以及基本國策的根本大法，因此，其內容包括第一章總綱，第二章人民之權利義務，第三章國民大會，第四章總統，第五章行政，第六章立法，第七章司法，第八章考試，第九章監察，第十章中央與地方之權限，第十一章地方制度，第十二章選舉、罷免、創制、複決，第十三章基本國策，第十四章憲法之施行及修改。惟若干次增修憲法後，原來的國家基本組織、中央與地方的政治制度以及基本國策，已有若干措施與制度，為增修之條文所取代；例如國民大會的虛級化及廢除，暨司法院、考試院、監察院等特任政務官的提名及同意……等等，均與原憲法的規定不同。

四、中華民國憲法與一般規範的層級關係

中華民國憲法是國內的基本規範，與一般規範的法律、命令有下列的層級關係：

㈠中華民國憲法是一般規範的法源

中華民國憲法是國家的基本大法，有最高的效力、最高的權威，各種法律或命令大多依據其規定、明示或授權而制定，故中華民國憲法是一般規範之母法，例如中華民國憲法的條文，凡有「以法律定之」之事項，均必須依其規定制定該項之法律。

㈡中華民國憲法明確劃清法律的界限

法律有形式上的法律與口頭上的法令之別，甚易混淆不清，中華民國憲法為澄清法律的界限，乃有「本憲法所稱之法律，謂經立法院通過，總統公布之法律」之明確規定，故行政機關所發布之「法規」，若未經立法院通過、總統公布之程序，則只能稱之為命令。命令依中央法規標準法的規定，稱之為規程、或規則、或細則、或辦法、或綱要、或標準、或準則等等。

㈢中華民國憲法的效力高於一般規範

中華民國憲法與一般規範的法律、命令，其效力並不相等、相同，換句話說，中華民國憲法的效力高於一般規範的法律及命令，所以，法律及

命令的規定，不能牴觸憲法，法律及命令牴觸憲法者，法律及命令即失其效力；而法律的效力又高於命令，因此，從縱的法律體系而言，基本規範的中華民國憲法是效力最高、層級（位階）最高的法律淵源，為一般規範的制定依據。

第二節　一般規範

一般規範是次一層級的法律規範，包括法律、命令以及地方自治法規，均依基本規範的中華民國憲法所制定。一般規範的法律，種類繁多，內容不同，吾人將性質類似的加以歸類，可分公法、私法以及公私混合法等三大類系統[3]。茲分別概述之：

一、公法系統

一般規範，如法律、命令以及地方自治法規，因為大多屬於公法的性質，故將之歸入公法系統；公法系統內的一般規範，種類繁多，例如較主要者，除行政法、刑法、刑法的特別法、刑事訴訟法、民事訴訟法……以及行政機關所發布的各項命令外，尚有地方自治法規，如直轄市自治法規及縣（市）單行規章……等。茲就行政法、刑法……等實體法，暨刑事訴訟法、民事訴訟法……等程序法，簡要介紹如下：

㈠行政法

行政法是規定行政權的組織及其作用的法規總稱，由於行政規範的法律，除行政機關的組織外，僅有行政執行法、行政訴訟法……等，因此，行政法仍缺乏完整的、具體的形式法典。惟一般學者在撰寫行政法一書時，其內容總離不開行政法的基本概念、行政組織、行政作用、行政訴訟……等幾大部分，故行政法所涉及的問題幾乎大同小異。行政法是公法的一部，行政人員為行政行為時，必須依據法律並服從命令，不得違法、廢弛職務或失職，此為行政人員必須維護的操守。

㈡刑法

刑法是規定構成犯罪之要件、犯罪之態樣、犯罪之罪名以及犯罪之處罰的法律，是刑事裁判的實體規範，其內容包括總則及分則兩大部分，總則是規定刑事裁判必須依據的一般實體規範的原理、原則，其內容包括法例、刑事責任、未遂犯、共犯、刑、累犯、數罪併罰、刑之酌料及加減、緩刑、假釋、時效、保安處分等十二章次；而分則是規定犯罪之罪名、樣態以及各項罪情應科處之刑罰的裁判規範，包括侵害國家法益之罪（如內亂罪、外患罪、妨害國交罪、瀆職罪……等十種），侵害社會法益之罪（如公共危險罪、偽造貨幣罪、偽造有價證券罪……等十二種）以及侵害個人法益之罪，如殺人罪、傷害罪、墮胎罪、遺棄罪……等十四種。

㈢刑事訴訟法

刑事訴訟法是規定刑事訴訟程序的法律，是確定刑罰權存在與否之程序規範，其內容包括總則、第一審、上訴、抗告、再審、非常上訴、簡易程序、執行、附帶民事訴訟等九編，明確規定檢察官如何踐行偵查程序、如何提起公訴程序，而法院法官如何踐行調查證據、如何開庭審判、如何踐行辯論、如何為判決之宣示程序等等；又訴訟當事人於訴訟程序中，何種情況得以提起抗告、何種情況得以提起再審、何種情況得以提起上訴或非常上訴……等等，刑事訴訟法有詳盡的程序規範的規定。

㈣民事訴訟法

民事訴訟法是規定民事訴訟程序的法律，是解決民事爭訟問題的程序規範，其內容包括總則、第一審程序、上訴審程序、抗告程序、再審程序、督促程序、保全程序、公示催告程序、人事訴訟程序等九編，明確規定何種情況下，得以踐行簡易訴訟程序，解決民事上的爭執問題；何種情況下，得以通常訴訟程序，解決當事人間的第一審或上訴審民事上的爭訟問題；何種情況下，得提起抗告或再審之程序；又何種情況下，得為督促程序、或保全程序、或公示催告程序、或人事訴訟程序……等等。

一般規範的公法系統，除行政法、刑法……等法律外，尚有規程、規則、細則、辦法……等行政機關發布之命令以及地方自治法規——即直轄市自治法及縣（市）單行規章……等，皆屬於公法系統之一環[4]。

二、私法系統

私法是指規定人民間權利義務關係的法律，是屬於人民在社會生活上，應遵守的行為規範；屬於私法系統的法律，如民法及民法的特別法——商事法（包括公司法、票據法、保險法、海商法……等）。

㈠民法

民法是規定人民間權利義務關係的法律，是民事上的實體規範，其內容包括總則、債、物權、親屬、繼承等五編；總則編的內容，又有法例、人、物、法律行為、期日及期間、消滅時效、權利之行使等七章，明確規定民法通用之法例，權利的主體——自然人與法人之權利能力，權利的客體——物之性質與範圍，以及法律行為的意思表示、權利之行使等等。債編的內容，包括通則與各種之債，通則方面明確規定債之發生、債之標的、債之效力、多數債務人及債權人以及債之移轉、債之消滅等等。至於各種之債，則列舉買賣、互易、交互計算、贈與、租賃、借貸、僱傭……等二十七種性質不同的債。物權編的內容，包括通則、所有權、地上權、永佃權、地役權、抵押權、質權、典權、留置權、占有等十章，明確規定各種物權的權利義務關係。親屬編的內容，包括通則、婚姻、父母子女、監護、扶養、家、親屬會議等七章，明確規定親屬之類別、親等之推算、結婚與離婚之法律行為、子女之監護、親屬之扶養……等等。繼承編的內容，包括遺產繼承人、遺產之繼承、遺囑等三章，規定遺產繼承人之順序、繼承人之應繼分……等等。

㈡民法的特別法

民法的特別法，是指商事法，包括公司法、票據法、保險法、海商法……等法律。公司法的內容，包括總則、無限公司、有限公司、兩合公司、股份有限公司、關係企業、外國公司、公司之登記及認許、附則等九章，明確規定各項公司的設立、組織、登記、經營、解散、清算……等事項。票據法的內容，包括通則、匯票、本票、支票、附則等五章，明確規定各項票據的發票、背書、承兌、保證、付款、追索……等事項。保險法的內容，包括總則、保險契約、財產保險、人身保險、保險業、附則等六章，明確規定財產保險及人身保險之範圍，以及投保、繳費、受益、理賠……等事項。海商法的內容，包括通則、船舶、運送、船舶碰撞、海難救助、共同海損、海上保險、附則等八章，明確規定貨物運送及旅客運送契約之訂立，以及意外海難事件之救助、撈救、理賠……等事項。

三、公私混合法系統

公私混合法是指法律的性質與內容，不完全屬於公法的系統，亦不完全屬於私法的系統，而是兼具公法的性質與私法的性質而言，故歸類為公私混合法的系統。

公私混合法系統的法津，屬於社會或勞工性質者，有農會法、工會法、漁會法、工廠法、合作社法、教育會法、商業團體法……等等；屬於經濟性質者，有土地法、銀行法、商標法……等；屬於形成權性質者，有著作權法、專利法……等等[5]。

第三節　個別規範

個別規範是依據一般規範的法律及命令，所創設的法律行為，其層級在一般規範之下，故不能違背一般規範的規定。個別規範，通常是由特定個人，為適應當前之需要，將一般規範的規定，適用於具體發生的事件；或依據一般規範的規定，創設個別規範，使其行為規範能發生法律效果，而為一般規範所認許的法律行為。個別規範，因其適用範圍甚廣，故其法律行為，得依創設主體之不同，分為私法行為、行政行為以及裁判行為等三種類型。茲扼要概述之：

一、私法行為

私法行為是指私人在社會生活上，所為的法律行為；換句話說，私人在社會生活上，為解決生計、生存與育樂生活問題，依據民法或商事法的一般規定，創設契約行為，與他人發生權利義務關係；或單獨為某種行為，而發生法律效果，並為一般規範所認許的行為；例如租賃契約，是房屋出租人與承租人，依據一般規範行為所簽訂而發生的私法行為；借貸契約是借款人與金融機關，依據一般規範所簽訂的契約，而發生法律效果的私法行為……等。

二、行政行為

行政行為是指行政機關的行政人員，在職權上所為的法律行為；換句話說，行政機關的公務人員，在職權上常依據一般規範的授權，創設行政命令，以推動國家的政策；同時也常適用一般規範的規定，解決當前的社會問題，以達成行政機關的施政目標。故行政機關的公務人員，所創設的個別規範，是公法行為，亦即能發生法律效果的行政行為。例如違章建築物之拆除、賭博性電動玩具之取締……等等，皆為行政機關以創設之行政規範，所為的具有法律效果的行政行為。

三、裁判行為

裁判行為是指司法機關的各級法院法官，在審判民、刑事訴訟案件，常依據一般規範的規定，踐行審判程序；也常適用一般規範的規定，為司法上的判決行為。惟法官為審判行為，雖然是依據一般規範的規定，但得在一般規範的法律許可範圍內，為「自由心證」或「自由裁量」的司法行為，這無異是法官依一般規範所創設的個別規範，自有其法律上的效力。例如法官於審判期日開庭時，必須穿著制服，且必須以朗讀案由為審判之開始；檢察官陳述起訴之要旨後，審判長應就被訴事實訊問被告；審判長訊問被告後，應即踐行調查證據之程序，此調查證據之程序，乃個別規範之司法行為[6]。

附　註

[1] 參閱自管歐著　法學緒論（82.2著作者發行）第二百四十頁及第二百四十一頁。及林榮耀著　法學緒論（79.5著作者發行）第五十一頁。

[2] 參考自韓忠謨著　法學緒論（83再版）第四十九頁至第五十六頁。及段重民著　法學緒論（84.1國立空中大學出版）第一百零三頁至第一百零八頁。

[3] 一般法學著名學者，例如韓忠謨、管歐……等，均將一般規範區分為公

法、私法、公私混合法、地方自治法等四大體系；由於地方自治法規大多屬於公法體系之範疇，故本書大膽地將其區分為公法、私法、公私混合法等三大體系。

[4] 參閱自註1林榮耀著　前揭書　第五十二頁及第五十三頁。

[5] 參閱自註1管歐著　前揭書　第二百九十七頁。

[6] 參閱自註1林榮耀著　前揭書　第五十三頁。

研究討論問題

一、闡述凱爾生（Hans Kelsen）的「法律層級構造」理論。

二、何謂法律的體系？法律的體系與法系有何不同？

三、試述一般規範的類別，並舉例證明。

四、個別規範，包括那些規範？請說明之。

第八章
法律的適用與解釋

第一節　法律的適用

法律是以通行的文字，抽象的規定其應遵守的行為規範；法律經制定、公布、施行後，必須隨時加以適用，才不致流於形式；法律的適用，通常是以法律的抽象規定，適用於社會生活上所發生的具體事實，以確定其法律責任的歸屬，或者是法律行為的效力。例如甲男子未滿十八歲，乙女子未滿十六歲，甲男子與乙女子的結婚行為在法律上是否有效？關於此項具體事實的法律效力問題，吾人適用民法第九百八十條「男未滿十八歲，女未滿十六歲，不得結婚」之規定，便可知甲男子與乙女子的結婚，在法律上是屬於無效的行為，不能予以承認。

法律的適用，不僅個人隨時可以適用，以維護法律上所保障的個人權益，即使國家統治領域內的治權機關，如行政機關、司法機關、考試機關、監察機關……等，在公務的執行上，亦隨時有適用法律的必要，特別是行政機關與司法機關適用法律的機會較多，故本節僅就行政機關與司法機關適用法律的原則，分述如下：

一、行政機關適用法律的原則

行政機關，從其組織的層級而言，在中央為行政院，在省（市）為省（市）政府，在縣（市）為縣（市）政府……。行政機關執行公務的人，一般稱之為公務員或公務人員，均必須熟諳法律，並隨時依公務上的需要適用法律，以推行政策，執行法令。行政機關的公務人員應如何適用法律？其應遵守的原則如何？茲列舉如下：

㈠行政機關適用法律應無待請求

行政機關是以推行政策，造福桑梓，服務人民為宗旨，因此，行政機關內的公務人員在執行公務時，不問人民是否請求適用法律，均應依據法律的授權，或基於職權的作用，主動、積極地將抽象的法律適用於具體的社會現象，一方面提高其行政績效，一方面為人民謀求更高、更大的福祉。此與司法機關所堅持的「不告不理」原則，自是迥然不同。

㈡行政機關適用法律應依據需要

行政機關推行政令、承辦公務是以迅速、確實的行政績效，來造福社稷、為民服務，因此，行政機關內的公務人員在執行公務時，應基於本身的職權，隨時斟酌業務上的需要，為法律的適用，以免職務上發生適用法律不當的失職情事。

㈢行政機關適用法律得酌情裁量

行政機關以執行法律、推行政策為施政方針，故行政機關時時必須適用法律、運用法律，以解決社會上、政治上、經濟上……等所面臨的重大問題；特別是人民的請願、訴願、檢舉案件，不能不公正予以處理，以解除民怨、民憤。惟社會瞬息萬變，複雜萬端，欲以抽象的、固定的法律條文，適用於社會上、政治上、經濟上……等的重大問題，或者適用於人民的訴願、申請案件，有時法律亦難免有遺漏、不完備或不周延的窒礙難行之處，因此，行政機關的公務人員在適用法律時，如不抵觸憲法或違背其他法律的規定，容許其在職權範圍內，行使酌情裁量權，此與司法機關的法院法官僅得依據法律的規定而適用的情形，自然迥異不同。

㈣行政機關適用法律得制頒命令

行政機關是以行政作用，來執行法律所規定的職掌事項。行政機關的公務人員，在執行公務時，必須依法律的規定而行；法律的規定有屬於原則性的，有屬於概括性的，均必須仰賴公務人員運用職權，在法律的授權下，制定種種因應措施的命令，如規程、規則、細則、辦法、綱要、標準、準則……等等，此為行政機關適用法律時所習見的事，與司法機關的法院法官僅得適用法律，不能制定命令儼然有別。

㈤行政機關適用法律受長官指導

行政機關的組織體系，現時在中央為行政院，在省（市）為省（市）政府，在縣（市）為縣（市）政府，在鄉鎮市區為鄉鎮市區公所，上級行政機關對於下級行政機關，有指導監督權，而下級行政機關對於上級行政機關的命令，必須絕對遵守；另外，同一機關內也有長官（主管）與部屬之分，長官有指導監督權，部屬對於長官的命令，也必須服從；故行政機關的公務人員，在適用法律時，必須接受上級機關或長官的指導監督，不得陽奉陰違，例如公務員服務法第二條規定：「長官就其監督範圍以內所發命令，屬官有服從之義務；但屬官對於長官所發命令，如有意見，得隨時陳述」。可見行政機關適用法律，須受長官之指導監督，並服從其命令，此與司法機關之審判獨立制度，亦不盡相同[1]。

二、司法機關適用法律的原則

司法機關，依其組織體系，除司法院外，尚有最高法院、高等法院、地方法院等。司法院為國家最高司法機關，掌理民事、刑事、行政訴訟之審判及公務員之懲戒，並有解釋憲法以及統一解釋法律及命令之權；而其中民事、刑事案件之審判，向由各地區之地方法院、上訴審之高等法院、最高審之最高法院掌理其職。

法院法官為司法機關之公務人員，彼等在審判民事、刑事案件中，適用法律之機會較多，故法院法官在執行職務時，必須堅守以下的原則：

㈠非經當事人提起告訴不開庭審判

民事或刑事案件，通常是由權益遭受他人非法侵害的當事人，向法院提起告訴，或檢察官基於職權提起之公訴後，法院法官才依法審判處理，苟無正式提起告訴、自訴或公訴之程序，則法院法官不予開庭審判，此為司法機關所堅持的「不告不理」原則，自與行政機關適用法律的毋須請求，截然不同。

㈡不得以法律不備不明而中止審判

社會現象複雜萬端，法律的規定，容或有不完備、不明確的缺陷，法院法官倘遇有適用法律，發生窒礙難行之處，自應依據法律的條文加予研究、解釋、推斷，而不得以法律不完備、不明確為理由，而中止審判。例如法律有不完備的情形時，倘若是刑事案件，可依罪刑法定主義，即依刑法第一條：「行為之處罰，以行為時之法律，有明文規定者為限」的規定，宣告被告無罪。倘若是民事案件，則適用民法第一條：「民事，法律所未規定者，依習慣，無習慣者依法理」之規定，予以斟酌審判處理。

㈢適用法律審判不受任何干涉

法院法官對於民、刑事案件的審判，應依據法律、適用法律的規定，不受任何人的干涉，此乃司法機關所強調的「審判獨立」原則。法院法官能獨立審判，並就審判之案件為自由心證，不受任何外力的干預，審判的結果才不致有所偏失，故憲法第八十條有「法官須超出黨派以外，依據法律獨立審判，不受任何人干涉」之規定，此與行政機關適用法律，須接受上級機關或長官之指導監督與命令的情形，自然不盡相同。

㈣對於違背憲法的法規得拒絕適用

憲法為國家的根本大法。憲法的效力高於普通法律及命令，普通法律及命令牴觸憲法者，普通法律及命令則失效，故法院法官於執行審判或執行其職務上之行為時，如發現有違背憲法的法規，得拒絕適用。

㈤遵守「法律不溯既往」及「新法優於舊法」原則

遵守「法律不溯既往」及「新法優於舊法」為適用法律的重要原則，所謂「法律不溯既往」，是指法律的適用，只能適用於該法律施行以後所發生的犯罪行為，而不能溯及該法律施行以前所發生的不當行為，這種原則稱為「法律不溯既往」。至於「新法優於舊法」是指適用法律時，如發生新法與舊法競合適用的情形時，應適用新法，但如舊法較有利於行為人者，得例外適用舊法。法院法官於執行職務上的行為，為民、刑事案件的審判時，當然應遵守「法律不溯既往」、「新法優於舊法」的適用法律原則[2]。唯刑法的「從新從輕」原則，已變更為「從舊從輕」原則，故有關刑事案件的審判處罰，應適用「從舊從輕」原則。

第二節　法律的解釋

法律是以通行的文字，組織而成的有系統、有條理、有意義的條文，這些條文是規定某特定的權利與義務的關係的事項，或者說是規定某特定的社會行為規範的事項，是屬於原則性、概括性的抽象規定，雖然法律都經過集思廣益的過程，再三的修正、討論，並經過立法院通過，總統公布的法定程序，原則上法律的條文與內容應無問題，惟實際上法律施行以後，常常在理論上或實務上發生適用上的困惑與疑問，必須依靠法律學者或有權解釋的機關加以解釋，才能澄清其疑問，瞭解其法條的意義。

法律之所以在施行以後，常常在理論上或者實務上發生適用上的困惑或疑問，乃是因為法律的條文有時刻板、籠統，繁瑣冗長，不易明瞭其意義，必須仰賴解釋；有時法律的規定，與實務上的應用不同，也必須仰賴解釋；另外，適用法律時，有時也會發生意見上的不同以及法律條文內容的認知差異，例如該法律的條文意義如何？原則怎樣？是否可行？有無牴觸憲法？……等等，只要對法律的規定有異議，均必須仰賴解釋。

一、法律解釋的類型

法律解釋可分個人的解釋與機關的解釋等兩種類型，茲分別概述之：

㈠個人的解釋

法律的規定——即條文與內容，雖然皆經過立法機關的集思廣益，再三的審議、修正，並經過全體立法委員三分之二以上的表決通過，而完成立法程序，由總統正式公布施行，原則上法律的本身條文與章節內容應無問題；惟適用法律時，或因條文上的刻板、籠統，或因環境的變遷、實務上的窒礙難行……等等原因，必須加予解釋才能明瞭其意義；在此情況下，個人雖然可以加以解釋，但是，倘若沒有法律的素養、高深的學問，所為的解釋必定十分膚淺、幼稚，因此，原則上應由具有法學素養的學者，基於研究的必要加以解釋。

學者的解釋，因其大多具有高深的法學素養，所為的解釋較具權威性、說服力，一般人自然較易信服，但學者所為的法律解釋，往往缺乏強制力、拘束力，因此，學者間常稱其為「無權之解釋」[3]。

㈡機關的解釋

機關的解釋，是指由立法機關的立法院、司法機關的司法院、行政機關的行政院，基於法律的授權或職權的行使所為的法律解釋，因其具有法定的效力，所以，學者間有稱其為「法定的解釋」。又因其所為的法律解釋，具有強制性、拘束性，非其他學者個人所能取代，因此，學者間又稱其為「有權的解釋」。

甲、立法機關的法律解釋

立法機關的法律解釋，簡稱立法解釋，是立法院在制定法律時，為預防適用法律可能發生的疑義，事先就法律專用的抽象名詞所為的意義解釋，其情形如下：

1.將專用的名詞解釋規定於法律中者：例如刑法第十條規定：「稱以上、以下、以內者，俱連本數或本刑計算；稱公務員者，謂依法令從事於公務之人員（刑法前第十條第二項）。稱公文書者，謂公務員職務上制作之文書」。又例如民法第六十六條規定：「稱不動產者，謂土地及其定著物」，第六十七條規定：「稱動產者，為前條所稱不動產以外之物」……等，均係將專用名詞的解釋，規定於法律的條文。

2.將特定用語之解釋規定於施行法中者：例如民法第三十條之規定：「法人非經向主管機關登記，不得成立」。惟其主管機關究係何種機關？至為含糊不明，登記時自然無所適從，為解釋此特定用語之涵義，民法總則施行法第十條第一項乃有：「依民法總則規定法人之登記，其主管機關為該法人事務所所在地之法院」之解釋。

至於立法院是否具有法律解釋權，因中華民國憲法無明文規定，故迄今仍為爭議的問題。惟一般學者認為，立法院既為制定法律的立法機關，法律的條文於適用時，若有困惑、疑義之處，由其行使解釋並無不妥，只有法律的統一解釋，才應由司法院大法官依法行使[4]。

乙、司法機關的法律解釋

司法機關的法律解釋，簡稱司法解釋，是司法院基於法律的授權及職權的運用，對於法律及命令所為的解釋。依據憲法第七十八條之規定：「司法院解釋憲法，並有統一解繹法律及命令之權」，因此，司法院的解釋法律，包括：

1.解釋憲法：依據增修前原憲法第七十九條第二項之規定：「司法院設大法官若干人，掌理本憲法第七十八條規定事項……」，所謂第七十八條規定是指解釋憲法之權。解釋憲法雖非經常性的任務，但若中央或地方機關、人民或私人團體，對於憲法的規定有疑義時，得聲請司法院為之解釋。憲法的解釋，依司法院大法官審理案件法第四條的規定，包括：一、關於適用憲法發生疑義之事項。二、關於法律或命令有無牴觸憲法之事項。三、關於省自治法、縣自治法、省法規及縣規章有無牴觸憲法之事項。且聲請解釋憲法，依司法院大法官審理案件法第五條的規定，須有下列情形之一，例如：一、中央或地方機關，於其行使職權，適用憲法發生疑義，或因行使職權與其他機關之職權，發生適用憲法之爭議，或適用法律與命令發生有牴觸憲法之疑義者。二、人民、法人或政黨於其憲法上所保障的權利，遭受不法侵害，經依法定程序提起訴訟，對於確定終局裁判所適用之法律或命令，發生有牴觸憲法之疑義者。三、依立法委員現有總額三分之一以上之聲請……等等。為行使憲法之解釋，依司法院大法官審理案件法第十四條之規定，大法官解釋憲法，應有大法官現有總額三分之二之出席，暨出席人三分之二之同意，方得通過。

2.統一解釋法律及命令　依憲法第一百七十條之規定：「本憲法所

稱之法律，謂經立法院通過，總統公布之法律」。因此，中央法規若是經立法院通過、總統公布的，均屬於法律；至於由治權機關基於行政上的必要，所制定的種種法規，若是未經立法院通過；未完成立法程序者，概稱之為命令。例如考試法施行細則、法庭旁聽規則、道路交通案件處理辦法……等等法規，雖然習慣上稱之為法令，但因未經立法院通過、總統公布，所以只能稱之為「命令」。法律及命令，向為治權機關所適用，適用時若是發生條文上的疑義，原則上得基於職權自行解釋，解釋仍有歧見，得申請上級機關為解釋，上級機關就該申請解釋之法律及命令若仍無法獲得一致的見解，自應聲請司法院大法官為統一之解釋。法律及命令之統一解釋，依司法院大法官審理案件法第七條之規定：「中央或地方機關，就其職權上適用法律或命令，所持見解，與本機關或其他機關，適用同一法律或命令時，所已表示之見解有異者……」，或「人民、法人或政黨於其權利遭受不法侵害，認確定終局裁判適用法律或命令……所表示之見解有異者……」，得聲請統一解釋。又第九條「聲請解釋機關，有上級機關者，其聲請應經由上級機關層轉，……」；又第十四條第二項：「大法官，統一解釋法律及命令，應有大法官現有總額過半數之出席，暨出席人過半數之同意，方得通過……」。

丙、行政機關的法律解釋

行政機關的法律解釋，簡稱行政解釋，包括法律的解釋和命令的解釋。關於法律的解釋，行政機關的公務員在執行公務適用法律時，原則上可以依職權自為解釋，或函請上級行政機關為之解釋，如中央或地方行政機關的公務員，依其職權適用法律所持見解，與本機關或其他機關的公務員適用同一法律，所表示的見解有歧異者，得聲請司法院大法官為統一之解釋。至於命令的解釋，因其命令的制定與發布，悉由中央行政機關依其職權所為，故下級行政機關自應受其拘束，處理公務當然必須遵守其規定；惟下級行政機關的公務員，於處理公務適用命令發生疑義時，原則上仍應函請上級行政機關為該命令疑義部分之解釋。倘中央或地方行政機關的公務員，就其職權上適用命令所持見解，與本機關或其他機關適用同一命令時，所已表示之見解有異者，得向司法院聲請統一解釋。但該機關公務員依法應受本機關或其他機關見解之拘束，或得變更其見解者，則毋須聲請司法院統一解釋。命令，依中央法規標準法第三條之規定，包括規程、規則、細則、辦法、綱要、標準或準則等，大致由中央行政機關所發布，因此聲請統一解釋命令時，聲請解釋機關如有上級機關者，其聲請應經由上級機關核轉，惟上級機關對於不合規定者，不得為之轉請，其應依職權予以解決者，亦同。

二、法律解釋的方法

法律解釋，應注重方法與技術，才不致發生偏執與成見；通常解釋法律，不論是學者個人的解釋，抑或是機關共同的解釋，皆不外以下幾種方法：

㈠文理的解釋

文理的解釋，是依據法律所規定的條文，一條一條按字義及文義加予解釋，以明瞭其條文的意義及規定的事項，例如刑法第二十條：「瘖啞人之行為，得減輕其刑」的規定，從其條文的字義及文義來解釋，則啞子的犯罪行為可以減輕其刑，也可以不減輕其刑，其得與不得由法官斟酌犯罪的情節以及啞子的品行為量刑的依據。又例如民法第六十六條規定：「稱不動產者，謂土地及其定著物」，依文理解釋，即凡土地及附著於土地的固定物——如房屋……等，皆屬於不動產[5]。

㈡論理的解釋

論理的解釋，是依據論理思考的原則，就法律所規定的內容加予推理，以明瞭其條文的意義，而不拘泥於字義及文義的解釋，例如民法第十三條第一項規定：「未滿七歲之未成年人，無行為能力。……」，若採文理的解釋，甚易瞭解其文義；但若要明白何以未滿七歲之未成年人無行為能力？何以其所為的行為在法律上無效？何以不必負刑事或民事責任？則必須借助論理的解釋，才能完全明瞭其真義，所以，文理的解釋是較膚淺、較簡單的初步解釋，而論理的解釋是較深奧、較邏輯的推理解釋，兩者在法律的解釋上，常是相輔相成的。下面茲就論理解釋採用的幾種方法加以闡述：

甲、擴張解釋

擴張解釋，是依據法律所規定的特定用語（或稱專用名詞）或條文，加以擴充的解釋，以明瞭其法律所規定的條文的涵義。此乃因為有些法律條文的專用名詞，如以文理解釋的方法加以解釋，其涵義難免失之狹隘，不足以表明立法之真義，故須採取擴充解釋的方法，以擴張其涵義。例如中華民國憲法第四條條文，曾提到「領土」一專用名詞，雖然「領土」是表明國家的領域，但國家的領域並不限於領土，尚包含領海及領空，故若是將「領土」一詞的解釋，擴及領海、領空，即為擴張解釋。又例如中華民國憲法第十四條，有「集會」一專用名詞，「集會」雖然是一種集體的活動，但集體的活動並不限於集會，尚有演講、遊行、抗議……等種種類似的活動，故將「集會」一詞的解釋，擴及演講、遊行、抗議在內，此種解釋，即為擴張解釋。同樣地，「結社」一詞在解釋時亦常擴及組織政黨、設立社團，例如組織社會黨、共和黨或創設同鄉會、教師會、幼教協會……等等，這種擴充範圍的解釋，便是擴張解釋。

乙、限縮解釋

限縮解釋，是限制法律所規定的特定用語（或稱專用名詞）或條文的解釋，使其解釋的涵義不致太廣泛，而能縮小其範圍至一定的限度，以符合法律所規定的涵義以及實務上的實際需要，例如中華民國憲法第十七條「人民有選舉、罷免、創制、複決之權」的規定條文中，其「人民」一詞，是指具有中華民國國籍的人民而言，不包括居住於中華民國領土內的外國人，此為限縮解釋的例子。又例如本條條文「人民有選舉權」的「人民」一詞，並非泛指所有具有中華民國國籍的人民，而是指已達法定年齡，具備公民資格的人民。因此，中華民國國民必須年滿二十歲，才得享有憲法上所賦予的選舉權利，此亦為限縮解釋的一例。再例如中華民國憲法第二十條「人民有依法律服兵役之義務」的人民一詞，雖然也是指具有中華民國國籍的人民，但若採用論理解釋的方法來解釋，本條文的「人民」，尚包括男子與女子，惟因兵役法第一條有「中華民國男子依法皆有服兵役之義務」的規定，則女子顯然無服兵役之義務，從而本條文的「人民」一詞，應限制解釋為僅限於中華民國的「男子」，才有依法服兵役的義務。此又為限縮解釋的一例。

丙、反面解釋

反面解釋，是依據法律條文所規定的意義，推論與其相反的意義，以加深其對條文內容的瞭解，例如民法第十二條規定：「滿二十歲者為成年」，反之，「未滿二十歲者為未成年人」，此為反面解釋。又例如民法第九百七十三條規定「男未滿十七歲，女未滿十五歲者，不得訂定婚約」，若採反面解釋，則為「男子滿十七歲，女子滿十五歲，得訂定婚約」。再例如中華民國憲法第二十二條：「凡人民之其他自由及權利，不妨礙社會秩序公共利益者，均受憲法之保障」之規定條文，若從反面解釋，則凡妨害社會秩序公共利益者，均不受憲法之保障。

丁、當然解釋

當然解釋，是指法律條文雖然未規定，但可以以理所當然的理由，來解釋法律條文的真義，例如刑法第二百六十二條規定，凡「吸食鴉片或施打嗎啡或使用高根、海洛因或其化合質料者，處六月以下有期徒刑、拘役或……罰金」。本條條文雖未提及吸食大麻、安非他命等毒品，亦必須科處刑罰；但大麻、安非他命……等既與鴉片、嗎啡、高根、海洛因……等同為毒品，則吸食鴉片、施打嗎啡、使用高根或海洛因……等毒品，既為法律所禁止；則吸食大麻、安非他命……等毒品，當然亦為法律所不容許，此為當然解釋的例子。又例如本條條文規定，吸食鴉片者有罪，必須依刑法規定，科處刑罰；惟倘不吸食，而製造、持有、運輸、販賣、服用或嚼食，是否亦有罪？依論理解釋的方法推論，當然同樣有罪，同樣必須接受刑罰的制裁。此又為當然解釋的一例。再例如刑法第三百四十九條第一項規定：「收受贓物者，處三年以下有期徒刑、拘役或……罰金」。收受贓物，既為法律所不容許，惟倘若不收受，而搬運、寄藏、變造、改裝、故買或牙保，同樣亦為法律所不容許，此又係當然解釋的另一實例[6]。

附　註

[1] 參考自鄭玉波著　法學緒論（81.8三民書局印行）第七十四頁及第七十五頁。

[2] 參考自管歐著　法學緒論（81.8著作者發行）第一百八十三頁及第一百八十四頁。

[3] 個人的解釋，有的學者稱之為無權解釋，或學理解釋，或學術解釋……等等，見仁見智。

[4] 參考自註2管歐著　前揭書　第二百十頁至第二百十二頁及林榮耀著　法學緒論第四十四頁。以及林紀東著　法學緒論（81.10五南圖書公司

出版）第八十一頁及第八十二頁。

[5] 參考自註2管歐著　前揭書　第二百十九頁及第二百二十頁及註4林榮耀著，前揭書　第四十七頁。以及註4林紀東著　前揭書　第八十九頁及第九十頁。

[6] 參考自註1鄭玉波著　前揭書　第六十一頁至第六十六頁。及註2管歐著　前揭書　第二百二十一頁至第二百二十五頁；以及註4林榮耀著　前揭書。第四十七頁及第四十八頁。以及註4林紀東著前揭書　第九十一頁至第九十四頁。

研究討論問題

一、說明行政機關適用法律的原則。

二、何謂法律不溯既往原則？何謂新法優於舊法原則？

三、司法機關有何種解釋法律權？請說明之。

四、何謂文理解釋？何謂論理解釋？請舉例說明。

五、何謂擴張解釋？請舉例說明。

六、何謂限縮解釋？請舉例說明。

七、何謂反面解釋？請舉例說明。

八、何謂當然解釋？請舉例說明。

第九章
法律的制裁

第一節　法律制裁的觀念

法律是國家規定的社會行為規範，具有強制性與拘束性，這與道德、習慣、宗教的社會行為規範不同；法律是以國家的公權力為後盾、以強制力為手段，引導人民遵從法律的規定，接受法律的拘束，苟有違背法律規定的不良分子，國家則運用公權力加以制裁，以促其改過遷善；而道德、習慣、宗教所提倡的社會行為規範，雖亦具有拘束性，但缺乏公權力與強制力，無強制人民遵守行為規範的權力，人民對於行為規範的履行，僅受良心的驅使，苟有違背社會行為規範的劣行，亦僅受良心的譴責，社會無公權力可以施以制裁。

法律因有國家的公權力為後盾，故較易發揮強制力與拘束力，人民自亦不敢輕率違背法律的規定，從而社會秩序之維護亦較能獲得保障。惟倘若人民漠視法律的存在，竟然以身試法，故意違反法律的規定，則國家自然不得不借助公權力予以制裁，一方面懲戒其不守法的非行，一方面揭示法律的不可違背，以激勵人民遵守法律。

法律的制裁，常因制裁的機關、制裁的對象以及制裁行為的不同，而有不同類型、不同性質的制裁方法，例如行政機關對於違法或失職的公務員，所為的撤職、休職、降級、減俸、記過、申誡……等懲戒處分，是屬於行政制裁；法院對於犯罪嫌疑人所為的死刑、無期徒刑、有期徒刑、拘役、罰金……等的判決，是屬於刑事制裁；法院對於被告所為的損害賠償、強制執行、回復權利……等處分，是屬於民事制裁；另外，國際聯盟（如聯合國）對於不遵守國際法、違反國際法的國家，所實施的經濟報復、交通封鎖、邦交斷絕、武力干涉、發動戰爭……等措施，是屬於國際制裁[1]。

第二節　行政制裁

行政制裁，是行政機關對於違反行政法規的人民或具有公務員身分的公職人員，以公權力所為的行政處分，茲依其處分對象的不同，分別概述之：

一、對於公務員的制裁

公務員的定義，有廣義與狹義之別；從廣義方面來說，公務員是依法令從事於公務的人員，這在刑法前第十條第二項已有具體的明文規定；從狹義方面來說，公務員是行政機關內，依據法律的授權、上級的命令而執行職權範圍內的公共事務的人員。

公務員既為國家任命的行政人員（包括政務官和事務官），則自應依據公務人員服務法的規定，忠誠盡職，按時服勤，服從命令，嚴守祕密，保持品位，公正清廉，不得違法失職；倘有違法或失職情事，除應負行政責任外，並應負民事及刑事責任。下面僅就公務員因違法、廢弛職務或其他失職行為，應受的懲戒處分列舉之：

㈠撤職

除撤其現職外，並於一定期間停止任用，其期間至少為一年。這是一種比較嚴重的懲戒處分，受處分的公務員有些尚須負民事上的賠償責任，或者接受刑事上的制裁、處罰。

㈡休職

休其現職，停發薪給，並不得在其他機關任職，其期間為六個月以上。休職期滿，許其復職。自復職之日起，二年內不得晉級、升職或調任主管職務。

㈢降級

依其現職之俸級降一級或二級改敘，自改敘之日起，二年內不得晉敘、升職或調任主管職務。受降級處分而無級可降者，按每級差額，減其月薪，其期間為二年。

㈣減俸

依其現職之月俸減百分之十或百分之二十支給，其期間為六個月以上、一年以下。自減俸之日起，一年內不得晉級、升職或調任主管職務。

㈤記過

自記過之日起一年內不得晉敘、升職或調任主管職務。一年內記過三次者，依其現職之俸級降一級改敘，無級可降者，按每級差額減其月俸，其期間為二年。

㈥申誡

為最輕之懲戒處分，有言詞申誡與書面申誡之分，目前大多以書面為之。

以上六種行政上的懲戒處分，僅適用於中央或地方機關的事務官，至於政務官的懲戒處分，僅撤職與申誡等兩種。

司法院隸屬的公務員懲戒委員會，是公務員懲戒的審議機關，依據公務員懲戒法的規定，各院部會長官或地方最高行政長官或其他相當之主管長官，認為所屬公務員有違法、廢弛職務或其他失職行為者，應備文聲敍事由，連同證據，送請監察院審查；但對於所屬九職等或相當於九職等以下的公務員，得逕送公務員懲戒委員會審議[2]。

監察院經審查後，如認為各院部會長官或地方最高行政長官或其他相當之主管長官，送請審查之公務員懲戒案件，確有違法、廢弛職務或其他失職情事，應付懲戒者，應將彈劾案連同證據，移送公務員懲戒委員會審議。由其審議中，決定為何種性質之懲戒處分，以懲戒違法、失職或廢弛職務之公務員[3]。

二、對於人民的制裁

人民是國家構成的要素之一，國家的種種政治措施，必須以人民的福利為依歸；而人民的社會生活經營，必須在不影響公共秩序與安全的情況下，才能獲得確切的保障。人民在社會生活規範的約束下，倘若仍違反行政法規或者行政處分，國家自然必須運用公權力加以制裁，此種制裁得分為行政罰與行政上的強制執行。

㈠行政罰

行政罰，是國家對於違反行政法規，或者違反行政上應履行義務的人民，以公權力所為的制裁。其制裁的類型，較重要者有下列四種：

甲、秩序罰

秩序罰，是對於妨害安寧秩序、妨害善良風俗、妨害公務、妨害他人身體財產的人民，所為的行政處罰；依據社會秩序維護法第十九條的規定，其處罰的種類如下：

1.拘留：一日以上，三日以下；遇有依法加重時，合計不得逾五日。

2.勒令歇業：即命令相當期間停止其營業（應符合比例原則）。

3.停止營業：一日以上，二十日以下（應符合比例原則）。

4.罰鍰：新臺幣三百元以上、三萬元以下；遇有依法加重時，合計不得逾新臺幣六萬元。

5.沒入：因違反社會秩序之行為所生或所得之物，以及查禁物，均得沒入。

6.申誡：以書面或言詞為之[4]。

乙、財政罰

財政罰，是對於違反財政法規，或者違反財產上應履行義務的人民，以公權力所為的處罰，例如對於延遲繳納綜合所得稅的人民，所為的加收滯納金處罰，對於逃漏稅的人民，所為的罰鍰處罰，對於應繳營業稅而抗繳的人民，所為的停止營業的處罰……等等，皆屬於財政罰。

丙、交通罰

交通罰是指主管機關對於違反道路交通管理處罰條例之特定人，依職權所為之具有強制力的處罰。其處罰的種類，大致有罰鍰、吊扣駕駛執照、吊扣汽車牌照、扣留車輛……等，例如未領用牌照行駛汽車者，汽車所有人應科處罰鍰；酒醉駕車致肇事者，吊銷其駕駛執照；汽車行駛於高速公路或設站管制之道路，而不遵守管制之規定，因而致人死亡者，除吊銷其駕駛執照外，必要時得暫時扣留其車輛……等。

丁、建築罰

建築罰是指行政機關對於違反建築法規之特定人，基於職權所為之具有強制力的處罰，其目的乃在維護公共安全、公共交通、公共衛生及增進市容之觀瞻。故凡有未經主管建築機關發給執照，擅自建造建築物者，處以建築物造價千分之五十以下罰鍰，並勒令停工補辦手續；必要時得強制拆除其建築物。又未經領得變更使用執照而擅自變更使用者，處六千元以上、三萬元以下罰鍰，並勒令停止使用。得以補辦手續者，令其在限期內補辦手續；其有妨害都市計劃，或危害公共安全，或妨害公共交通……等情形者，得令其修改或限期拆除；必要時，並得強制拆除之。

㈡行政上的強制執行

行政上的強制執行，是行政機關以公權力，對於不履行行政上義務的人民，強制其履行義務，或使其實現與已履行同一狀態的處分。依據行政執行法的規定，行政上的強制執行，得分為間接強制執行、直接強制執行與即時強制執行等三種：

甲、間接強制執行

間接強制執行，有代履行及處怠金兩種方法。代履行是指依法令或本於法令的行政處分，負有行為義務而不為，其行為能由他人代為履行者，得由該管行政機關委託第三人或指定人員代履行之，並向義務人徵收費用。處怠金是行政機關所為的財產上處罰的一種，又稱為執行罰或強制罰。怠金的處罰要件有二：一是依法令或本於法令的行政處分，負有行為義務而不為，其行為不能由他人代為履行者。二是依法令或本於法令的行政處分，負有不行為義務而為之者。

乙、直接強制執行

直接強制執行，依行政執行法第三十二條的規定，凡經間接強制不能達成執行目的，或因情況急迫，如不及時執行，顯難達成執行目的時，執行機關得依直接強制方法執行之。其方法如下：一、扣留、收取交付、解除占有、處置、使用或限制使用動產、不動產。二、進入、封閉、拆除住宅、建築物或其他處所。三、收繳、註銷證照。四、斷絕營業所必需之自來水、電力或其他能源。五、其他以實力直接實現與履行其義務同一內容狀態之方法。

丙、即時強制執行

即時強制執行，依行政執行法第三十六條的規定，行政機關為阻止犯罪、危害之發生或避免急迫危險，而有即時處置之必要時，得為即時強制。其方法有三：一是對於人的管束，例如瘋狂或爛醉如泥，非管束不能救護其生命、身體之危險及預防他人生命、身體之危險者；或者意圖自殺，非管束不能救護其生命者；或者暴行或鬥毆，非管束不能預防其傷害者……等。二是對於物之扣留、使用、處分或限制使用，例如軍器、兇器及其他危險物，為預防危害之必要，得扣留之；又遇有天災、事變及其他交通上、衛生上或公共安全上有危險情形，非使用或處置其土地、住宅、建築物、物品或限制其使用，不能達防護之目的時，得使用或處置或將其使用限制之。三、對於住宅或建築物或其他處所之進入，例如人民的生命、身體、財產危害迫切，非進入其住宅不能救護者……等。

第三節　刑事制裁

刑事制裁，是由司法機關的地方法院、高等法院、最高法院，代表國家行使公權力，而對於因故意或過失致犯罪的特定人，所為的刑法上的處分，包括刑罰與保安處分等兩種。

一、刑罰

刑法明文規定的刑，可分為主刑與從刑。主刑，又稱本刑，乃得以獨立科處之刑罰，包括死刑、無期徒刑、有期徒刑、拘役、罰金等五種。從刑，又稱附加刑，乃附加於主刑而科處之刑罰，包括沒收及追徵、追繳、抵償以及褫奪公權等三種。

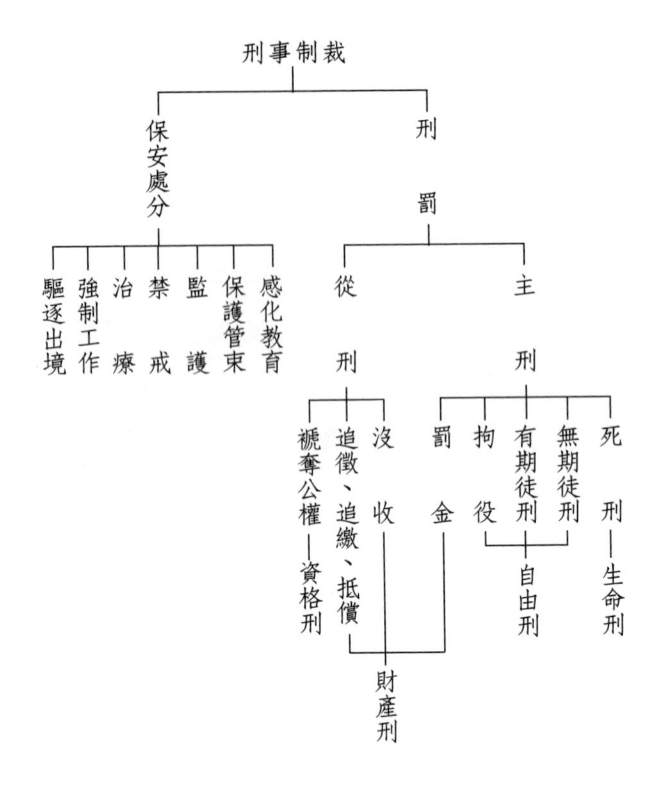

「死刑」又稱為「生命刑」。「無期徒刑」、「有期徒刑」、「拘役」等三種刑罰，又稱為「自由刑」。「罰金」、「沒收」、「追徵、追繳、抵償」等三種刑罰，又稱為「財產刑」。而「褫奪公權」，則稱為「名譽刑」或「能力刑」或「權力刑」或「資格刑」。

㈠生命刑

生命刑，又稱死刑，是剝奪犯罪人生命法益的刑罰。生命刑雖然可以將怙惡不悛、惡性甚深的犯罪人，使之永遠隔離社會，以維護社會的安全，但其剝奪生命法益所運用的死刑方法與手段，畢竟十分殘酷，因此，晚近常有廢止死刑的議論。我國刑法雖然仍保存死刑，但其適用的範圍已大為減少，科處唯一死刑的罪已廢止不用（如刑法第三百三十三條、第三百三十四條）。而以死刑為選擇刑者，亦只有十多種罪情。至於未滿十八歲的少年，觸犯刑罰法律情節重大者，雖然不得科處死刑，本刑為死刑者得減輕其刑（刑法第六十三條第一項）；但少年如犯刑法第二百七十二條第一項之殺直系血親尊親屬之罪者，在過去，仍得科處死刑（前刑法第六十三條第二項），惟現在已刪除此項規定（即不得科處死刑）。

㈡自由刑

自由刑，是剝奪犯罪人身體自由的刑罰，在現今法院的審判上應用甚廣，而且富有彈性，可以斟酌犯罪人的犯罪情節，為不同刑期的個別處遇，同時可以藉自由刑的執行，將犯罪人拘禁於監獄內，施以教誨、課以勞役，使其矯正惡性，養成勤勞的習慣，並使受刑人他日出獄後，能重新做人，不再犯罪。我國刑法規定的自由刑，有徒刑及拘役二種，而徒刑又有無期徒刑與有期徒刑之分，茲分述如下：

甲、無期徒刑

無期徒刑，是將犯罪人終身禁錮於監獄內，剝奪其身體自由，並使其長期與社會隔離的刑罰，故又稱為「無期限的長期自由刑」。無期徒刑，雖然是終身剝奪犯罪人的身體自由，但是未剝奪其生命法益，與死刑有別；而且受刑人在監獄服刑期內，如果行狀善良，有悛悔實據，只要逾一定之法定期間，即可藉假釋出獄而復歸社會，確具激勵作用。我國刑法規定科處唯一無期徒刑者，雖然只有首謀內亂罪一種（刑法第一百零一條第一項），但是以無期徒刑為選擇刑者，卻尚有三十種罪情之多。至於未滿十八歲之少年，觸犯情節重大的罪情，不得科處無期徒刑，本刑為無期徒刑者，減輕其刑（刑法第六十三條）。換言之，無期徒刑減輕者，為二十年以下、十五年以上有期徒刑（刑法第六十五條第二項）。

乙、有期徒刑

有期徒刑，是將犯罪人在一定的期間內，拘禁於監獄內，剝奪其身體自由，並使其隔離社會的一種刑罰，又稱之為「有期限的彈性自由刑」。有期徒刑，因其刑期較富彈性，法官可自由斟酌犯罪人的罪情，個別予以不同的處遇，故向為各國法院所採用。我國刑法規定的有期徒刑，最低度為二個月，最高度為十五年，遇有加減時，得加至二十年，減至二月未滿（刑法第三十三條第三款），而執行審判的法官，得在此限度內，斟酌犯罪人的罪情，科處適當的刑罰以處遇之。

丙、拘役

拘役，是將犯罪情節輕微，且惡性較輕、可望改善的犯罪人，在一定的期間內，拘置於特定之場所，使服勞役，並暫時剝奪其身體自由的一種刑罰。我國刑法規定，拘役的刑期，在一日以上，六十日未滿，遇有加重時，得加至一百二十日（刑法第三十三條第四款）。執行審判案件的法官，得在此範圍內，自由斟酌犯人的犯罪情狀，量刑處遇之。拘役，依刑法的規定，除得減輕其刑至二分之一外，刑法第六十六條第一項，受拘役宣告之犯罪人，如其犯罪動機在公益或道義上顯可宥恕者，亦得易以訓誡（刑法第四十三條）。

㈢財產刑

財產刑，是剝奪犯罪人財產法益的刑罰。所謂財產，是指動產與不動產而言，前者如金錢，證券……等，後者如房屋、土地……等。財產，既因個人自己之勞力所獲得，則個人自有自由使用、收益與處分之權，絕不容許他人不法之侵占、使用、收益與處分。惟國家為懲罰犯罪人的不法行為，或為預防供犯罪使用之物，再次為犯罪人所使用，於是，乃有剝奪犯罪人財產法益之刑罰。財產刑，依刑法的規定，可分罰金、沒收以及追徵、追繳、抵償三種。

甲、罰金

罰金，是法院以判決，令犯罪行為人，在法定期間內，繳納一定數量之金額的刑罰。罰金，刑法規定的最低度為新臺幣一千元以上（刑法第三十三條第五款），最高度則無明文規定，只有規定科處罰金時，應審酌犯人之資力及因犯罪所得之利益。如所得之利益超過罰金最多額時，得於所得利益之範圍內酌量加重（刑法第五十八條），可見科處罰金之多寡頗富彈性。罰金，依刑法之規定，又可分為下列數種：

1.專科罰金：以罰金為唯一法定刑，如刑法第二百六十六條之賭博罪情。

2.選科罰金：以罰金與其他法定刑併列，而由法官於判決時選擇其一，如認為科處罰金較為適當者，即宣告罰金之刑罰，如刑法第一百十七條之妨害國交罪情。

3.併科罰金：即就刑法規定的數種主刑中，除科處他種主刑之外，並同時一併科處罰金之刑罰，如刑法第二百五十九條第一項之為人施打嗎啡或以館舍供人吸食鴉片之吸食煙毒罪情。

4.易科罰金：即受短期自由刑之宣告，因執行顯無必要，而以罰金代替短期自由刑之執行，如刑法第四十一條之規定。

乙、沒收

沒收，是指以強制的方式，將與犯罪有關之物歸入國庫的一種刑罰，沒收有一般沒收與特定沒收之分，前者是將犯人的全部財產沒收而歸屬於國庫；後者是將與犯罪有關的特定財物沒收而歸屬於國庫，現今各國刑法所採用者多屬後者一類。沒收，依我國刑法的規定，為從刑之一種，與主刑有從屬關係，故在宣告科處之刑罰時，常附隨於主刑而宣告：如主刑未經宣告，即不得為沒收之宣告；又若主刑之宣告，經裁決撤銷，沒收之處分亦視同撤銷；惟違禁物之沒收，雖無主刑之宣告，亦得單獨宣告（刑法第四十條），又免除其刑者，仍得專科沒收（刑法第三十九條），此為刑法之例外規定。沒收，為財產刑之一種，其可得沒收之物，依刑法的規定有下列幾種：

1.違禁物：即刑法上禁止私人製造、販賣、運輸、持有或使用之物。如爆裂物、軍用槍炮子彈、鴉片、嗎啡，安非他命、走私之大麻、偽製之鈔票……等。

2.供犯罪所用或供犯罪預備之物　供犯罪所用之物，是指犯罪人在實施犯罪行為時，所使用的犯罪工具，如殺人的兇刀、毀容的鹽酸……等。供犯罪預備之物，是指行為人在實施犯罪行為之前，所預先備置之犯罪物品或工具，如印製偽鈔所備置的防偽線壓模器、浮水印壓模器、鋼版固定器、製作假鈔鋼版、印鈔版、電腦印表機……等。

3.因犯罪所得之物：是指犯罪人在實施犯罪行為時，所獲得的不法財物，如竊盜所竊得的鈔票、項鍊、鑽石戒指……等。

丙、追徵、追繳、抵償

追徵、追繳、抵償是新設定的財產刑，其目的在追回犯罪行為人因犯罪所得的財物，將之歸入國庫或沒收或發還被害人：

⑴追徵：是指因犯罪所得之財物，全部或一部無法追繳，而以追加其價額之方式徵收之。

⑵追繳：是指將犯罪所得之財物，全部或一部追索繳交，並予以沒收或發還被害人。

⑶抵償：是指因犯罪所得之財物，全部或一部無法追繳時，以其財產扣抵或償還之。

㈣資格刑

資格刑，是在剝奪犯罪人享有公法上一定權利的資格，所以，在刑法上稱為「褫奪公權」，是從刑的一種，常附隨於主刑而宣告。依刑法第三十六條的規定，所謂褫奪公權，是褫奪下列的公權資格：

甲、為公務員的資格

即被褫奪公權者，在一定的期間內，失去為公務員的資格，不能繼續服公職或被任用為公務員。

乙、公職候選人的資格

即被褫奪公權者，在一定的期間內，失去公職候選人的資格，不能為中央或地方民選官吏或民意代表之競選。如直轄市、縣（市）長、立法委員，直轄市、縣市議會議員等之競選。

褫奪公權，依刑法的規定，分為終身褫奪及定期褫奪兩種，凡宣告死刑或無期徒刑者，宣告褫奪公權終身，是屬於「終身褫奪」。凡宣告一年以上有期徒刑，依犯罪的性質，認為有褫奪公權的必要者，宣告褫奪公權一年以上、十年以下，是屬於「定期褫奪」[5]。

二、保安處分

保安處分，是刑罰以外，用以代替或補充刑罰的一種特別處分，適用於無責任能力或限制責任能力或具有犯罪危險性的特殊犯罪人，以教育、矯正、治療、監護等方式以改善其行狀，消滅其犯罪危險性，使其能重適社會的正常生活，不致再犯罪。保安處分，常附隨於刑罰一併宣告，且常與刑罰配合運用，故亦為刑事制裁之一種。保安處分，依刑法的規定，有下列幾種類型：

㈠感化教育

感化教育，是對於不適宜科處刑罰，而具有犯罪危險性的犯罪少年，為革除其不良習性，培養其重適社會正常生活的能力，將其收容於特定的處所，施以有助改善其行狀的教育措施。依刑法的規定，未滿十八歲的少年犯罪者，有兩種情形得令入感化教育處所，施以感化教育：一、是因未滿十四歲而不罰者。二、是因未滿十八歲而減輕其刑者。感化教育的處所，刑法雖無明文規定，但現今收容少年接受感化教育的處所，是少年矯正學校。感化教育的期間在三年以下。因未滿十八歲而減輕其刑者，得於刑之執行完畢或赦免後，令入感化教育處所，施以感化教育。但宣告三年以下有期徒刑、拘役或罰金者，得於刑之執行前為之。感化教育執行後已逾六個月，如認為無執行之必要者，得免其處分之執行。

㈡監護

監護，是對於精神障礙、心智缺陷或瘖啞的犯罪人，除刑罰以外，所為的治療、保護、監禁的特殊性處分，以防止其再犯罪的措施。監護處分，依刑法第八十七條的規定，因精神障礙、心智缺陷之原因而不罰，但足認其情狀有再犯或有危害公共安全之虞者，令入相當處所，施以監護。因較輕之精神障礙或其他心智缺陷或瘖啞之原因而減輕其刑，但足認其情狀有再犯或有危害公共安全之虞者，於刑之執行完畢或赦免後，令入相當處所，施以監護。但必要時，得於刑之執行前為之。監護處分的期間在五年以下。監護處分的處所，依保安處分執行法第四十六條的規定，是檢察官指定的精神病院、醫院、慈善團體及其最近親屬……。

㈢禁戒

禁戒，是禁止其不良嗜好，戒絕其毒癮酒癖的意思。依刑法第八十八條的規定，施用毒品成癮的犯罪行為人，應令入相當處所，施以禁戒。並於刑之執行前為之，其期間為一年以下。但在執行中，法院如認為無繼續執行之必要者，得免其處分之執行。又第八十九條的規定，因酗酒而犯罪，足認其已酗酒成癮，並有再犯之虞者，於刑之執行前，令入相當處所，施以禁戒，其期間為一年以下。但執行中認無繼續執行之必要者，法院得免其處分之執行。而少年事件處理法第四十二條第二項第一款亦有「少年染有煙毒或吸用麻醉、迷幻物品成癮或有酗酒習慣者，令入相當處所實施禁戒」之規定，其期間以戒絕治癒或年滿二十歲為止。

㈣強制工作

強制工作，是對於某種特定的犯罪人，所施行的強制性勞動之處置措施。依刑法第九十條的規定，有犯罪之習慣或因遊蕩或懶惰成習而犯罪者，於刑之執行前，令入勞動場所，強制工作。其處分之期間為三年。但執行滿一年六月後，認無繼續執行之必要者，法院得免其處分之執行。

㈤強制治療

強制治療，是對於染有特定傳染性疾病的犯罪人，以心理、物理、藥物之方法與技術，強制施以醫治處理的措施。依刑法第九十一條的規定，犯第二百八十五條：「明知自己有花柳病或麻瘋，隱瞞而與他人為猥褻之行為或姦淫，致傳染於人」之罪者，得令入相當處所，強制治療。並於刑之執行前為之，其期間至治癒為止。又刑法第九十一條之一亦規定，凡觸犯特定之妨害性自主罪、妨害風化罪、海盜竊盜強制性交罪，於徒刑執行期滿前，或依其他法律規定，經輔導或治療，認有再犯之危險者，得令人相當處所，施以強制治療。而少年事件處理法第四十二條第二項第二款亦有「少年身體或精神狀態顯有缺陷者，令入相當處所實施治療」之規定，並以治癒或年滿二十歲為止。

㈥保護管束

保護管束，是對於可期望其改善行狀的特定犯罪人，將之交付特定的個人、機關或團體，保護其前途，管束其行動，監督其品行，所為的非監禁性處分。依刑法的規定：一、受緩刑宣告之人，在緩刑期內得付保護管束。二、假釋出獄之人，在假釋中付保護管束。三、受感化教育、監護、禁戒、強制工作宣告之人，按其情形得以保護管束代之。保護管束，依保安處分執行法的規定，交由警察機關、自治團體、慈善團體、本人之最近親屬或其他適當之人行之。惟少年事件處理法規定的應付或得付保護管束的對象，包括：一、諭知交付保護管束的少年。二、受停止感化教育執行之少年。三、受免除其刑宣告的少年。四、受緩刑宣告的少年。五、假釋出校的少年。且少年的保護管束，明定由少年保護官掌理之；或依少年保護官之意見，將少年交付適當之福利或教養機構、慈善團體、少年之最近親屬，或其他適當之人保護管束，而受少年保護官的指導。保護管束，其執行的期間不得逾三年，少年在保護管束開始執行前已滿十八歲，或執行中達十八歲者，至多執行年滿二十一歲為止。

㈦驅逐出境

驅逐出境，是不容許犯罪之外國人居留於我國的領域內，而將之遣回國籍地或其他經入境許可的地區的一種強制性處分。依刑法第九十五條的規定，外國人受有期徒刑以上刑之宣告者，得於刑之執行完畢或赦免後，驅逐出境。而少年事件處理法第八十三條之三亦有「外國少年受轉介處分、保護處分或緩刑期內交付保護管束者，得以驅逐出境代之」之規定[6]。

第四節　民事制裁

民事制裁，是由司法機關的地方法院、高等法院、最高法院；或者是權利受有損害之特定人，對於民法上的侵權行為或不履行義務者，所為的制裁行為。此項民事上的制裁，包括權利上的制裁與財產上的制裁等兩類。

一、權利上的制裁

權利上的制裁，是對於侵權行為或不履行義務者，所為的剝奪權利的制裁。權利上的制裁，約有下列幾種：

㈠人格權的剝奪

人格權的剝奪，是專對法人而行，例如依民法第三十六條的規定：「法人之目的或其行為，有違反法律、公共秩序或善良風俗者，法院得因主管機關、檢察官或利害關係人之請求，宣告解散」。法人既被宣告解散，則法人的人格自然因此消滅，此為人格權的剝奪。

㈡親職權的剝奪

親職權的剝奪，是剝奪因親屬關係所得享有的權利，例如民法第一千零九十條的規定：「父母之一方濫用其對於子女之權利時，法院得依他方、未成年子女、主管機關、社會福利機構或其他利害關係人之請求或依職權……宣告停止其權利之全部或一部」。父母對於子女的過錯，雖然有權責罰，但不得逾越必要的程度，更不得動輒拳打腳踢、鞭笞虐待，濫用親職權利；父母對於子女如濫用其權利，其最近尊親屬，自得糾正之，並得請求法院宣告停止其權利，以維護子女的人格與幸福。此為親職權的剝奪。

㈢契約的解除

契約的解除，是指訂定契約的一方當事人，若遲遲不履行給付的義務，他方當事人得依法行使解除權，解除其所訂的契約，例如民法第二百五十四條：「契約當事人之一方遲延給付者，他方當事人得定相當期限，催告其履行，如於期限內不履行時，得解除其契約」之規定，及第二百五十五條：「依契約之性質或當事人之意思表示，非於一定時期為給付不能達其契約之目的，而契約當事人之一方不按照時期給付者，他方當事人得不為……催告，解除其契約」之規定。

㈣法律行為的無效及撤銷

法律行為，在何種情形下無效，在何種情形下應撤銷，民法均有明文規定。所謂無效，是指行為絕對不發生法律的效力，例如民法第七十二條的規定：「法律行為，有背於公共秩序或善良風俗者，無效」。所謂撤銷，是指法律行為經聲明取消後，即失其效力，例如民法第九十二條第一項的規定：「因被詐欺或被脅迫，而為意思表示者，表意人得撤銷其意思表示……」[7]。

二、財產上的制裁

財產上的制裁，是對於侵權行為或不履行義務者，給予財產上損失的懲罰，其制裁的態樣有下列幾項：

㈠返還利益

返還利益，是對於不當得利者，所為的歸還利益的制裁，例如民法第一百七十九條規定：「無法律上之原因而受利益，致他人受損害者，應返還其利益。……」；民法第一百八十一條規定：「不當得利之受領人，除返還其所受之利益外，如本於該利益更有所取得者，並應返還。……」。

㈡回復權利

回復權利，是對於無權占有或侵奪他人所有物者，所為的返還所有權人的制裁。例如民法第七百六十七條規定：「所有權人對於無權占有或侵奪其所有物者，得請求返還之。對於妨害其所有權者，得請求除去之。有妨害其所有權之虞者，得請求防止之」[8]。

㈢損害賠償

損害賠償，是對於侵權行為或不履行義務者，所為的財物賠償的懲罰，其制裁的方法，約有下列二項：

甲、回復原狀

回復原狀，是對於負有賠償義務的侵權者，強制其以財物向被害對方，賠償或回復其損害發生前的原狀。例如民法第二百十三條第一項：「負損害賠償責任者，除法律另有規定或契約另有訂定外，應回復他方損害發生前之原狀。……」。所謂回復他方損害發生前之原狀，譬如重新裝配打破之玻璃櫥，重建撞倒之圍牆。惟民法第二百十五條又有「不能回復原狀或回復顯有重大困難者，應以金錢賠償其損害」之規定，故賠償損害如不能回復原狀，應以金錢賠償代替之。

乙、金錢賠償

金錢賠償，是對於負有賠償義務的特定人，強制其以財物賠償受害對方，以補償其精神上或財物上所受的損害。例如民法第二百十四條：「應回復原狀者，如經債權人定相當期限催告後，逾期不為回復時，債權人得請求以金錢賠償其損害」及第二百十五條：「不能回復原狀或回復顯有重大困難者，應以金錢賠償其損害」，以及第九百七十九條：「……雖非財產上之損害，受害人亦得請求賠償相當之金額，但以受害人無過失者為限。……」等之規定，可為例證[9]。

㈣強制執行

強制執行，是對於違反給付義務的債務人，以強制的方式所為的制裁，例如債務人不為給付或不為完全之給付者，債權人得聲請法院強制執行，並得請求損害賠償。強制執行，依債權人的聲請為之。但假扣押、假處分及假執行之裁判，其執行得由法院依職權為之。關於動產的強制執行，依法應以查封、拍賣或變賣的方式行之；關於不動產的強制執行，依法應以查封、拍賣、強制管理的方法行之；至於其他財產權之執行、物之交付請求權之執行、關於行為及不行為請求權之執行，以及假扣押假處分之執行等等，強制執行法皆有詳盡之明文規定[10]。

第五節　國際制裁

國際間之邦交，本應以和平、互信為原則，並相互尊重條約及聯合國憲章，以促進國際合作，確保世界和平。惟少數國家，當其國力日漸壯大之後，則雄心勃勃，或則胸懷領導世界的野心，不斷的窮兵黷武，侵略他國的疆域；或則挑起民族的優越感，欺凌弱小民族；或者貪黷鄰國的富庶，趁其不備以武力侵占之……等等，不勝枚舉。譬如第一次世界大戰，即導因於英、德兩國的爭霸海權，第二次世界大戰，即導因於德、日……等國的政治野心，而晚近發生的伊拉克之侵占科威特，即導因於伊拉克之貪黷鄰國的富庶。

戰爭是悽慘的、恐懼的，每一次戰爭總是傷亡枕藉，慘不忍睹，於是第一次世界大戰後，國際間深感和平之需要，乃組織了國際聯盟，以期藉國際聯盟的力量制裁侵略國，伸張國際之正義；而第二次世界大戰後，又組織了聯合國，制定了聯合國憲章，以維持國際和平與安全為目的，並發展國際間的友好關係，促進國際合作，迄今參與聯合國組織的會員國已達二百多個國家，而聯合國也逐漸能發揮其制裁的功能。惟國際之間的摩擦、衝突與敵視，仍難避免，即使同一國家亦常因黨派以及政治理念的不同，而大打出手、相互殘殺，因此，國際制裁顯得格外迫切需要。國際制裁的方法很多，譬如常用的有干涉，包括政治干涉與軍事干涉，另外當事國亦可採用戰爭，絕交、報復、封鎖……等方法，以自力救濟。

一、國際制裁——干涉

國際制裁所採用的干涉，即以國際團體——聯合國的力量，促使違反國際法的國家，自行約束其舉動，糾正其錯誤，以維持國際法的尊嚴，確保世界人類之和平。其採用的方法，包括政治干涉與軍事干涉等兩種類型。

㈠政治干涉

政治干涉是運用和平的外交手段，干預當事國的內政與外交……等政治問題。例如聯合國憲章第三十三條之規定：「任何爭端之當事國，於爭端之繼續存在，足以危及國際和平與安全之維持時，應盡量先以談判、調查、調停、和解、公斷、司法解決……或各該國自行選擇之其他和平方法，求得解決」，「安全理事會認為必要時，應促請各當事國以此項方法，解決其爭端」，此項促請的手段，可說是政治干涉。又第三十九條之規定：「安全理事會應斷定任何和平之威脅、和平之破壞、或侵略行為之是否存在，並應作成建議或抉擇，依第四十一條……規定之辦法，以維持或恢復國際和平及安全」。所謂第四十一條，即「安全理事會得決定所應採武力以外之辦法，以實施其決議，並得促請聯合國會員國執行此項辦法。此項辦法得包括經濟關係、鐵路、海運、航空、郵電、無線電及其他交通工具之局部或全部停止，以及外交關係之斷絕」，此項促請當事國執行聯合國安全理事會所決議的事項，即政治上的干預活動。

㈡軍事干涉

軍事干涉是運用軍事的力量，由聯合國發動會員國的陸、海、空軍，以風馳電掣的威勢，制裁破壞國際和平與正義的當事國，例如從前伊拉克侵占科威特之後，聯合國發動強大的陸、海、空軍以制服伊拉克。故聯合國憲章第四十二條的「安全理事會如認為第四十一條所規定的辦法為不足，或已經證明為不足時，得採必要之空、海、陸軍行動，以維持或恢復國際和平及安全；此項行動包括聯合國會員國之空、海、陸軍示威封鎖，及其他軍事行動」的規定，即是軍事干涉。可見軍事干涉是在政治干涉不能見效之時，所採取的強烈制裁手段。

二、自力救濟——自決

國際間之糾紛、衝突、殘殺以及爭霸，雖然可以申訴於聯合國，並請求聯合國主持公道，對於加害國為必要的干涉與制裁，惟在國權遭受他國侵犯的受害國，常有如下的自力救濟方法，即獨自抵禦加害國，以維護國家的獨立與完整。

㈠戰爭

戰爭是國家間使用武力的爭鬥，以求解決爭端的最強烈手段；由於科技的突飛猛進、武器的不斷創新，一旦戰爭爆發，不論是攻擊國，或者是抵禦國，都同樣會遭受傷亡枕藉、慘不忍睹的局面，其結果打勝國與打敗國都同樣遭受砲火的摧毀，骨肉分離，妻離子散，建築物被毀，文明喪失，一切建設都須從頭做起，故世界上愛好和平的國家，都厭惡戰爭。惟為抵禦或制裁他國的無理侵犯與欺凌，戰爭有時是不得已的手段。

㈡斷絕邦交

國家間的邦交，原是建立在平等、互惠的原則上，除了應相互尊重所簽訂的條約外，還須尊重締約國的獨立與自主精神，不可任意干涉締約國的內政，以敦睦邦交，促進締約國的友誼與合作。惟假若締約國背信、負義，自違所簽訂的條約，毀謗締約國的信譽，則可以斷絕邦交之手段，作為制裁之利器。斷絕邦交之後，彼此常召回使館人員，並封閉使館。

㈢封鎖海灣

封鎖海灣，有平時封鎖與戰時封鎖之分，平時封鎖是十九世紀以後新發展的自力救濟手段，例如西元1831年法國因葡萄牙損害法僑利益，於是封鎖葡國港口，阻止葡國船隻之通航，並對強行通過之船隻緝捕之，迄至葡國同意賠償，始解除封鎖。而戰時封鎖，沿用甚久，例如從前伊拉克侵占科威特之領土後，聯合國即發動威力強大的艦艇，封鎖其港灣，使其外援斷絕，經濟發生恐慌，致不得不屈服。可見封鎖海灣，為凍結他國經濟活動的有效制裁方法。同時，可以令頑強的敵國心志動搖，致不得不宣布降服。

㈣報復

報復是一種類似「以牙還牙，以眼還眼」的不友善回報行為，用以回報他國對於本國所為的欺凌、壓迫、污辱與不友善的種種行為，例如從政治方面而言，他國既然排斥本國的僑民，並禁止本國的人民入境，本國也可以採取同樣的手段對付之。從經濟方面而言，他國既然禁止本國貨物入關，本國亦可倣傚為之。從軍事方面而言，他國既然以武力向本國示威，本國亦可回報之。所以，報復行為是一種消極的回報行動，也是國家間最常用的抵制他國的手段。

㈤經濟的不合作

經濟的不合作，是指封鎖他國的貿易活動，使他國的貨物不能入關，不能流入本國消費市場；而他國所需要的物資，本國不供給，用此方法以制裁他國對本國的不友善。經濟的不合作，原由印度的甘地所倡導，用以抵制殖民國——英國的壓迫，此法的旨意是，英國人所供給的物質，印度人不購買，英國人所需要的物質，印度人不供給，由於經濟的不合作，確能發生抵制的功效，所以，現今敵對的國家亦常採用此法以相互對抗[11]。

附　註

1 參閱自林紀東著　法學諸論（81.10五南圖書公司出版）第一百零六頁。及林榮耀著　法學緒論（79.5著作者發行）第二十四頁。

2 引自公務員懲戒法第二條至第十二條。

3 見公務員懲戒法第十條。

4 違警罰法已廢除不用，現已制定社會秩序維護法，以代替違警罰法，故警察罰改為秩序罰。

[5] 參考自拙著　少年事件處理法（88.7三民書局印行）第二百六十一頁至第二百八十二頁。及第三百零三頁。

[6] 參考自拙著　保安處分執行法（72.10黎明文化事業公司出版）第六十七頁至第一百五十六頁。

[7] 參考自鄭玉波著　法學緒論　第九十七頁至第九十九頁。

[8] 參考自註1林紀東著　前揭書　第一百二十頁。及林榮耀著　前揭書　第三十二頁。

[9] 參考自註7鄭玉波著　前揭書　第九十九頁至第一百零四頁。及註1林紀東著　前揭書　第一百二十頁。及註1林榮耀著　前揭書　第三十二頁及第三十三頁。以及管歐著　法學緒論（82.2著作者發行）第二百零六頁至第二百零八頁。

[10] 請參閱強制執行法條文。

[11] 參考自註7鄭玉波著　前揭書　第一百零五頁至第一百零七頁。

研究討論問題

一、何謂公務員？公務員如有違法或失職，得為何種懲戒處分？請列舉說明之。

二、人民如有違反法規命令，得為何種行政罰？請列舉說明之。

三、何謂生命刑？何謂自由刑？何謂財產刑？何謂資格刑？請列舉說明之。

四、何謂保安處分？保安處分有何類別？請列舉說明之。

五、民事上有關財產的制裁，包括哪幾種？請列舉說明。

六、國際間常因利害關係衝突，導致邦交斷絕，國家相互冷戰，請問國際間有何制裁之方法？

第二編

憲法與人生

憲法是國家的根本大法，也是國家厲行民主憲政、民意政治必須遵守的基本規範，與個人的人生似乎毫無關係，其實不然。個人從出生之後，無論就學、就業，或者營求教育上、政治上、經濟上、社會上公的或私的生活權利，憲法均直接加以保障，譬如每一個人，均享有憲法上所保障的平等權、自由權、受益權、參政權，並得排除國家或其他任何人不法的干涉與侵犯；同時，限制個人的自由權利，必須有其「必要性」，並且須有「法律依據」。再者，個人既生存於國家領域內，成爲國家的一分子，受著國家的保護，對於自己國家的憲法，以及國家的基本組織，自應有概括的認識與瞭解，才不致貽笑世人，辱損國民的身分與人格。本編擬就第一章憲法的概念；第二章憲法的總綱；第三章人民的權利義務；第四章國家的基本組織……等加以概述。

第一章
憲法的概念

第一節　憲法的意義

憲法一詞，似仿採日本之譯文，其實我國古時已有憲及憲法之說，例如尚書：「監於先王成憲」，國語：「賞善罰姦，國之憲法」，管子立政篇：「正月之朔，百官在朝，君乃出令布憲。憲已布，有不行憲者，罪在不赦」，韓非子非命上篇：「先王立國，所以出國布施百姓者，憲也」……等等，足見我國古時稱憲或憲法，雖為公布法令或刑律之行為，惟實際上已類似憲法之基本規範。

何謂憲法？前國父孫中山先生曾說：「憲法者，國家之構成法，亦即人民權利之保障書也。」故憲法者，即規定國家的基本組織及國家與人民間權利義務關係的根本法也。茲再就憲法的實際意義與形式意義兩方面分析之：

一、憲法的實際意義

憲法的實際意義，是指有關國家的基本組織及人民權利的保障，不問是否以通用的文字逐一予以規定，亦不問是否經制憲機關依制憲程序而定名為憲法，只要具有立憲主義所揭櫫之憲政體制以及保障人民權利的規範，例如習慣法或者單行法規……等，即使無憲法之名，亦概稱之為憲法。故實際意義的憲法，包括制定之成文憲法與非制定之不成文憲法，前者如中華民國憲法，後者如英國憲法。英國憲法雖採不成文型態，但其立憲行憲之精神，向為世界各國所望塵莫及，因此，素有立憲主義母國之美譽。

二、憲法的形式意義

憲法的形式意義，是指有關國家的基本組織、重要制度以及人民的權利義務……等重要事項，均以通用的文字有系統的逐一規定，並且由制憲機關依制憲程序，定名為憲法而制定完成的國家基本法典，從其制定之形式而言，即係形式意義的憲法，例如西元1987年美國所制定的憲法，以及其後的日本、法國……等國所制定的憲法，皆是具有形式文字的憲法。

第二節　憲法的類型

憲法本無種類之分，但從其制定之形式、制定之主體以及修改難易之不同，得勉強為以下的分類：

一、成文憲法與不成文憲法

憲法從其制定形式之不同，得分為成文憲法與不成文憲法。凡有關人民的權利義務、國家的基本組織以及重要政策與制度……等事項，以通用的文字有系統的逐一規定，並經制憲機關依據制憲程序，所制定的具有形式文字的憲法，稱之為成文憲法，例如美國憲法、日本憲法、法國憲法、比利時憲法……乃至我國的憲法，大致皆屬於成文憲法。至於有關人民的權利義務、國家的基本組織以及重要政策與制度，未以憲法之名並以形式文字加以規定，而僅散見於習慣法，或種種單行法律者，即稱之為不成文憲法，現今世界各國亦僅提倡立憲主義最早的英國，仍保有不成文憲法的特色。

二、欽定憲法、協定憲法與民定憲法

憲法從其制定的主體多寡之不同，得分為欽定憲法、協定憲法與民定憲法。凡憲法的法典，是由君主一人單獨的、擅斷的依照自己的意見，草擬制定，並頒布施行的，稱之為欽定憲法，例如西元1819年的日本憲法及清末光緒34年所頒布的憲法大綱。凡憲法的法典，是由國君、人民代表等共同協議而制定者，稱之為協定憲法，例如西元1215年的英國大憲章及西元1850年的普魯士憲法。凡憲法的法典，是由人民選出的代表，依照人民的公意與授權，制定完成者，稱之為民定憲法，例如西元1787年之美國憲法及西元1947年之中華民國憲法。

三、剛性憲法與柔性憲法

憲法從其修改程序之難易不同，得分為剛性憲法與柔性憲法。凡憲法的法典，必須由特定之機關，依循特定之程序，才得以修改，而不能採普通的立法程序變更憲法內容者，稱之為剛性憲法，例如美國聯邦憲法與現行中華民國憲法。反之，凡憲法的修改機關與程序，與普通立法程序相同，得隨時因應政治上的需要，加以變更或修改的，稱之為柔性憲法，例如英國的憲法。英國的憲法，既屬於非制定的不成文憲法，且其憲法的內涵多散見於習慣法與多種單行法律，則其修改自與普通立法程序相同。

四、三權憲法與五權憲法

憲法從其行憲的體制之不同，得分為三權憲法與五權憲法。凡行憲的體制，是由行政、立法、司法等三個機關，分掌三個權，而相互牽制、力求平衡的政治型態，稱之為三權憲法，例如美國及其他立憲之國家，現今大多厲行三權憲法。至於行憲的體制，是由行政、立法、司法、考試、監察等五個機關，分掌五個權，各就擔負之權責，分工合作，均衡發展，以推動民主法治之憲政，此稱之為五權憲法，為我中華民國憲法之最大特色。

第三節　憲法的性質

憲法是國家的根本大法，亦即國家的最高基本規範，其性質如下列所述：

一、憲法是國內法

法律有適用於國際間，各國均受其拘束的所謂國際法，有適用於一國統治權所能及的領域，凡領域內的人民均受其拘束的所謂國內法。我中華民國憲法是施行於一國統治權所能及的領域範圍，故為國內法。

二、憲法是公法

法律，凡規定國家與人民相互間，公的權利義務關係者，為公法；凡規定人民相互間，私的權利義務關係者，為私法。我中華民國憲法是規定國家與人民間，公的權利義務關係的法典，故為公法。

三、憲法具有最高性

憲法與法律及命令，雖同為行為規範，但憲法是國家的基本規範，位階最高、效力最高，故法律及命令不能牴觸憲法，法律及命令牴觸憲法者，無效。顯見憲法具有最高性，憲法在法律層級體系中，是最高位階的基本規範。

四、憲法具有恆久性

憲法一經制定完成，並公布施行，即具有恆久性，不易輕易變動，隨意修改，因為憲法是國家的根本大法，修改憲法必須依憲法明文規定的修憲程序辦理，故除非國家為因應當前政治情勢或順應政治環境之變遷，有必要修改憲法之局部內容外，一向甚少為修改憲法之舉，故憲法具有固定性、恆久性、穩定性、安定性。

五、憲法具有政治性

憲法制定之目的，在鞏固國權，保障民權，奠定社會安寧，增進人民福利，我中華民國憲法於序文中已有明確的揭示。欲鞏固國權，必須厲行民主憲政，貫徹五權憲法、權能劃分的法治政治。欲保障民權，必須尊重民意，厲行民意政治，為人民服務。欲奠定社會安寧，必須營造萬能政府，強化法治政治，維護社會秩序。欲增進人民福利，必須加強民生建設，提高人民生活品質，建立各種社會福利制度……。凡此種種，無不與政治有關，故憲法具有政治性。

六、憲法具有規範性

憲法所規定的人民之權利與義務、中央與地方之制度以及中央與地方權限之劃分……等等，皆屬於原則性、大綱性的基本規範，可供中央與地方之政權機關與治權機關，作為厲行民主憲政、推動法治政治與民意政治的準繩，故憲法具有規範性。惟憲法不具制裁性，故對於侵犯他人自由、權利者，並無處罰之規定。

第四節　憲法的制定

中華民國憲法的序文，有「中華民國國民大會受全體國民之付託，依據孫中山先生創立中華民國之遺教，為鞏固國權，保障民權，奠定社會安寧，增進人民福利，制定本憲法，頒行全國，永矢咸遵」之規定，已明確揭示憲法的制定機關、制定權源、制定依據與制定目的，茲分述如下：

一、憲法的制定機關

憲法的制定機關，依中華民國憲法的序文記載，可知是國民大會。國民大會是政權機關，代表人民行使政權，故國民大會代表既由各地區、各團體之人民所選出，自然得以代表民意，制定合乎世界潮流之中華民國憲法。

二、憲法的制定權源

憲法的制定權源，並非來自國家元首的直接命令，亦非來自立法機關的授權，而是受全體國民之付託；民主法治政治，憲法本應由全體國民共同制定，惟憲法之制定，若由全體國民共同參與，人多集合不易，勢難制定完成，況制定憲法必具高深之憲法學素養，非人人得以勝任，故由人民選出之國民大會代表，代表人民之公意，從事中華民國憲法之草擬制定，應較任何人為適當，是以，現時之中華民國憲法乃國民大會受全體國民之付託而制定完成。

三、憲法的制定依據

憲法的制定，必有其依據的學說與思想。我中華民國的誕生，係由於孫中山先生的領導革命，百折不撓，推翻了滿清帝制；我中華民國的立國建國，是以三民主義、五權憲法為最高指導原則。而三民主義、五權憲法的立國建國思想，正是孫中山先生的遺教，故中華民國憲法的序文已明示憲法的制定，是依據孫中山先生創立中華民國之遺教。而將其遺教中之五權憲法、地方自治制度、中央與地方權限劃分之均權制、人民權利之保障、三民主義之建設……等等，均融入制定之中華民國憲法中。

四、憲法的制定目的

憲法的制定目的，依中華民國憲法序文所載，乃鞏固國權、保障民權、奠定社會安寧、增進人民福利是也。中華民國的立國建國，既以三民主義、五權憲法為最高指導原則，則欲鞏固國權、保障民權、奠定社會安寧、增進人民福利，勢必順應時代潮流，推動法治憲政與民意政治，一方面營造萬能政府，為民造福，為民服務，一方面尊重民意，保障民權，厲行民主政治，共同為建設富強康樂之國家而努力，如此制定憲法之目的，當可付諸實現。

第五節　憲法的公布、施行與修改

憲法是國家的根本大法，是厲行法治政治、民意政治的最高準繩，憲法經國民大會制定後，必須依法公布、依法施行；憲法經長期間的社會變遷、政治演變，若干規範性的條文，也必須修正，以符合現時代政治環境的迫切需要。以下茲就憲法的公布、施行與修正扼要分述之：

一、憲法的公布

現行之中華民國憲法，係由國民大會於民國35年（即西元1946年）12月25日制定完成，並於民國36年（即西元1947年）1月1日由國民政府正式公布，其公布的方法，是將中華民國憲法原文，刊載於政府公報上。

二、憲法的施行

憲法公布之後，因其實施尚須規劃準備，故延至民國36年（即西元1947年）12月25日始正式施行。中華民國憲法施行之後，因政府遷臺、政治環境之變遷、時代潮流之衝擊，迄今已因應國情之需要，將施行五十多年之中華民國憲法，先後修改了多次。惟其修改之方式，不做憲法條文之全面修改，而採增修條文之方式，在不變動憲法原文之原則下，將增修之條文逐條列舉，附加於中華民國憲法之名下，並限制有關條文之適用。

三、憲法的修改

憲法的修改，必須依法定的程序辦理。國民大會既為制憲機關，則其修改機關，亦屬於國民大會。惟國民大會廢除後，其憲法的修改機關改為立法院，由立法院提出憲法修正案，經中華民國自由地區選舉人投票複決。

㈠原國民大會修改憲法的程序

原國民大會雖有修憲之權，但修憲時必須依法定的程序辦理。依憲法的原規定，國民大會修憲時，必須有國民大會代表總額五分之一之提議、三分之二之出席及出席代表四分之三之決議，才得以修改。惟現今國民大會已廢除，故此項修改憲法之規定已凍結，不適用。

㈡立法院提出憲法修正案的程序

立法院得提出憲法修正案，提請公民複決。依憲法增修條文第十二條的規定，立法院立法委員須經四分之一之提議、四分之三之出席及出席委員四分之三之決議，提出憲法修正案，經中華民國自由地區選舉人投票複決之。

研究討論問題

一、何謂成文憲法？何謂不成文憲法？有何利弊？

二、何謂欽定憲法？何謂協定憲法？何謂民定憲法？

三、何謂剛性憲法？何謂柔性憲法？中華民國憲法為何是屬於剛性憲法？

四、何謂三權憲法？何謂五權憲法？中華民國憲法為何不採三權憲法？

五、中華民國憲法具有何項特性？請說明之。

六、請說明中華民國憲法的制定機關、制定權源、制定依據、制定目的。

第二章
憲法之總綱

第一節　三民主義與民主共和國

中華民國基於三民主義，為民有、民治、民享之民主共和國，中華民國憲法有此一明文規定。何謂三民主義？何謂民主共和國？以下扼要分述之。

一、三民主義的意義

何謂三民主義？簡而言之，三民主義就是民族主義、民權主義與民生主義。民族主義在求中國之國際地位平等，民權主義在求中國之政治地位平等，民生主義在求中國之經濟地位平等，使中國能永久適存於世界，所以，前國父孫中山先生曾說：三民主義就是救國主義。

二、三民主義與民有、民治、民享的關係

民有、民治、民享（Of the people, by the people, and for the pepole）這句話，是美國第十六任總統林肯先生（Abrahan Lincoln）的政治主張，前國父孫中山先生曾在五權憲法的演講中，謂：「三民主義就是民族主義、民權主義和民生主義，與美國總統林肯所說的Of the people, by the people, and for the people是相通的。兄弟從前把他這個主張，譯作『民有』、『民治』、『民享』，……這個民有民治民享主義，就是兄弟的民族民權民生主義」。可見三民主義的民族主義與民有相通；民權主義與民治相通；民

生主義與民享相通。

三、民有民治民享之制定入憲

三民主義為立國建國之最高準繩，而林肯之民有、民治、民享之民主政治主張，既與孫中山先生所創立的三民主義的民族、民權、民生的民主政治主張相同，則制定憲法自應將民有、民治、民享之建國理想，融入於憲法體制中。有關民有之理想，制定入憲者，例如「中華民國之主權屬於國民全體」、「中華民國各民族一律平等」、「中華民國之國防，以保衛國家安全，維護世界和平為目的」、「中華民國之外交，應本獨立自主之精神……」……等；有關民治之理想，制定入憲者，例如人民平等權、自由權、參政權之制定入憲，以及國民大會（現已廢除）之代表人民行使政權、立法委員之代表人民行使立法權……等，不勝枚舉。有關民享之理想，制定入憲者，例如人民之生存權、工作權、財產權之保障及基本國策中有關國民經濟、教育文化、社會安全……等之規定。

四、建立民有民治民享之民主共和國

民主共和國，乃是一種國體的稱謂，何謂國體？國體是國家的形式（form of state）。其區別係以國家元首之身分為標準，故凡國家以君主為元首的，稱為君主國，以總統為元首的，稱為共和國，例如英國、日本為君主國，美國、法國以及我中華民國皆屬於共和國。惟我中華民國憲法所載之民主共和國，亦屬於一種民主式的統治型態；換言之，即以一種以人民為主、民意至上的民主政治，作為國家立憲行憲之基礎，以實現三民主義為民有、民治、民享之立國建國理想。此種政體，稱之為民主政體。

第二節　主權與歸屬

主權為國家要素之一，故中華民國憲法有：「中華民國之主權屬於國民全體」之規定。何謂主權？主權有何特性？主權與政權……等有何關係？以下扼要分述之：

一、主權的意義

主權（Sovereignty）一語，起源於十六世紀，為法國（France）布丹（J. Bodin）所提倡。布丹所主張者，為君主主權說，他認為君主之權力，對內有最高性，對外有獨立性，此種主權學說，其目的無非在擁戴當時的君主集權國家。惟迄至十七、十八世紀，君主主權說逐漸為國民主權說所取代，而成為美國獨立革命及法國大革命的政治理論根據。何謂主權？主權者，國家構成之要素，亦即自主自決之最高權力，對外有獨立性，不受任何國家之支配，對內有最高性，不受任何法律之限制者也。

二、主權的特性

十九世紀以後，由於民權思想的發達，國民主權說已形成下列幾種特性：

㈠主權的不可分性

主權有完整性，不容許任何國家、任何黨派的分割；亦不容許兩個以上的個人或機關獨立的各自行使，此為主權的不可分性。例如中華民國的主權既屬於國民全體，則國家的自主自決權力自可以由人民選出的總統，代表國民的公意行使其權力。

(二)主權的無限制性

主權有最高絕對性，不受任何法律的限制。惟事實上，行使主權的人或機關是不能不受限制的，例如行使主權的人，如果過於專橫霸道，不接受人民的意見，難免引起人民的公憤；行使主權的機關，如果過於獨裁擅斷，不採納人民的建議，難免引起人民的反抗，因此，只有從法律上觀察，行使主權者的權力，才是沒有限制的。

(三)主權的恆久性、獨立性與最高性

主權是構成國家的要素，國家不能沒有主權，主權常隨國家之存在而存在，故主權有恆久性。主權對外有獨立性，不容許任何國家之支配、控制與侵犯，故主權有排他性。主權對內有最高性，不容許黨派及其他個人之分割，亦不受法律之限制，故主權亦有絕對性。

三、主權的歸屬與行使

中華民國憲法規定，中華民國的主權屬於國民全體，這是主權的歸屬，而不是主權的行使。主權的行使，不得由任何個人或少數一部分人民擅自為之，必須全體國民運用主權，賦予其權力，始得由特定之人或特定之機關行使之。例如總統係由全體國民所選出，故其統治國家之權力，乃至對外主張領土之完整、國家獨立之權力，均來自全體國民賦予之統治權。又例如立法委員，係由全體國民以及各黨派所選出，故立法委員之行使立法權，乃全體國民基於主權賦予之權力也。主權雖屬於國民全體，但並非必須由全體國民親自行使，而可授權或假手於國家特定之人或特定之機關行使，現時實施民主憲政之國家，多採此制。

四、主權與政權的關係

主權的作用，對外在主張領土的完整、國家的獨立，不容許他國的支配、干涉與侵犯，對內在謀求族群的平等、政治的民主，不容許黨派與任何野心家的分割、操縱與利用，有其最高絕對性。而政權的作用，在行使選舉、罷免、創制與複決等四權，選舉、罷免在控制人事，創制、複決在控制法律，治人治法均屬於對內的作用，沒有對外性，也沒有最高絕對性，因此，主權與政權，從其作用而言，似乎不大相同，但從其兩方面的關係而言，卻是一體之兩面、相輔相成，例如主權是屬於國民全體的，故國民全體對於民主政治，均有自主自決的權力，惟主權之行使，得借助政權的運用，直接選出可信賴的國家元首——總統，就全體國民基於主權所賦予之權力，鞏固國權，保障民權，發揮統治領導力，力求國家之獨立、領土之完整與黨派之和諧，為全體國民謀求最大福祉……。又例如過去的國民大會代表，是由全體國民借助政權的行使，直接選出可信賴的代表，組成國民大會，並就全體國民基於主權所賦予之權力，代表全體國民行使憲法所賦予之政權（即憲法所定之種種職權）……。再如立法院立法委員，亦由全體國民借助政權的行使，直接選出可信賴的立法委員，組成立法院，並就全體國民基於主權所賦予之權力，代表全體國民行使憲法所賦予之立法權……。基於此，可知主權與政權之關係，密不可分，主權的內容包括政權與治權的行使，政權的運作構成主權的態樣；主權屬於國民全體，但個人不得單獨行使；政權屬於人民，得由個人依法單獨行使之。

五、主權與統治權的體用

主權是屬於全體國民所有，但主權的對外獨立性、對內最高性，必須借助統治權的行使，才得以落實；換言之，統治權的行使，必須基於全體國民的信賴，賦予其權力，主權才得以伸張，而對外才能主張國家之獨立，排除他國的惡意干涉與侵犯；而對內才能發揮最高權力，力求黨派的和諧、族群的平等，排除主權的分割，促進國家的統一，故主權與統治權的關係，亦密不可分，主權是體，統治權是用，主權是國民全體所有，統治權是由全體國民基於主權所賦予之權力，在民主國家中，統治權的行使，通常是由全體國民所選出的國家元首——總統，以國家的名義行使之，故無異代替全體國民行使其主權，鞏固其國權，基於此，主權與統治權，只是名詞上的不同而已，其實質上的作用，卻毫無差別。

六、公投是行使主權的另一趨向

公投是指由具有參政權資格的國民，借助投票的方式，就某一爭議問題表達意見、行使主權的一種民主政治表現；與選舉總統、副總統與中央、地方民意代表……等之投票方式相同。惟在過去，國民行使主權的方法，偏重於總統及國大代表、立法委員等中央民意代表之選舉，只要投完了票，便算是行使了主權；晚近，由於民主思想的提升，國民開始有熱烈參與政治並表達意見的欲求，於是，國家的某項政策、某項措施、某項建設，國民常有贊成與反對的兩面意見，相持不下，形成水火不相容、互不讓步的敵對局面，譬如過去的「核四」建設，執政黨贊成，在野黨反對，兩方各有說詞、各有遠見，因此，在野黨主張以公投的方式，讓國民行使主權，以做最後的明智決定，惟「核四」建設的公投，迄今仍未舉辦，而核四電廠的建設，亦隨之擱置。最近，執政的民進黨，高喊「臺灣要獨立，不要回歸中國」，於是，住居臺灣的國民，又有正、反兩面意見，有主張臺灣要獨立的，也有主張臺灣要回歸祖國的，執政黨為了通盤瞭解國民的心向，乃設定：一、是否贊成購置飛彈以加強國防？二、是否贊成兩岸對等談判……等二個議題，利用總統、副總統候選人選舉之日（民國93

年3月20日）合併舉辦公投，以作為日後決定政策之依據。顯見公投是未來國民行使主權的最主要途徑，也是厲行民主政治的另一未來趨向，可以實現以民為主的政治理想。

不料，白俄羅斯國亦倣傚中華民國——臺灣，於總統、副總統選舉之日，合併舉辦公投的做法，針對現任總統——魯卡申柯，是否可以尋求三連任一事，於西元2004年10月17日舉行國會議員選舉時，合併舉辦公投。公投的票上載明：「是否修憲，允許魯卡申柯於西元2006年尋求再連任」一問題，讓選民在「同意」或「不同意」欄內擇一勾選。按白俄羅斯的現行憲法，總統的任期五年，連選得連任一次，而魯卡申柯已連任總統十多年（二個任期），甚獲人民支持，惟欲尋求再連任，則必須先修憲，且修憲必須先獲得人民的同意與共識，這是民主國家的理念與做法，也是主權在民的民主政治表現。惟白俄羅斯舉辦此一公投，導致議論紛紛，不為西方國家所贊同。（白俄羅斯舉辦人民公投結果，大多數贊成修憲，且修憲後，總統的任期雖仍為五年，但連選得連任，不受連任一次的限制。而魯卡申柯於西元2006年3月20日及2010年12月19日再當選連任第三及第四個任期的總統）

第三節　國籍與國民

國民是構成國家的要素之一，國籍是人民取得國民身分的必需條件，有關國籍與國民的認定，中華民國憲法有：「具有中華民國國籍者，為中華民國國民」之規定，何謂國民？何謂國籍？國籍如何取得與喪失……等等，茲扼要分述如下：

一、國民的意義

國民是國家的構成要素之一，國民沒有國家，便失去依憑與保護，國家沒有國民，便如同沒有生命的軀殼，失去其存在，故國民為國家的支柱。何謂國民？國民者，具有國籍之人民者也，換言之，即依法取得享有公法上權利義務的身分。例如父母為具有中華民國國籍的國民，其子女又在中華民國領域內出生，則自然依法取得中華民國國民的身分。國民既為國家的一分子，自應接受國家統治權之拘束與支配，即使在中華民國領域內的外國人，亦同樣必須接受國家統治權的拘束與支配，此種國家對於國民的統治權，稱之為對人統治權（Personal Sovereignty）。

二、國民、人民與公民的區別

「國民」一詞，常與「人民」一詞，以及「公民」一詞相混，其實三者之間的涵義不同。舉凡居住於中華民國領域內之人，不論是本國人或外國人，皆屬於人民。具有中華民國國籍的人民，即屬於國民。又，國民中具有參政權的法定年齡者，即為公民，依憲法的規定，必須國民年滿二十歲，才能取得公民的資格。

三、國籍的意義與國籍的規定

國民與國家間，常有一種特別的權利義務關係，即所謂公的法律關係，而國籍者，乃確定國家與人民間權利義務關係的身分取得、認定與記載者也。依此定義推論，人民必須先取得國民的身分，而後才能與國家之間，發生權利義務關係，享受國家所保障的公法上的權益。有關國籍的規定，各國之間有三種不同情形的立法例：其一是憲法直接規定國籍的，例如西元1946年的巴西憲法及巴拿馬憲法。其二是民法法典規定國籍的，例如西元1931年的比利時憲法。其三是單行法規規定國籍的，例如西元1946年的日本憲法以及西元1947年的中華民國憲法。

四、國籍的取得類型

國籍的取得與認定，有下列二種類型：

㈠固有國籍（Original nationality）

即出生後，自然取得之國籍。惟有關固有國籍的取得與認定，各國國籍法所採取之主義，又有下列三種情形：

甲、採取屬人主義

即以出生之血統為認定國籍之標準。故不問其出生地在何處，其子女均以父母的國籍為國籍。此種屬人主義之主張，又稱為血統主義。例如德國。

乙、採取屬地主義

即依出生地為認定國籍的標準。故不問其父母的國籍歸屬於何國、血統何屬，其子女均以出生地之國家，為取得國籍之依據。此種屬地主義之主張，又稱為出生地主義。例如巴西等國。

丙、採取折衷主義

即採取折衷屬人主義及屬地主義的原則，此項原則又有兩種情形：

1.採取屬人主義為原則、屬地主義為輔助。即本國人民之子女，不問其出生地在何國，均以父母的國籍為國籍，但出生於本國之外國人子女，基於屬地主義之原則，例外使其取得本國之國籍。例如日本、法國……及我國均採用此原則。

2.採取屬地主義為原則、屬人主義為輔助。即不問父母的國籍屬於何國，凡出生於本國領域內之子女，依法取得本國國籍，但本國人民之子女，出生於外國者，則依屬人主義之原則，認定為本國之人民。例如英國、美國皆採用此原則。

㈡取得國籍（acquired nationality）

即由出生以外之原因，例如結婚與歸化，而取得之國籍。

五、我國國籍法的規定

我國關於國籍的取得與認定，係採取屬人主義為原則、屬地主義為輔助，茲就國籍法的規定，列舉有關國籍的取得與喪失：

㈠國籍的取得

國籍的取得，依國籍法的規定，有原始國籍與取得國籍兩種：

甲、原始國籍

原始國籍係以父母的國籍為國籍，例外以出生地為國籍的認定，例如一、出生時父或母為中華民國國民。二、出生於父或母死亡後，其父或母死亡時為中華民國國民。三、出生於中華民國領域內，父或母無可考或均無國籍者……。以上一至二目，係採屬人主義，以父母的國籍為國籍，而第三目，係採屬地主義，以出生地為國籍的認定。

乙、取得國籍

取得國籍係基於婚姻或歸化的事實，依法取得中華民國國籍者，例如一、為中華民國國民之配偶，經申請歸化者。二、父或母現為或曾為中華民國國民，經申請歸化者。三、為中華民國國民之養子女，經申請歸化者。四、出生於中華民國領域內，經申請歸化者。五、其他依國籍法的規定，經申請歸化者。以上各目之一，均得以申請歸化中華民國而取得中華民國的國籍。

㈡國籍的喪失

國籍的喪失係因取得他國之國籍，而自願喪失中華民國國籍之資格，例如一、生父為外國人，經其生父認領者。二、父無可考或生父未認領，母為外國人者。三、為外國人之配偶者。四、為外國人之養子女者。五、年滿二十歲，依中華民國法律有行為能力人，自願取得外國國籍者。六、喪失中華民國國籍者，其未成年子女，經內政部許可，隨同喪失中華民國國籍。以上各目之一，均得以取得他國之國籍，而喪失中華民國之國籍。

第四節　領土與變更

領土是構成國家要素之一，有關領土與變更一節，原中華民國憲法有：「中華民國之領土，依其固有之疆域，非經國民大會之決議，不得變更之」之規定。茲就領土的意義、領土的規定與領土的變更等分述之：

一、領土的意義

國家必須建立在領土上，沒有領土，那有國家；沒有領土，國家只是一個虛空的名號；領土是構成國家的要素，有了領土與人民，國家才能行使統治權，因此，國家常以領土作為立國建國的根基。何謂領土？簡言之，領土是國家統治權所能及的一定範圍內的土地，又稱之為領陸。不過，領土的解釋若僅限於此，則未免太過於狹窄，倘領土的周圍有海洋，領土的上面有太空，又該如何？是否屬於領土的範圍？關於領土一詞的解釋，目前法律上多採擴張解釋，即將領土包括領海及領空，換言之，凡陸地海岸線延伸至公海，自十二海里以內的領海，以及領陸、領海的上面太空，均屬於領土的範圍，自不容許他國之飛機、航空器及艦艇、船隻等無故侵犯。

二、領土的規定

領土是國家的疆域，是國家生存發展所依憑的根基，國家有了一定範圍的領土，才可以生根盤據，行使統治權力，一方面排除他國的侵犯、干涉，一方面力求國家的統一與富強。領土是否應以憲法規定其範圍？各國的制度頗不一致，有不以憲法規定其領土範圍者，例如美國、日本……等國。有以憲法規定其領土範圍者，例如瑞士、比利時、法國、德國……等國。惟大多數國家，還是將領土的範圍規定於憲法內，且其採取之方式又有下列二種：其一是採取概括式的規定，即將領土的範圍，以概括式的文字，扼要加以規定，而不一一列舉其行政區域名稱。其二是採取列舉式的規定，即將領土範圍內的行政區域名稱，一一詳細列舉，以示慎重。我中華民國憲法的所謂「……依其固有之疆域……」，即係採取概括式的規定。

三、領土的變更

領土的範圍，即國家生存的空間，也是國家行使統治權的範圍，領土的變更，當然對國家統治權的行使與維護影響至大。領土變更的情形，大致有二：其一是自然的變更，即因天災事變所發生的領土增減變更，例如滄海桑田，擴增國土；或國土陸沈，化歸公海。其二是人為的變更，即因戰爭、外交及其他國際關係，而以人為的方式增減領土的範圍，例如因戰爭失敗，而割讓領土給予戰勝國，在戰勝國方面是為取得領土，在戰敗國方面是為喪失領土。又例如因外交的談判，加入聯邦國，合併兩國的領土，在加入國為領土統治權的喪失，在聯邦國為領土範圍的擴充。

領土的人為變更，對國家領土完整的維護、統治權的鞏固，影響至鉅，故各國間無不設法加以限制，其限制的方法大致有二種主義：一是憲法限制主義，即領土之變更，應由修憲機關依據修憲程序去議決。二是法律限制主義，即領土之變更，得由立法機關依據立法程序去表決。我中華民國原始之憲法，因有「中華民國之領土，……非經國民大會之決議，不得變更之」之規定，故領土的變更，係採取憲法限制主義。

晚近國民大會廢除之後，已將領土變更權挪移至立法院，並於增修條文第四條第五項明定：「中華民國之領土，依其固有之疆域，非經全體立法委員四分之一之提議、全體立法委員四分之三之出席及出席委員四分之三之決議，提出領土變更案，並於公告半年後，經中華民國自由地區選舉人投票複決，有效同意票過選舉人總額之半數，不得變更之」之新規定。

第五節　民族與平等

民族與人民，同是國家的構成分子。國家對於人民有統治權，也有保護權，俾免遭受他人之侵害；同樣的，國家對於國內各民族有統治權，也有保護權，俾免民族間之相互排斥、敵對與群鬥。過去常有少數民族文化較落後，所受的待遇較不平等，違反人道精神，有悖孫中山先生提倡民族平等之主張，為使國內各民族皆立於平等地位，故中華民國憲法有：「中華民國各民族一律平等」的明文規定。何謂民族？民族平等的精神如何？以下扼要分述之：

一、民族的意義

孫中山先生在民族主義的演講中，曾說：「民族是由於天然力造成的」，又說：「王道是順乎自然」、「自然力便是王道」、「用王道造成的，便是民族」，又說「一個團體，由於王道自然力結合而成的是民族」。由於構成民族的自然力，有血統、生活、語言、宗教、風俗習慣等五種，因此，民族的定義，可以說是有相同血統、生活、語言、宗教、風俗習慣的人民，所組成的族群。民族與人民同是國家的構成分子，一個國家常有兩個以上的民族，共同生存於國家的統治權中，且受國家的保護，國家為厲行民主政治，對於各民族自應扶植其生存發展，不應因文化之落後而加以歧視。

二、民族平等的精神

中華民國憲法規定，中華民國各民族一律平等。因此，國內各民族，不論膚色、生活、語言、宗教、風俗習慣、文化層級如何，均應同樣扶持、同樣援助，不能厚此薄彼，特別是應該依照憲法的立國精神，給予政治上、教育上、經濟上、法律上的地位平等。從政治上的地位平等而言，即給予同樣參政的機會，不但有選舉、罷免……等參政權利，同時亦得競選立法院立法委員及直轄市、縣（市）長，直轄市、縣市議會議員……等為人民服務。從教育上的地位平等而言，即給予族群之子女，有受國民義務教育及更高層次學校教育之平等機會。從經濟上的地位平等而言，即同樣享有工作權、財產權之保障。從法律上的地位平等而言，即同樣享有憲法保障的自由權、平等權以及民事、刑事、行政等訴訟之權利。

第六節　國旗與式樣

國旗是國家的標誌，世界各國均以國旗代表國家的靈魂、精神與存在。凡國旗飄揚之處，即為國力所到之處，國旗有至上的尊嚴，不容許任何國家、任何暴民的污辱；損壞他國的國旗，小則須循外交途徑賠罪、道歉，大則引起戰爭，相互殺戮，所以無論對自己國家或他國之國旗，均應同樣尊重。關於中華民國的國旗與式樣，中華民國憲法有：「中華民國國旗定為紅地，左上角青天白日」之規定。

研究討論問題

一、試說明中華民國憲法的立國精神。

二、何謂主權？依中華民國憲法的明文規定，主權屬於何人？如何行使？

三、何謂國籍？依國籍法的規定，我國關於國籍的取得與認定，係採何項主義？

四、「人民」、「國民」、「公民」，是否涵義相同？有何區別？

五、何謂固有國籍？何謂取得國籍？

六、何謂領土？領土一詞在法律上應如何解釋？

第三章
人民的權利義務

第一節　人民的權利

何謂權利？有關權利的涵義，中外向有各種不同的說法，例如：

一、自由說

即謂權利是法律上所賦予的自由；亦即在法律允許的範圍內，所享有的各種自由，即是權利。

二、意思說

即謂權利是法律賦予意思的支配力。

三、利益說

即謂權利是法律所保護的利益。

四、法力說

即謂權利是享受特定利益的法律上之力。

以上四種說法，多數學者認為法力說較為適當，故權利是可以享受特定利益的法律上之力。

權利的保障，各國立法例不同，歸納而言，有二種不同的主義：一是直接保障主義，又稱憲法保障主義，即人民權利的保障，由憲法直接予以規定。一是間接保障主義，又稱法律保障主義，即由憲法規定人民權利的保障原則，而以其他法律配合實施之。前者如美國、中華民國……均採憲法保障主義，後者如英國是採法律保障主義。

憲法保障主義，既將人民權利的保障，規定於憲法專章或條文中，惟其規定之方式，又有下列三種情形：一是採用列舉式，即將人民的權利，一一列舉規定於憲法中。二是採用概括式，即將人民的權利保障，概括性規定其原則，而不列舉其權利的種類。三是採用列舉式與概括式的併用方式，即將人民的權利，一一列舉規定於憲法中，並以概括的方式，補充其未列舉部分的權利保障原則。中華民國憲法即採用此種規定之方式，茲就中華民國憲法所規定的權利，歸納以下四類分述之：

一、平等權

平等權是國家為人民所保障的同等待遇及不分地位高低的權利。平等的要求，是由於往昔的社會上有種種不平等、不合理的事實，人民才有不滿之憤慨。不平等事實的發生，有由於人為的，有由於自然的，憲法上的平等，是要取消人為的不平等，使往昔的男尊與女卑、宗教的相互排斥傾軋、種族的相互歧視殺戮、帝王貴族的奴視人民、黨派的相互政爭排擠，皆能一掃而光，故中華民國憲法有：「中華民國人民，無分男女、宗教、種族、階級、黨派在法律上一律平等」之明文規定，茲依其規定分述之：

㈠男女之平等

男女之平等，是指男女不分體質之強弱、性別之差異，在教育上、政治上、法律上、經濟上、社會上的地位一律平等。例如在教育上，男女同樣可以依憑自己之努力，接受高層次的學校教育。在政治上，男女同樣享有選舉權與被選舉權，同樣可以擔當人民的公僕，為人民服務。在法律上，男女同樣享有民事、刑事、行政訴訟之權，也同樣可以依憑自己之學驗與抱負、充當法官、檢察官……等有關機關的公職。在經濟上，男女同樣享有工作權與財產權，同樣可以在經濟活動上及職業工作上展現強人之魅力。而在社會上，男女同樣立於平等地位，女人不再是身分卑微，永遠抬不起頭的弱勢族群。

㈡宗教之平等

宗教是一種宣揚教義、教化信徒、普及信仰的社會團體。往昔，歐洲各國，因宗教互立，所標榜之教儀、所宣揚之教義又不同，致常互相傾軋殺戮，以求信徒之擴增、信仰之延續。甚至人民所信仰之宗教或宗教所宣揚之教義，不為統治國之君主所認同，則飽受壓迫欺凌，無以享受平等的權利，例如西班牙腓力第二信仰基督教，但對其新教及異教教徒，則常加殺戮，毫不體恤。惟民權思想發達後，各國憲法無不主張宗教地位之平等，即宗教應享有政治上、法律上、經濟上、社會上……等地位之平等，而反對設立國教。例如各宗教教徒，在政治上同樣享有參政權，在法律上同樣享有民事、刑事、行政等訴訟之權，在經濟上同樣享有財產維護權，在社會上同樣享有人格不可侵犯權，國家對於各宗教雖同樣得以行使統治權，但不能以國帑補助某一宗教，更不能擇一宗教定名為國家宗教，並強迫人民信仰。

㈢種族之平等

種族是一國之內，有不同血統、膚色、語言、宗教、風俗習慣、文化層次的族群，與民族相同，且同是構成國家的分子。現在世界各國很少是由單一民族所組成，即使是一個小國家，也常有兩個或兩個以上的種族，併存於國家的領土內，接受國家的統治與保護。在過去民權思想尚未萌芽

時代，有些專制獨裁的帝王或君主，常濫用統治權力，欺壓少數文化落後的種族，致其饑餓受凍，無以生存；即使種族之間，亦常相互傾軋殺戮，不相忍讓、不相往來，形成國家統治權行使上的困擾。自從民主政治的火把，點燃世界各國之憲政後，種族問題才備受重視，咸認種族之間，應打破過去的隔閡，消除過去的相互歧視，提倡文化之交流、男女之通婚、習俗之同化，使種族之間水乳交融，和諧相處，而國家行使統治權時，更應保障其在政治上、教育上、經濟上、法律上、社會上……等各方面，享有同等的平等地位。例如各種族同樣享有參政權，同樣享有受教權，同樣享有生存權、工作權與財產權，同樣享有司法上的受益權，同樣享有人格權……。

㈣階級之平等

階級是一國之內，有區分貴賤、貧富、高低層級不同地位的族群。往昔歐洲的封建社會，常有君主、貴族與平民、奴隸之分；君主之地位，高高在上，有無比的權力，君子之言，即是法律。而貴族又自成一階級，驕縱放肆，目無法紀；君主與貴族常挾其優越之地位，欺壓良民，役使奴隸，無所不為，形成政治地位及社會地位的不平等。而往昔我國的農業社會，亦有如孫中山先生所說的帝、王、公、侯、伯、子、男、民等階級之分，但一般人民，地位雖低賤，卻仍可藉科舉制度或舉薦方式，晉身為官吏階級。故階級間的歧視與排擠，較之歐洲的封建社會為少。自從民主主義發達後，由政治形成之階級，已漸趨消滅，但由經濟所形成的貧富階級及資本階級與勞動階級，正方興未艾，必須厲行民主憲政，防範其再發生社會階級之不平等。

㈤黨派之平等

凡一群志同道合、政治理念相同的人所組成的政治團體，稱為政黨。而不同的政黨，稱為黨派。例如美國的民主黨、共和黨、社會黨……；我國的中國國民黨、民主進步黨、新黨、親民黨、台聯黨……等均是不同政黨的黨派。民主國家，應該容許兩個以上的黨派，併存於國家統治權的領域範圍內，各自依據其不同的政治理念，展開公平競爭，取得人民的信任，並達成掌握統治權的目的。任何一個黨派，若是為了取得領導地位，或是永久掌握統治國家的權力，不惜以武裝力量為政爭的工具，將其他黨派的勢力一一瓦解，甚至將其異黨人士一一予以殺戮，則顯然違背了黨派平等的民主政治思想，必遭世人所唾棄、不齒。所謂黨派平等，是指任何黨派均受法律同等之保護，任何黨派均得以同一機會從事民選官吏或民意代表之競選活動，任何黨派均得以同一自由從事政黨理念之宣揚，而且政黨應與國家分離，任何政黨不得享有國家之特權，亦不受國家之排斥、歧視與壓迫，同時，政黨的黨員不問屬於何黨，國家不得因黨派之不同予以拘禁，或使其不得行使公法上的權利。

二、自由權

自由權是人民在國家統治權所能及的範圍內，得以享有的自由，並得排除國家或人民非法侵犯的權利。這種自由的權利，在往昔中外各國，皆甚少重視，亦不為人民保障與維護，人民只要求生活安定，自由不自由並不計較，即使遭受國家的欺壓與蹂躪，也只是忍氣吞聲，不敢反抗。迄至十七世紀以後，經自然法學派如洛克（John Locke）、孟德斯鳩（Baron de Montesquieu）、盧梭（Jean Jadques Rousseau）等人主張天賦人權說，強調個人自由為不可割讓之權利；個人自由乃是先天存在，不是法律所賦予的……。影響所及，西元1776年的美國獨立宣言、西元1789年的法國人權宣言，均聲稱個人的自由為不可侵犯的權利；自此以後，各國的憲法始將保障個人自由權利載於憲法內，並以之為人民的基本權利。我中華民國憲法所載的自由權，計有六種，茲扼要分述之：

㈠身體的自由

人民身體的自由，是指人民在法律範圍內，如非有不法行為，不得限制其身體自由的權利，此種權利在排除國家及任何人的不法侵害，故又稱為人身不可侵犯權。人身不可侵犯權，為其他自由權的基礎；人身不可侵犯權不能獲得合理的保障，則其他居住、言論、通訊、信仰、集會與結社之自由，便形同虛設，毫無實益。惟人身不可侵犯權，並非任由個人為所欲為、毫不約束；個人的行為如果觸犯刑罰法律，仍舊要接受法律制裁。故人身不可侵犯權，只有在不違法的情形下，才會受到法律的保障。有關人身不可侵犯權的保障，中華民國憲法有：「人民身體之自由，應予保障，除現行犯之逮捕，由法律另定外，非經司法或警察機關依法定程序，不得逮捕拘禁；非由法院依法定程序，不得審問處罰，非依法定程序之逮捕、拘禁、審問、處罰，得拒絕之。……」之規定，茲依憲法所明定之精神，分述如下：

甲、人民非現行犯任何人不得逮捕

人民身體之自由，既應予保障，則人民如非現行犯，任何人不得擅自逮捕。所謂現行犯，即犯罪在實施中或實施後，即時被發覺者，惟被追呼為犯罪人者；或因持有兇器、贓物或其他物件或於身體、衣服等處露有犯罪痕跡，顯可疑為犯罪人者……等情形，以現行犯論。現行犯，依刑事訴訟法的規定，不問何人得逕行逮捕之。故人民如非現行犯，任何人不得擅自逮捕，對現時之非法逮捕，人民亦得拒絕之。

乙、人民之犯罪行為非依法定程序不得逮捕拘禁

逮捕拘禁，對於人民身體自由之保障，限制至大，除非有必要性，否則不應逕行逮捕拘禁。即使因為人民犯罪嫌疑重大，為防其逃亡、藏匿或湮滅證據，有必要逮捕拘禁，亦應由司法或警察機關特定之人員，依法定程序為之。通常司法或警察機關之特定人，逮捕犯罪嫌疑人時，必須有通緝書、協尋書或其他法官所簽發之逮捕令，始得為之，否則為違法。又，對於罪情重大之犯罪嫌疑人，為防其逃亡、藏匿或湮滅證據，有必要執行羈押時，得由檢察官聲請法院簽發羈押書（又稱押票），依法定程序羈押之；或由法院訊問拘提到庭之犯罪嫌疑人後，裁定令其羈押之。人民因犯罪罪行，經法院判決二月以上、十五年以下之有期徒刑或一日以上、六十日未滿之拘役確定後，應即依法定程序，移送監獄或看守所執行其長期自由刑或短期自由刑之拘禁。基於此，人民為排除國家非法之侵犯，以保障其身體之自由，凡無觸犯刑罰法律之行為者，得拒絕司法或警察機關之逮捕拘禁；若有犯罪嫌疑者，得拒絕不依法定程序之逮捕拘禁，拒絕不由法定司法或警察機關人員之逮捕拘禁，以保障其個人身體之自由。且對於非法逮捕拘禁之機關，得聲請法院於二十四小時內依法提審並追究之。

丙、人民之犯罪罪行非在法院不得審問處罰

法院為民、刑事之審判機關，人民之犯罪嫌疑，經檢察官提起公訴，或經被害人提起自訴，法院應即予以受理，並擇期開庭審判。法院於開庭審判時，應由書記官陪同出席，並穿著制服，就傳喚之犯罪嫌疑人、起訴或自訴人以及兩造關係人予以訊問，由書記官筆錄，並公開審判之。審判時，法官應明瞭犯罪行為之前因後果，並就事實與證據認定之，審判終結，應就犯罪嫌疑人之犯罪情節，科以合理之處罰以示懲戒。人民之犯罪罪行，如不在法院審問，人民原則上得拒絕之。即使在法院亦得拒絕不依法定程序之審問追究，且對於不合理之處罰，亦得提起上訴以謀救濟。此

為人民保障身體自由之自助行為。又，人民如非現役軍人，其所為之犯罪行為，亦得拒絕軍事審判機關之審判，以排除國家之非法侵犯其身體之自由。

㈡居住遷徙的自由

居住遷徙之自由，是身體自由之延伸，有關居住遷徙之自由，中華民國憲法有保障的明文，即人民有居住遷徙之自由。何謂居住自由？何謂遷徙自由？有何限制？有何例外情形？……茲依序分述如下：

甲、居住自由

居住自由是指人民的居住處所，不得無故侵入、搜索或封錮，並得以排除國家或其他任何人非法侵犯的權利，故稱為居住處所不可侵犯權。居住處所不可侵犯權，包括：一、居住處所不得無故侵入。但親朋好友之登門造訪，則另當別論，又，執行公務之人，如警察之普查戶口、教師之家庭訪問、法官之蒐集罪證……等得例外經戶長或其親屬之同意進入居住處所。再者，公務員為救護人民所遭遇之生命、身體、財產的迫切危害，得不經許可進入人民之居住處所，此亦為例外情形。二、居住處所不得無故搜索。但法官、檢察官、司法警察官、司法警察等人員，為蒐集犯罪證據，得依法進入人民的居住處所，行使搜索之權，惟除法官、檢察官以證件為憑外，如司法警察官或司法警察行使搜索時，應有法官簽發之搜索票，此為依法得進入人民的居住處所行使搜索的例外情形。三、居住處所不得無故封錮。但代表國家統治機關行使其職權之公務員，對於有危害公共安全之危險居住處所，得執行封閉；又，法院對於無力清償債務之債務人，得依債權人之聲請，就債務人之居住處所，執行查封……等等，乃例外之情形。基於此，人民的居住處所，除依法得進入、搜索或封錮之外，凡無故進入或非法搜索者，即觸犯刑法的無故侵入住宅罪或違法搜索罪，人民得依法向法院聲請追究之。

乙、遷徙自由

遷徙自由是指人民得以自己的意思，選擇或遷移居住處所，並得旅遊或居留國外，不受國家或其他任何人干涉的權利。此項權利，又稱為遷徙不可侵犯權，乃是個人身體自由的延伸，故從其國家統治權所能及的領域範圍來分，人民的遷徙自由，可分為國內的遷徙自由及國外的遷徙自由二種，國內的遷徙自由，人民原則上可以憑自己的意思選擇居住處所或遷移居住處所，惟只要依法向戶政機關辦理遷移住所登記，國家或其他任何人，不致有理由去干涉，所以遷徙自由的限制較少。不過，人民若是選擇公眾出入的處所，例如公園、火車站、汽車站、地下道……等為居住處所，甚至遷移至該處為居住處所，則為公眾所不容、為法規所不容……。又，人民雖有遷徙之自由，但不能遷移至疫症流行之區域或戰火瀰漫之區域，同時，緩刑或假釋的犯人在保護管束期間，非經檢察官之核准，不得旅遊或居留國外。至於國外的遷徙自由，人民只要有各相關國家的使領館或代辦處所簽發的護照，即可至該相關國家旅遊或居留，如移民他國居住，只要向移民國辦理移民簽證，經許可核發簽證後，即可憑簽證出入該國，並在該國長久居住。

㈢言論講學著作出版的自由

言論講學著作出版的自由，總稱為意見發表的自由。所謂意見發表的自由，即指人民得以言語、文字、圖畫或其他符號，表達其思想、感情與意見，並得以排除國家或其他任何人非法侵犯的權利。在過去，學者間皆將人民的言論、講學、著作、出版的自由，稱之為思想自由，惟思想一詞，乃個人內部之意識狀態，若無外部之行為表現，則他人根本無從知悉，自然無所謂自由與不自由的問題，後來多數學者乃改稱為意見發表的自由。意見發表的自由，依中華民國憲法的規定，包括言論、講學、著作與出版的自由，茲扼要分述之：

甲、言論自由

言論自由，是指人民得在公開場所、公眾之前，以通用的言語，評論政治的是非得失，表達自己的思想與意見，並得以排除國家或其他任何人非法干涉的權利。人民的言論，雖在公開場所、公眾面前，得自由表達意見，但應受法律的限制，換句話說，任何人雖有言論發表權，但不得煽動群眾暴亂、縱火、殺戮或擾亂社會秩序，亦不得藉機攻訐他人、誹謗他人、侮辱他人，致觸犯刑罰法律。因此，任何人的言論自由，觸犯了刑罰法律，應自負刑事責任。

乙、講學自由

講學自由，是指人民得依自己的思想、理念與意見，創設學校、傳授學識，亦得依自己研究學問的心得，以演講或教育方式，在特定場所、公眾面前，發表意見、傳授新知，並排除國家或其他任何人無故干涉的權利。講學自由，是言論自由的延伸，同樣應該受到法律的保障；私人若是有意創設學校，以利講學興學，藉以發展抱負，國家自應予以鼓勵與協助；私人若是研究學問有成，有意講學或演講，任何人皆可以支持與援助，以示尊重。惟倘若私人創辦之學校，以營利為目的，或有違反教育法令之情形者，自為法所不容；又，私人之講學，如有煽惑犯罪或鼓動暴亂之舉，則為法所不許。

丙、著作自由

著作自由，是指人民得以文字、圖畫或其他符號，發表自己的思想、感情、心得與意見，並得以排除國家或其他任何人非法侵犯的權利。著作，是一個人思想、感情、意見、精神的發揚，不論著作人是採用外國文字或本國文字的撰述，亦不論著作人是採用圖畫的繪作抑或是抽象符號的創作，例如歌詞樂曲、電腦程式……等，皆是智慧財產，應受法律的保護。惟倘若著作人的著作物，係來自抄襲或仿造，或者著作人的著作物，有煽惑色情，誘惑犯罪，或鼓動暴亂，甚至有誹謗他人名譽之情形，則其著作自由的權利，不受法律的保障。

丁、出版自由

出版自由，是指著作人得以自己的資力，將著作物委託特定之人付印發行，抑或出版人基於著作人之委託，得將其著作物排版付印，並出書銷售，而排除國家或其他任何人之干涉與侵犯的權利。出版，為著作的後續行為，著作人的著作，倘不經出版的手續，則個人的思想、感情、心得與意見，將無法廣布民間，他人亦無法知悉與瞭解，故出版是著作的延伸，著作既然有排除他人任意侵犯其著作物的權利，出版自亦不能例外，因此，出版人出版之著作物，倘未經著作人或出版人的同意，其他任何人皆不得偷印盜版，如有偷印盜版之侵權行為，應自負民事責任。

㈣秘密通訊的自由

秘密通訊的自由，是指人民得以信函、電話、傳真⋯⋯等方式，自由與特定之人互相傳達情感、信息，而排除國家或其他任何人侵犯的權利。通訊的傳達行為，既採取秘密主義，自不容許第三人擅自拆閱寄信人的信函內容，亦不容許國家或其他任何人裝設竊聽器，竊聽特定人的電話交談內容，以保障人民的秘密通訊自由。惟如有重大犯罪情節之嫌疑犯，國家為蒐集其犯罪之事實與證據，自得以合法之程序，竊聽其與外界電話交談之內容，並得以錄音存證。又，對於重大犯罪之嫌疑犯，與外界通訊之信函，亦得基於偵查罪嫌之必要，予以拆閱、蒐證，此乃秘密通訊自由之例外限制。

㈤信仰宗教的自由

信仰宗教的自由，是指人民得依自己的思想、認知與決定，信仰某一宗教的教義，參與某一宗教的教儀，並自願歸化某一宗教為信徒，而排除國家或其他任何人無故干涉或侵犯的權利。宗教的信仰，既採取自由主義，則人民對於宗教的信仰，得有選擇上的自由決定權，絕不容許任何人干涉其信仰宗教的自由，亦不容許國家或任何人剝奪其信仰宗教的虔誠，人民更不應因宗教信仰的不同，而蒙受生命的威脅或身體的自由的限制。惟人民信仰的宗教，倘有妨害善良風俗的教儀，或有煽動犯罪慾念的教義，則為社會道德所不齒，為法律所不容……。

㈥集會結社的自由

集會結社的自由，是指人民得依自己的思想、理念、認知及價值觀，參與自己所認同的集會與社團，而排除國家或其他黨派非法干涉與侵犯的權利。集合與結社，既為人民自由權之一種，則人民得依自己的意願，參與自己認同的集會，並加入自己所贊許的社團，使自己歸屬於社團，成為社團的一分子。集會結社的自由，可以說是身體自由的延伸，身體自由不能獲得合理的保障，則集會結社的自由即形同虛設，毫無實益。我中華民國憲法，既有：「人民身體之自由應予保障……」及「人民有集會結社之自由」的明文規定，則顯示人民的集會結社自由，應能獲得合理的保障。

甲、集會自由

集會自由是人民基於自己的意願，參加某一政黨或某一社團，於某一期日、某一時間、某一地點所舉辦的聚會活動。集會的方式，或是開會討論，或是聽取報告，或是發動遊行，或是靜坐抗議，只要不妨害善良風俗，不擾亂社會秩序，不觸犯法令規定，同時，於集會前經依法提出申請，應屬於合法行為，得排除國家或其他政黨無故干涉的舉動。

乙、結社自由

結社自由是人民基於共同的理念、共同的目的，結合多數人所組成的社會組織團體。這個社會組織團體，如果是從事政治活動，鼓吹政治改革，堅持某一種立國主義的，即是政黨，例如國內的中國國民黨、民主進步黨、新黨、親民黨、台聯黨……等。如果這個社會組織團體，是以所捐助的金錢，從事公益事業，並依法完成登記者，是為財團，又稱為財團法人，例如財團法人私立××技術學院、財團法人××文教基金會……等。又如果這個社會組織團體，是由會員組織而成，並以從事公益活動為目的，而依法完成登記者，是為社團，又稱為社團法人，例如婦女會、教育會、獅子會、扶輪社、律師公會……等。結社，既然是多數人基於共同的理念、共同的目的所組成，並依法完成登記手續，則自然為合法的結社，應保障其享有法律範圍內的自由權利，惟結社的目的與行為，如果有危害國家之安全、擾亂社會之秩序、妨害善良風俗、煽惑群眾暴亂，則為法所不許。例如黑社會幫派、幫會以及不良少年組織……等，皆有不正當的犯罪傾向與企圖，理應加以取締。

三、受益權

受益權是人民為享有特定的利益，積極的請求國家為一定行為的權利。受益權與自由權不同，受益權是立於積極的、主動的地位，而要求國家為一定的行為；自由權是立於消極的、被動的地位，而排除國家為一定的行為，顯見兩者之間的涵義恰好相反。有關受益權的保障，中華民國憲法有：「人民之生存權、工作權及財產權，應予保障」、「人民有請願、訴願及訴訟之權」、「人民有受國民教育之權利……」……等，茲歸納為下列四類分述之：

㈠經濟上的受益權——生存權、工作權、財產權

經濟上的受益權，包括人民的生存權、工作權及財產權等三種。一、生存權：即指人民出生後，即享有生命延續權，年幼時得享有父母之養育，就學時得享有國家之津貼補助，並免費接受國民義務教育；年老無依無靠、生活困窘時，得接受國家之救濟，使其生存的期望可以獲得保障。又，肢體殘缺之人民，同樣應保障其生存權，使其就學、就醫等皆能獲得妥善的照顧。二、工作權：即指人民得依其志願選擇與自己的學識、能力與專長相近的職業，使其得有工作發展才能，並維持最起碼的生活水準。至於失業、無一技之長或懶惰成習的遊民，國家應設法訓練其一技之長，使其得有工作的能力，並為其介紹適當的職業。三、財產權：即指人民一生吃苦奮鬥、省吃儉用，所累積的財富，不論是動產或不動產，皆有自由使用、收益及處分的權利。

㈡行政上的受益權——請願與訴願

行政上的受益權，包括請願及訴願等兩種。一、請願：是人民得就國家設施、公共衛生……等事項，提出應興應革的願望，請求有關機關採納，以維護個人權益的行政程序。人民提起請願，應具備請願書，載明姓名、事實、理由與願望，就國家政策、公共利害或其權益之維護，向職權所屬之民意機關，例如立法院、直轄市議會、縣市議會……等，或主管行政機關，例如行政院、直轄市政府、縣（市）政府……等，以及主管行政機關以外之相關機關，例如監察院……等，提出請願，請求受理處分。二、訴願：是人民因行政機關違法或不當之處分，致損害其權利或法律上利益時，得向原處分機關之上級行政機關，提出書面報告，請求撤銷原處分，或賠償其損害的行政上救濟程序。人民提起訴願，應具訴願書，載明

訴願人姓名、原行政處分機關、訴願請求事項、訴願之事實及理由、證據……等，於行政處分達到或公告期滿之次日起三十日內為之。訴願的目的，在維護人民的權益，故人民若因中央或地方行政機關，違法或不當的處分，致損及權利或法律上利益時，為救濟個人的損失，自得依法向原處分機關的上級機關，提起訴願，此為人民在行政上的受益權。

㈢司法上的受益權——民事、刑事及行政訴訟

司法上的受益權，包括民事訴訟、刑事訴訟與行政訴訟等三種。一、民事訴訟：即人民因民法或其他私法上的權利義務爭執，向法院所提起的告訴程序。民法或其他私法上權利義務的爭執，不外債權債務的爭執、物權上權利義務的爭執、繼承的爭執、親屬間權利義務的爭執、民事賠償問題的爭執、公司債權債務的糾紛、票據問題的爭執……等等，皆屬於民事訴訟的範圍，一般而言，人民如果在私權上遭受到他人無故的侵害，或者有侵害之虞，得聲請法院以公權力排除之。二、刑事訴訟：即人民因生命、身體、自由、名譽、財產、貞操……等法益，遭受他人非法的侵犯，而向檢察署或法院提起的告訴程序。人民因個人的法益遭受他人非法的侵犯，而向檢察署提起的告訴，得由檢察官偵查罪情後，代受害的人民向法院提起公訴；惟受害的人民，如果逕向法院提起告訴，得由法官親自審判之。刑事訴訟的目的，在追究犯罪人的刑責，使其罪行能得到應得的懲罰，以慰撫受害者的怨懟心態，故代表國家執行公權的司法機關，對於人民所提的刑事訴訟，應獨立行使其職權，不受任何人的干涉。三、行政訴訟：即人民因中央或地方行政機關違法的處分，致損害及權利或法律上利益，經提起訴願而不服其決定，而向高等行政法院所為的行政上的救濟程序。行政訴訟，雖在保障人民權益，確保國家行政權的合法行使，但人民提起行政訴訟，必須因中央或地方行政機關的違法處分，致有損害權利或

法律上利益的具體事證，且須提起訴願而不服其決定，或提起訴願逾三個月不為決定，或延長訴願決定期間逾二個月不為決定，始得向高等行政法院提起行政訴訟。

㈣教育上的受益權——受國民教育

人民必須接受教育，才不致無知無識，成為時代的落伍者，故中華民國憲法有：「人民有接受國民教育之權利……」的規定，此乃人民的受教權。人民有此受教權的保障，才得以請求國家給予適當的教育機會，一方面人民得依據憲法的規定，接受國民教育；一方面人民得依自己的能力、志趣與性向，接受較高層次的學校教育，以實現其人生的抱負。基於此，受國民教育，是每一位國民得以享有的權利，此為教育上的受益權。

四、參政權

參政權，是人民參與國家政治活動的權利。在厲行民主憲政的國家，政治民主、主權在民，人民不但得以行使政權，亦得以參與國家之治權活動，故中華民國憲法有：「人民有選舉、罷免、創制及複決之權，及「人民有應考試、服公職之權」之明文規定，足見人民的參政權，包括選舉、罷免、創制、複決等參與政權活動的權利以及應考試、服公職等參與治權活動的權利。

㈠參與政權活動的權利

人民參與政權活動的權利，包括選舉、罷免、創制及複決等四種。選舉是由具有投票權法定資格的人民，以投票的方式，選出可以信賴的國家元首、中央民意代表（即立法委員）、地方民選官吏（即縣（市）長、直轄市市長）及地方民意代表（即縣（市）議會議員、直轄市議會議員等）……等，以為民服務。罷免是由具有罷免權法定資格的人民，以投票的方式，將其不可信賴的國家元首、中央民意代表、地方民選官吏、地方民意代表……等個別之人，予以解職。創制權是人民以法定人數之連署，將草擬之法律案，提請立法院審議，請求立法院制定成法律之權利。複決權是指立法院依人民草擬之法律案，完成審議後，必須提交人民，做最後的決定。人民參與政權活動的方式，雖有選舉、罷免、創制及複決等四項，但仍以選舉一項較為普遍。

㈡參與治權活動的權利

人民參與治權活動的權利，包括應考試及服公職等二種。所謂應考試是指具備考試資格的人民，依據國家需要的人才，參與高等、普通、特種……等種類不同的考試，以求能獲得錄取，俾得能有服公職的機會。所謂服公職，是人民依法取得任用為公務員或民意代表的資格，從而有執行其職權的權利。人民要充任行政機關的公務員，必須先應考試，考試獲錄取，才有服公職的機會；人民要充任民選官吏或民意代表，也必須先透過競選活動的考驗，當選之後，才有服公職的資格，故公務員、民選官吏及民意代表的執行職權行為，即為服公職。

第二節　人民權利的保障與限制

人民的權利，包括平等權、自由權、受益權與參政權等四大類，已在第一節內扼要做了說明，惟中華民國憲法規定的權利，雖採列舉式，而一一以明文規定，但是仍無法包括一切，故有：「凡人民之其他自由及權利，不妨害社會秩序公共利益者，均受憲法之保障」，及「以上各條列舉之自由權利，除為防止妨礙他人自由，避免緊急危難，維持社會秩序，增進公共利益所必要者外，不得以法律限制之」的明文規定，以下就上述條文的規定，分述之：

一、人民權利的保障

民主政治國家，以民為主，以民意為政治核心，故國家在行使統治權時，自然應該重視民意，保障民權，不應該視人民如奴隸。有關人民權利的保障，中華民國憲法雖以列舉之方式，揭示應直接保障的種種權利，但仍無法一一列舉詳盡而包括一切，故有：「凡人民之其他自由及權利，不妨害社會秩序公共利益者，均受憲法之保障」的明文規定，依此條文分析，得有以下的結論：

㈠採憲法直接保障主義

人民的平等權、自由權、受益權及參政權……等權利的保障，中華民國憲法均有明文規定，乃採取憲法直接保障主義，又稱為絕對保障主義，至於未列舉的其他自由及權利，例如婚姻自由、娛樂自由、交友自由、逛街自由……及隱私權、環境維護權、生活安寧權……等，如不妨害社會秩序公共利益者，亦受憲法直接保障。反之，如妨害社會秩序、公共利益者，即不受憲法保障。

㈡採概括式的明文規定

人民權利的保障，如平等權、自由權、受益權與參政權等各項，中華民國憲法係採列舉式的規定，惟本條文的「凡人民之其他自由及權利……」一段，係採概括式的規定，換言之，即未將其他的自由及權利再一一列舉，而係以概括的方式涵蓋一切。

㈢人民自由權利的保障原則

人民自由及權利的保障原則，一是不能妨害社會秩序。二是不能妨害公共利益。例如遊行、抗議、示威……等自由及權利，如果妨害社會秩序，憲法不予以保障；又，罷教、罷課、罷工、倒垃圾、燃燒廢物……等自由及權利，如果妨害公共利益，憲法亦不予保障。

二、人民權利的限制

人民的自由權利，中華民國憲法雖有列舉條文的明文規定，且對於人民的自由權利，採取憲法絕對保障原則，但所謂憲法絕對保障原則，並非放任人民為所欲為、不加限制的意思，換句話說，人民的自由權利必須如英國學者彌勒（Mill）所說的：「一個人的自由，以不侵犯他人的自由為範圍，才是真自由」的限制，故中華民國憲法有：「以上各條列舉之自由權利，除為防止妨礙他人自由，避免緊急危難，維持社會秩序，增進公共利益所必要者外，不得以法律限制之」的明文規定，茲依條文的規定，分析如下：

㈠人民自由權利的限制原則

人民的自由權利，中華民國憲法原本是採絕對保障主義，但為防止人民濫用憲法所保障的自由權利，故本條文有限制人民自由權利的規定，是為相對保障主義。人民自由權利的限制原則，依本條文的規定，必須為：一、防止妨礙他人自由，二、避免緊急危難，三、維持社會秩序，四、增進公共利益……等四項所列情形，才得以法律限制人民的自由權利，茲分述其意義：

甲、防止妨礙他人自由

自由權利的享受與行使，應在法律容許的範圍內，才得以保障。人民的自由權利的伸張，如果有妨礙及他人自由，致觸犯刑罰法律，例如使人為奴隸、略誘婦女、剝奪他人行動自由、無故侵入他人住宅、違法搜索、恐嚇……等等罪行，應自負刑責，並接受法律的制裁，憲法及法律並無保障其罪行免責的規定，故為防止人民濫用自由權利，妨礙他人自由，得以法律規定限制人民的自由權利。

乙、避免緊急危難

緊急危難事故的發生，例如戰爭、疫症的流行、地震、火災、水災、氣爆……等等，常猝不及防，造成人命、財產的重大損失，影響國計民生至大，故為避免緊急危難，人民的自由權利，自得以法律限制之。

丙、維持社會秩序

社會為人民享受自由權利的空間與場地，社會秩序良好，人民的生活固然可以安定、無慮，即使自由權利的享受，也可以獲得法律的保障，不致遭受任何人的侵犯；反之，社會秩序混亂，則人民的生命、身體、自由、財產……等權益，將朝夕感受到無形的威脅、恐慌，生活難以安定，故為維持社會秩序起見，勢必以法律限制人民的自由權利。

丁、增進公共利益

公共利益是人民共同生活的最高原則，人民能摒棄自私自利的心態，凡事以公共利益著想，則人民的生存空間必然潔淨安寧，人民的自由權利必然能充分享受，而無人干涉。惟人的私心私慾，仍難避免，故為謀求公共利益，為民造福，不得不以法律限制人民的自由權利，例如禁止住家之亂倒垃圾、禁止人民之任意停車、禁止製造噪音擾亂社區之安寧、禁止汽車排放廢氣、禁止飆車……等等，均是為增進公共利益之必要，所為之自由權利的限制。

㈡限制自由權利的法律保留原則

人民的自由權利，原則上由憲法直接予以保障；惟憲法所列舉之自由權利，如有防止妨礙他人自由、避免緊急危難、維持社會秩序、增進公共利益所必要者，得以法律限制之。不過，限制人民的自由權利，必須有法律規定可依據，此項原則稱為法律保留原則。

㈢限制自由權利的比例原則

人民自由權利的限制，必須有防止妨礙他人自由、避免緊急危難、維持社會秩序、增進公共利益的必要性，才得以制定法律或依據法律限制之。反之，若無防止妨礙他人自由、避免緊急危難、維持社會秩序、增進公共利益所必要之情形，則無以法律限制之必要，此處所稱之「必要」或「不必要」，乃法律上所稱之比例原則。例如集會、靜坐、抗議、遊行，乃人民之自由權利，若任憑人民自由集會、靜坐、抗議、遊行，難免造成人群擁擠、交通阻塞、秩序混亂、暴行失控，影響社會之安全至大；惟若採戒嚴之方式，予以取締、禁止，一方面違反民主精神，一方面剝奪人民的自由權利、違背憲法的保障，兩相比較、權衡利弊得失，如認為有限制人民自由集會、靜坐、抗議、遊行的「必要性」，則自得制定法律限制之，惟其所為「必要性」的目的，與執行的手段（不得逾越必要的程度），必須合情合理，符合寬嚴適當（不侵害人權）的原則，此為比例原則的真義。

三、公務員的侵權行為

公務員者，謂依法令從事於公務之人員也。公務員因執行公務違害人民的自由或權利者，應負何種責任？是否應賠償其所受損害？因中華民國憲法有：「凡公務員違法侵害人民之自由及權利者，除依法律懲戒外，應負刑事及民事責任。被害人民就其所受損害，並得依法律向國家請求賠償」的明文規定，故公務員基於執行公務的關係，違法致侵害人民的自由及權利時，應負：一、行政責任：即接受懲戒機關（即公務員懲戒委員會）的懲戒處分。二、刑事責任：即接受審判機關（地方法院）的審判及刑事處罰。三、民事責任：即負民事上的賠償責任。又，被害人民亦得就其所受損害，依訴願法的規定，向有關機關提起賠償之訴願。

第三節　人民的義務

人民是構成國家的分子，與國家有生死與共的關係，人民在國家的統治權的行使下，才得以享有憲法所明定的各種權利的保障，才得以安定生活而無顧慮，惟人民既享有國家所保障的權利，則必須為國家盡一些義務，使國家的統治權不致動搖，而其民主政治的生命得以永續長存。

所謂義務，是法律規定人民作為或不作為的拘束力，我中華民國憲法明文規定人民應盡的義務，僅三種：一是納稅，二是服兵役，三是受國民教育，其他如忠誠愛國、遵守法律……等，即未列舉規定，且上述三種列舉之義務，均屬於應作為的義務，茲扼要分述如下：

一、納稅

國家厲行民主憲政，從事現代化的建設，提升為民造福的品質，推行福利國的政策，無論用人、做事，在在需要經費，故中華民國憲法有：「人民有依法律納稅之義務」的明文規定，所謂依法律，即依納稅所依據的法律，此稱為租稅法定主義，例如繳納綜合所得稅，即依所得稅法；繳納營業稅，即依營業稅法；繳納牌照稅，即依使用牌照稅法；繳納印花稅，即依印花稅法；繳納遺產稅，即依造產及贈與稅法；繳納土地稅，即依土地稅法；繳納房屋稅，即依房屋稅條例；繳納關稅，即依關稅法……等。

二、服兵役

國家要壯大統治權的權力，必須充實國防建設，提升兵力品質、鞏固國權、保障民權、對外主張國家之獨立、領土之完整，並排除他國之非法干涉與侵犯，對內強調黨派之和諧，國民之團結，兵力之充實精進，故中華民國憲法有：「人民有依法律服兵役之義務」的明文規定，所謂依法律，是指依兵役法的規定。兵役法因有「男子滿十八歲之翌年1月1日起役……」的規定，故凡具有中華民國國籍、已達服兵役年齡的男子，只要身體健康，均須於滿十八歲之翌年1月1日起，依法服兵役。惟尚在就學中的學生，得辦理緩召手續。

三、受國民教育

人民必須接受教育，才不致無知無識，成為時代的落伍者，故中華民國憲法有：「人民有受國民教育之權利與義務」的明文規定，既謂人民有受國民教育之權利，則人民可以主動向國家請求享有受教權；既謂人民有受國民教育之義務，則國家得以強迫方式，強迫人民接受國民教育之義務。

研究討論問題

一、何謂平等權？中華民國憲法規定的平等權包括那幾項？請扼要說明之。

二、何謂自由權？中華民國憲法規定的自由權包括那幾項？請列舉說明之。

三、何謂請願？何謂訴願？何謂行政訴訟？請參考其他有關著作說明之。

四、何謂生存權？何謂工作權？何謂財產權？請依你的見解說明之。

五、何謂民事訴訟？何謂刑事訴訟？請列舉說明之。

六、何謂法律保留原則？何謂比例原則？

七、人民的自由權利在何種情形下，得以法律限制之，請依中華民國憲法的規定，列舉說明。

八、依中華民國憲法的規定，人民有哪些義務？

九、何謂租稅法定主義？請扼要說明。

十、中華民國憲法關於人身自由之保障，有何規定？

第四章
國家的基本組織

第一節　總統

五權憲法制度下的總統，是國家的元首而非行政首長，與美國三權分立制度下的總統，性質不大相同，茲就我國總統的地位、職權、任期與選舉等分述之：

一、總統的地位

總統為國家元首，對外代表中華民國。

中華民國是厲行五權憲法的民主共和國，總統立於五院之上，地位超然。

二、總統的職權

總統的地位崇高，在憲法上所享有的職權，有下列各項：

1.統率全國陸海空軍。

2.公布法律、發布命令。

3.行使締結條約及宣戰媾和。

4.宣布戒嚴及解嚴。

5.行使大赦、特赦、減刑及復權。

6.任免文武官員。

7.授予榮典。

8.發布緊急命令。

9.解決院與院間之爭執。

10.代表國家接待外國元首、外國使節及外國貴賓，或者出國訪問……。

11.其他憲法所賦予的職權。

三、總統的任期與選舉

依中華民國憲法增修條文的規定，總統、副總統之任期四年，連選得連任一次，不適用憲法第四十七條之規定。總統、副總統由中華民國自由地區全體人民選舉之，自民國85年第九任總統、副總統選舉時實施。中華民國國民年滿四十歲者，得被選為總統、副總統。

第二節　行政院

行政院為國家最高行政機關，其組織、會議與政治責任等分述如下：

一、行政院的組織

行政院設院長、副院長各一人，各部會首長若干人及不管部會之政務委員若干人。行政院院長由總統提名任命之。行政院副院長、各部會首長及不管部會之政務委員，由行政院院長提請總統任命之。

二、行政院的會議

行政院設行政院會議，由行政院院長、副院長、各部會首長及不管部會之政務委員組織之，以院長為主席。行政院院長、各部會首長，須將應行提出於立法院之法律案、預算案、戒嚴案、大赦案、宣戰案、媾和案、條約案及其他重要事項，或涉及各部會共同關係之事項，提出於行政院會議議決之。行政院於會計年度開始三個月前，應將下年度預算案提出於立法院，並於會計年度結束後四個月內，提出決算於監察院。

三、行政院的政治責任

行政院依下列規定，對立法院負責：

1.行政院有向立法院提出施政方針及施政報告之責。立法委員在開會時，有向行政院院長及行政院各部會首長質詢之權。

2.行政院對於立法院決議之法律案、預算案、條約案，如認為有窒礙難行時，得經總統之核可，於該決議案送達行政院十日內，移請立法院覆議。立法院對於行政院移請之覆議案，應於送達十五日內做成決議。如為休會期間，立法院應於七日內自行集會，並於開議十五日內做成決議。覆議案逾期未議決者，原決議失效。覆議時，如經全體立法委員二分之一以上決議維持原案，行政院院長應即接受該決議。

3.立法院得經全體立法委員三分之一以上連署，對行政院院長提出不信任案。不信任案提出七十二小時後，應於四十八小時內以記名投票表決之。如經全體立法委員二分之一以上贊成，行政院院長應於十日內提出辭職，並得同時呈請總統解散立法院，不信任案如未獲通過，一年內不得對同一行政院院長再提不信任案。

第三節　立法院

立法院為國家最高立法機關，由人民選舉之立法委員組織之，代表人民行使立法權。茲就其組織、職權……等分述之。

一、立法院的組織

立法院設院長、副院長各一人，由立法委員互選之。立法院得設各種委員會，各種委員會得邀請政府人員及社會上有關人員到會備詢。立法委員之任期已由三年改為四年，連選得連任，其選舉於每屆任滿前三個月內完成之。依據民國94年6月10日修正公布之中華民國憲法增修條文的規定，立法院立法委員自第七屆起一百一十三人，依下列規定選出之，不受憲法第六十四條及第六十五條之限制：

1.自由地區直轄市、縣市七十三人。每縣市至少一人。

2.自由地區平地原住民及山地原住民各三人。

3.全國不分區及僑居國外國民共三十四人。

上述第一款依各直轄市、縣市人口比例分配，並按應選名額劃分同額選舉區選出之。第三款依政黨名單投票選舉之，由獲得百分之五以上政黨選舉票之政黨依得票比率選出之，各政黨當選名單中，婦女不得低於二分之一。（第四屆至第六屆立法委員之名額及選出方式，請參閱附註二）

二、立法院的職權

立法院的職權，有下列各項：

1.議決法律案、預算案、戒嚴案、大赦案、宣戰案、媾和案、條約案及國家其他重要事項。

2.聽取行政院施政方針及施政報告。

3.聽取審計長之決算審核報告。

4.對行政院院長提不信任案。

5.提議領土變更案。

6.解決中央與地方事權之爭議。

7.擬定憲法修正案。

8.提出總統、副總統罷免案及彈劾案。

9.對於總統提名任命人員，行使同意權。

10.補選副總統。

11.聽取總統國情報告。

12.其他憲法賦予的職權。

第四節　司法院

司法院為國家最高司法機關，其組織、職權……等分述如下：

一、司法院的組織

司法院設大法官十五人，並以其中一人為院長，一人為副院長，由總統提名，經立法院同意任命之，自民國92年起實施，不適用憲法第七十九條之有關規定。司法院大法官，除依憲法第七十八條之規定外，並組成憲法法庭審理總統、副總統之彈劾及政黨違憲之解散事項。司法院另設最高法院、行政法院，公務員懲戒委員會……等機構，各司憲法所賦予的職權。

二、司法院的職權

司法院的職權，依憲法的規定有下列各項：

1.掌理民事、刑事之審判。

2.掌理行政訴訟之審判。

3.掌理公務員之懲戒。

4.解釋憲法，並統一解釋法律及命令。

5.政黨違憲解散事件之審理。

6.總統、副總統之彈劾。

第五節　考試院

考試院為國家最高考試機關，其組織、職權……等分述如下：

一、考試院的組織

考試院設院長、副院長各一人，考試委員若干人，由總統提名，經立法院同意任命之，不適用憲法第八十四條之規定。考試院依其職權之不同，分設考選部與銓敘部，各司憲法所賦予的職權。

二、考試院的職權

考試院掌理下列事項，不適用憲法第八十三條之規定：

1.考試。

2.公務人員之銓敘、保障、撫恤、退休。

3.公務人員之任免、考績、級俸、陞遷、褒獎之法制事項。

第六節　監察院

監察院為國家最高監察機關，其組織、職權……等分述如下：

一、監察院的組織

監察院設監察委員二十九人，並以其中一人為院長、一人為副院長，任期為六年，由總統提名，經立法院同意任命之。憲法第九十一條至第九十三條之規定停止適用。

二、監察院的職權

監察院的職權，依增修條文的規定，有行使彈劾、糾舉及審計權。監察院對於中央、地方公務人員及司法院、考試院人員之彈劾案，須經監察委員二人以上之提議，九人以上之審查及決定，始得提出，不受憲法第九十八條之限制。監察院對於監察院人員失職或違法之彈劾，適用憲法第九十五條、第九十七條第二項及前述之規定。監察院得按行政院及其各部會之工作，分設若干委員會，調查一切設施，注意其是否違法或失職。監察院為行使監察權，得向行政院及其各部會調閱其所發布之命令及各種有關文件。監察院經各該委員會之審查及決議，得提出糾正案，移送行政院及其有關部會，促其注意改善。對於中央及地方公務人員，認為有失職或違法情事，得提出糾舉案或彈劾案，如涉及刑事，應移送法院辦理。審計長應於行政院提出決算後三個月內，依法完成其審核，並提出審核報告於立法院。監察委員須超出黨派以外，依據法律獨立行使職權。

第七節　中央與地方之權限

晚近，世界各國對於中央與地方之權限，其所採的制度不盡相同，有採中央集權制的，有採地方分權制的，我國則折衷於兩種制度之間，採均權制。何謂均權制？孫中山先生曾說：「權之分配，不當以中央或地方為對象，而當以性質為對象，權之宜屬於中央者，屬於中央可也，權之宜屬於地方者，屬於地方可也。……」，又說：「凡事務有全國一致之性質者，劃歸中央；有因地制宜之性質者，劃歸地方，不偏於中央集權或地方分權」，這便是均權制。中華民國憲法對於中央與地方權限之劃分，有由中央立法並執行之事項；有由中央立法並執行或交由省縣執行之事項；有由縣立法並執行之事項，均一一具體規定於憲法中，惟如有未列舉之事項發生時，其事務有全國一致之性質者屬於中央，有全省一致之性質者屬於省，有一縣之性質者屬於縣。遇有爭議時，由立法院解決之。

第八節　地方制度

中華民國憲法規定的地方制度，僅分省與縣兩級，且省與縣的地方自治措施，則詳盡的規定於條文中，作為實施民主政治的依據。惟增修條文對於地方制度的實施，有更嶄新的規定，茲列舉其條文如下：

省、縣地方制度，應包括下列各款，以法律定之，不受憲法第一百零八條第一項第一款、第一百零九條、第一百十二條至第一百十五條及第一百二十二條之限制：

1.省設省政府，置委員九人，其中一人為主席，均由行政院院長提請總統任命之。

2.省設省諮議會，置省諮議會議員若干人，由行政院院長提請總統任命之。

3.縣設縣議會，縣議會議員由縣民選舉之。

4.屬於縣之立法權，由縣議會行之。

5.縣設縣政府，置縣長一人，由縣民選舉之。

6.省承行政院之命，監督縣自治事項。

附　註

一、國民大會秘書處已於民國92年5月20日正式廢除。其秘書處業務，改由立法院承受之。

任務型國民大會代表已於民國94年5月14日舉辦選舉，計選出三百名代表，其任務是複決立法院所提之憲法修正案。

國民大會已由虛級化改為正式廢除，凡憲法第二十五條至第三十四條有關國民大會之地位、選舉代表、職權、任期……等之規定，一律停止適用。又第一百三十五條有關內地生活習慣特殊國代之選舉規定，亦停止適用。

民國89年4月25日修正公布之中華民國憲法增修條文第一條有關國民大會之選舉、職權、集會、任期……等之規定，已刪除。

二、第四屆起至第六屆（本屆）立法院立法委員定額為二百二十五人，其中，包括1.自由地區直轄市、縣市共一百六十八人（當選名額在五人以上、十人以下者應有婦女當選名額一人，超過十人者，每滿十人應增婦女當選名額一人）。2.自由地區平地原住民及山地原住民各四人。3.僑居國外國民共八人（採政黨比例方式選出）。4.全國不分區四十一人（採政黨比例方式選出，其當選名額在五人以上、十人以下者，應有婦女當選名額一人，超過十人者，每滿十人應增婦女當選名額一人）。至於自第七屆起，立法院立法委員之名額已減半為一百一十三人，其詳情可參閱本編第四章第三節之記載。

研究討論問題

一、依中華民國憲法的規定，總統有何項職權？請一一列舉之。

二、行政院院長、副院長、各部會首長及不管部會之政務委員如何任命？請依中華民國憲法及增修條文之規定說明之。

三、依現行的制度，立法院立法委員如何選出？其任期及職權如何？請依中華民國憲法及增修條文之規定，列舉說明之。

四、司法院院長、副院長、大法官如何產生？自民國92年起其任期如何？又，司法院的職權包括哪些？

五、說明監察院如何行使彈劾權、糾正權、糾舉權？

六、考試院院長、副院長、考試委員如何任命？考試院的職權，依憲法增修條文的規定，包括何項？

七、何謂中央集權制？何謂地方分權制？我中華民國憲法對於中央與地方的權限，係採何種制度以杜絕其弊？

第三編

民法與人生

民法是私人間權利義務關係的法律，與每一個人的私生活息息相關，譬如人的權利能力，始於出生，故胎兒出生之後，即享有人格權、生存權與繼承權，不容許任何人侵犯或剝奪其權利；又例如未滿七歲的未成年人，無行爲能力，故不能擅自使其簽訂契約、締結婚姻或允諾贈與財產爲意思表示，因爲無行爲能力人，所爲的民法上法律行爲，無效，不能發生法律上的效力。再例如男子未滿十八歲、女子未滿十六歲，不得結婚，故未滿十八歲之男子與未滿十六歲之女子結婚，必須經男女雙方之法定代理人同意；又，男女結婚，必須有結婚的儀式以及二人以上的見證人，且應避免與近親結婚……。民法共有總則編、債編、物權編、親屬編、繼承編以及民法的特別法——商事法規……等等，本編爲簡化內容，擬就第一章民法的概念；第二章權利的主體與客體；第三章債權與債務的行爲；第四章物權的行使；第五章親屬的法律關係；第六章遺產的繼承；第七章常用的商事法規……等精要加以概述。

第一章
民法的概念

第一節　民法的意義

剛出生的嬰兒，是否有權利能力？是否可以繼承父母一方之遺產？一個未滿七歲的男孩與一個未滿六歲的女孩結婚，其結婚的行為，在法律上是否有效？能否承認其已具有法定的夫妻身分？一個被法院宣告為禁治產（受監護之人）的精神病患者，竟然向路旁行乞的乞丐，以意思表示願將自己所有財產，無條件贈與對方，請問如對方允受，是否可以發生法律上的效力？一個頗有名氣的民意代表，常被其寵愛的不肖子，氣得火冒三丈、宿疾發作，有一次，其不肖子竟與數位無業遊民共同犯罪，某民意代表知情後，旋即登報聲明與其不肖子脫離父子關係，請問登報聲明脫離父子關係，在法律上是否能發生效力？……

以上這些案例上的問題，必須參考民法的規定，才能獲得正確的解答。那麼，什麼是民法呢？簡單地說，民法是私人間權利與義務關係的法律。下面茲就民法的實際意義與形式意義，分述之：

一、民法的實際意義

民法的實際意義，可從廣義方面與狹義方面加以界說。廣義方面的民法，是指規定人民相互間權利義務的生活關係的所有法規而言，除了民法外，尚包括公司法、票據法、保險法、海商法……等民法特別法。狹義方面的民法，是指商事法以外的民法而言。由於我國尚無商事法典，故民法的實際意義，採廣義說。

二、民法的形式意義

民法的形式意義，是指以通用的文字定名為民法，並經立法程序制定的、有形式的有條文的成文法，即民法法典是也。

第二節　民法的性質

民法是規範私人間權利義務的生活關係的一種法律，其在法律體系中的性質，如下列所述：

一、民法是國內法

法律就其適用範圍廣狹之不同，得分為國際法與國內法。舉凡適用於國際間的法律，例如國際公法，即稱為國際法。而適用於國家統治領域內的法律，即稱為國內法。我民法係適用於中華民國領域內之法律，故為國內法。

二、民法是成文法

法律就其制定形式之不同，得分為成文法與不成文法。舉凡法律是以本國（或外國）通用的文字，有系統、有組織的規定，並經立法程序制定完成的法律，稱之為成文法。反之，凡未曾以通用的文字，有系統、有組織的規定，並經制定程序的法律，稱之為不成文法。我民法的內容，係以中華民國通用的文字，有系統、有組織的規定，並經立法程序制定的法律，故為成文法。

三、民法是私法

法律就其規範的生活關係而言，可分為公法與私法。舉凡規定國家生活關係者，為公法；規定人民生活關係者，為私法。民法所規定者，為人民間權利義務關係的實體法，故為私法。

四、民法是普通法

法律就其適用之對象而言，可分為普通法與特別法。舉凡適用於一般人或一般事項的法律，稱之為普通法。適用於特定的人或特定的事項的法律，稱之為特別法。民法因適用於國內人民，適用於一般事項，故為普通法。

五、民法是實體法

法律以其規定的內容為準，可分為實體法與程序法。舉凡以權利義務的發生、變更或消滅為規定內容的法律，稱之為實體法。而以實現權利義務的程序為規定內容的法律，稱之為程序法。民法是規定人民間權利義務關係的法律，故為實體法。

第三節　民法的原則

民法的適用，以權利人的人格權平等為主要原則，由此，引申出過失責任原則、契約訂定自由原則與所有權絕對原則……等數種，茲分述如下：

一、人格權平等原則

不論何人（包括自然人或法人），亦不問權利主體——人之貧富、性別、宗教、種族、階級、黨派……等不同之背景如何，其人格權在法律上一律平等；因此，當權利人的人格權（即指生命、身體、自由、名譽、貞操等而言）遭受侵害時，得請求國家以公權力排除其侵害；有受侵害之虞時，得請求國家以公權力防止之。同樣的，權利人倘若侵害他人的人格權，不論故意或過失，亦應負民事上的賠償責任，此為人格權平等原則的精神所在。

二、過失責任原則

權利人的人格權，既然在法律之前，人人平等，則權利人的故意侵權行為，固然應負法律上的民事責任，即使是過失的侵權行為，亦同樣應負法律上的民事責任，不能因過失而獲得便宜；例如民法有：「因故意或過失，不法侵害他人之權利者，負損害賠償責任」及「債務人就其故意或過失之行為，應負責任」等之明文規定，顯見過失的侵權行為，行為人（亦稱權利人）亦應負民事責任，不能因過失而免負責任。譬如因過失致損害他人財物者，應負賠償損失責任。

三、契約訂定自由原則

在社會生活上，權利人與義務人之間的約束，常仰賴契約的訂定，我民法對於契約的訂定，向採自由原則，即容許契約訂定的雙方關係人，基於自己的意願，採自由的方式，在法律範圍內，訂定雙方互惠的契約，原則上，國家不以公權力干涉，任何人亦不得侵害其契約行為，例如貨物買賣契約的訂定、房屋租賃契約的訂定、貨幣借貸契約的訂定……等等，無不採取自由訂定原則。

四、所有權絕對原則

所有權人，對於自己因努力經營生計或投資企業所累積的財物（包括動產與不動產），民法上容許其擁有絕對的支配權，即容許其有自由使用、收益或處分之權。因此，國家不以公權力，任意剝奪所有權人對於物之絕對支配權，而所有權人所支配之物，在遭受任何人之不法侵害時，亦得請求國家以公權力排除之。

第四節　民法的效力

民法的效力，得就人、地、時等三方面分述之：

一、關於人之效力

民法為普通法，關於人的效力，依屬人主義原則，凡中華民國人民，不問其居住地在本國或外國，均有民法之適用效力，得依民法的規定，享受權利、負擔義務。

二、關於地之效力

民法為國內法，關於地的效力，依屬地主義原則，凡居住於中華民國領域內的人民，不問其國籍何屬，即不問是否為本國人，均適用民法的規定。惟外國人有治外法權及涉外民事法律適用法特別規定者，則為例外。

三、關於時之效力

法律原則上始於施行，終於廢止。故施行之日，即發生效力，施行前所發生的事實，不適用之，民法亦然，此即法律不溯既往之原則，惟施行法中，亦有規定得發生溯及之效力者，是為例外。

第五節　民法上的權利與義務

權利與義務，是兩個相互對立的名詞，權利的反面，即係義務，有權利即有義務，故享有法律所保護的權利，即必須履行義務。晚近的法律思想，雖已由權利本位主義，趨向義務本位主義，但權利與義務仍是不可分割的一體兩面。

一、民法上的權利

權利有公權與私權之分，民法上的權利，乃指私權而言。何謂權利？權利是法律賦予特定人享有特定利益之力也。例如債權人有催討債務人清償債務的權利、繼承人有繼承父母遺產的權利……。茲就民法上的私權，分類如下：

㈠人身權與財產權

權利，依其標的為標準，可分為人身權（又稱非財產權）與財產權：

甲、人身權

人身權，即與權利主體——人，不可分離之權利也，亦稱為非財產權。人身權，尚可分為下列二種權利：

1.人格權：舉凡私人之生命、身體、自由、名譽、資格、貞操、信用……等，存於權利人自身之權利者，即為人格權。人格權既不能與權利人分離，自不得讓與他人或由他人繼承。

2.身分權：凡與權利人特定身分不可分離的權利，稱之為身分權。例如須有一定身分，始得享有家長權、親權、監護權與繼承權。

乙、財產權

財產權，是指人身權（非財產權）以外的權利，亦即可與權利主體之人格、身分相分離的權利。茲就債權、物權、準物權、無體財產權等四項分述之：

1.債權：債權者，是指得以請求特定人為特定行為的權利，例如甲向乙借款新臺幣一百萬元，乙於清償期日，自然有請求甲償還債務之權。

2.物權：物權者，是指得以支配物的權利，例如土地所有權人對其土地有自由使用、收益、支配與處分的權利。

3.準物權：準物權者，是指民法物權編以外的物權，而準用物權之規定的特定權利，例如漁業權、礦業權……等。

4.無體財產權：無體財產權，是指以智慧、精神的運用，所創造、發明的無體物上之權利也。例如著作人的著作權，發明人的專利權等。

㈡支配權、請求權、形成權、抗辯權

權利，依其作用為標準，得分為下列四種權利：

甲、支配權

支配權者，是指權利人得以支配權利客體——物的權利也，例如著作權人，得就其自己之著作物為直接之支配；房屋所有權人，得就其自己之房屋，為直接之支配。惟倘若支配權遭受他人侵害時，得請求法院排除其侵害。

乙、請求權

請求權者，是指權利人得要求他人為一定行為的權利。例如債權人得請求債務人於一定期間償清債務；土地所有權人得請求租地人於租地期滿之日，無條件拆屋還地……等。

丙、形成權

形成權，是指因權利人一方之行為，使他種權利發生、變更或消滅之

權利也。例如因法定代理人之同意，使未成年之子女得以結婚，乃促使他種權利發生之例子；而具有選擇權之債務人，於數宗給付中，經選擇其一者，即係他種權利變更的例子；又，撤銷權之行使、解除權之行使……等，則使他種權利歸於消滅。

丁、抗辯權

抗辯權，是指於他方請求給付時，得為拒絕的權利。假如對於他方的請求給付，永久拒絕履行者，為永久的抗辯，例如時效消滅的抗辯。若是對於他方的請求給付，僅得暫時拒絕履行者，為暫時的抗辯，例如同時履行之抗辯。

二、民法上的義務

義務，有公法上的義務與私法上的義務二種。公法上的義務，例如納稅義務與服兵役義務……等，私法上的義務，例如債務人之給付義務、監護人之扶養義務……等，我民法上的義務，係指私法上的義務。什麼是義務？義務可以說是法律上規範的應作為或不應作為的拘束。法律上既然規範何種事項應作為、何種事項不應作為，則行為人自有履行作為或不作為的義務，茲就義務的類型，分述如下：

㈠主義務與從義務

主義務是指得以獨立存在的義務，例如債務人之清償債務義務、監護人之監護子女義務……等。從義務是指以主義務存在為前提而存在之義務，例如借款之債務為主義務，其保證義務為從義務；又如拆屋還地之歸還租地為主義務，拆屋即為從義務……等。

㈡積極義務與消極義務

積極義務是指應為一定行為之義務，例如債務之償還、監護之行使、子女之教養……等。消極義務是指不應為一定行為之義務，例如不妨害他人名譽、不遺棄肢體殘缺之子女、不侵占不當得利之物……等。

第六節　民法適用之法例

法例是適用於全部民事法規的通例，民法規定之法例，除民法適用外，其他民法之特別法規，除另有規定外，亦受其支配，應予以適用。我民法規定的法例，有以下幾項：

一、民事適用規範之順序

「民事，法律所未規定者，依習慣，無習慣者，依法理」，民法第一條有明文規定。依此規定，民事適用規範之順序，第一是法律，第二是習慣，第三是法理；換句話說，民事，必須適用法律的規定，法律未規定者，才依習慣，無習慣可遵循時，才援用法理，以補充其規範之適用。

㈠法律

法律是指經由立法機關制定、總統公布之所謂制定法。民事適用的法律，除民法外，凡民法的特別法，如公司法、票據法、保險法、海商法……等等，亦包括在內。

㈡習慣

習慣，又稱習慣法，即社會上一般人皆確信其具有法律效力的規範行為。例如房屋租賃之契約，習慣上是先由承租人交付出租人一定數額之押金或租金，而後出租人才交付出租之房屋，供承租人使用；又，例如僱傭之契約，習慣上是由受僱人先服勞務，而後收受報酬；民事，適用之習慣，必須在法律無規定的情形下，才有補充援用的必要，而且民事所適用之習慣，以不背於公共秩序或善良風俗者為限。

㈢法理

法理是指法律的原理、原則。民法，法律倘若無規定的條文可適用，得依據社會習慣的規範，惟倘若又無社會習慣可遵循，得援用法理，為民事爭執問題的處斷。此為民事適用規範的最後解決途徑。

二、使用文字之方式

法律行為，如有使用文字之必要，依民法的規定，得不由本人自寫，但必須親自簽名。例如書寫房屋租賃契約或貸款契約，原則上應由本人自寫，惟本人不識字不能書寫，或因其他原因不願或不能書寫者，得不由本人自寫，但必須親自簽名。如用印章代簽名者，其蓋章與簽名生同等之效力。如未簽名或用印章代簽名，而以指印、十字或其他符號代簽名者，則須在文件上經二人之簽名證明，方能與簽名或用印章代簽名生同等之效力。

三、確定數量之標準

關於一定之數量，同時以文字及號碼表示者，其文字與號碼有不符合時，如法院不能決定何者為當事人之原意，應以文字為準。又，關於一定之數量，以文字或號碼為數次之表示者，其表示有不符合時，如法院不能決定何者為當事人之原意，應以最低額為準。

研究討論問題

一、民法的性質如何？請列舉說明之。

二、民法的效力如何？請就人、地、時三方面分述之。

三、何謂人格權？何謂身分權？

四、何謂財產權？何謂無體財產權？兩者有何不同？

五、何謂支配權？何謂請求權？何謂形成權？舉例說明之。

六、「民事，法律所未規定者，依習慣，……」，何謂習慣？並請舉例說明何種法律未規定的事項，得依習慣。

第二章
權利的主體與客體

第一節　權利的主體

權利的主體，是指享有權利義務的人而言。依民法的規定，人，分為自然人與法人，茲分述之：

一、自然人

自然人，是基於人類的遺傳因素，自出生即自然具人類的形體、骨骸的生命體，而為法律上所承認之存在人格也。自然人，是權利義務的主體，得依法律的規定，享有法律所保護的權利，例如人格權、財產權……等，並得履行法律上所賦予的義務。

㈠自然人的權利能力

自然人的權利能力，始於出生，終於死亡，民法第六條有明文規定。所謂權利能力，乃自然人得依法律的規定，取得權利負擔義務的資格。自然人的權利能力，既始於出生，則其出生後，便享有種種法律上所保護的權利，例如人格權、財產權，乃至生命權、生存權……等等。至於未出生的胎兒，因民法第七條有「胎兒以將來非死產者為限，關於其個人利益之保護，視為既已出生」之規定，故未出生的胎兒，如將來非死產者，視為既已出生，亦得享有種種法律上所保障的權利。惟自然人一旦死亡，則所有得以享有之權利，便隨之歸於消滅。

㈡自然人的行為能力

自然人的行為能力，與權利能力不同。所謂行為能力，是指自然人的行為，能發生法律效力的資格，亦即能以有效的法律行為，取得權利、負擔義務之能力；而權利能力，是指自然人得享受權利的資格；亦即能依法律的規定，取得權利、負擔義務的資格。自然人的行為能力，依其生長之年齡及精神狀態之是否正常，分為以下三種不同態樣之行為能力人：

甲、完全行為能力人

完全行為能力人，是指自然人能為完全有效的法律行為，亦即能獨立為有效的法律行為，從而取得權利、負擔義務者。完全行為能力人，依民法的規定，有下列二種態樣：

1.成年人：滿二十歲者，為成年人，民法有明文規定。自然人既已滿二十歲，為成年人，即能獨立為有效的法律行為，從而能依法律的規定，享受權利、履行義務，例如男女結婚後，不但享有夫妻的身分權，同時要履行同居的義務；而生育孩子後，不但享有監護權，同時還要負擔扶育子女的義務……。

2.未成年人已結婚者：未成年人雖年紀尚輕，不能為完全有效的法律行為，從而享受法律所保障的權利，並負擔義務，但是如經法定代理人同意而結婚者，則顯示該未成年人身心已成熟、智識已健全，應能獨立為有效的法律行為，從而享受權利、負擔義務，故民法有「未成年人已結婚者，有行為能力」之明文規定。

乙、限制行為能力人

限制行為能力人，是指法律行為能力受到限制的自然人。依民法的規定，「滿七歲以上的未成年人，有限制行為能力」，故不能獨立為有效的法律行為，即使為意思表示及受意思表示，皆應得法定代理人之允許。倘未得法定代理人之允許，所為之單獨行為，無效。例如未成年人之訂婚或結婚，未得法定代理人之同意，無效。

丙、無行為能力人

無行為能力人，是指絕對不能為有效法律行為之自然人。亦即自然人所為的行為，不能發生法律上的效力，故原則上，應由法定代理人代理之。無行為能力人，依民法的規定，有下列二種態樣的人：

1.未滿七歲之未成年人：未滿七歲之未成年人，年齡尚幼，知識經驗均甚幼稚，其意思表示亦有瑕疵，絕對不能為有效的法律行為，故民法有「未滿七歲之未成年人，無行為能力」之明文規定。

2.被宣告為受監護之人：被宣告為受監護之人，大多為精神障礙、心神喪失，或罹患精神疾病，不能治理財產或處理自己事務之自然人，而為特定人聲請法院宣告受監護之人者。被宣告受監護之人，既心神喪失或精神障礙，自不能為有效的法律行為，故民法有「受監護宣告之人，無行為能力」之明文規定。

㈢自然人的人格保護

自然人自出生後，即有獨立的人格，應受法律的特別保護。自然人的人格保護，依民法的規定，有以下數項保護：

甲、人格權之保護

人格權是存在於自然人本身，與自然人不可分離的權利，舉凡自然人的生命、身體、自由、名譽、貞操、信用、肖像、隱密及資格……等等權利，皆屬於人格權。人格權遭受他人侵害時，得聲請法院除去其侵害，倘法律有特別規定者，並得請求民事賠償或支付慰撫金。

乙、權利能力與行為能力之保護

權利能力與行為能力，為自然人不可缺乏的法律行為資格，自然人具有權利能力，才能享有法律上規定的權利；自然人具有行為能力，才能為有效的法律行為，從而享受法律上保護的權利，並負擔義務，而成為一個具有獨立、完整人格的自然人，故民法有「權利能力與行為能力，不得拋棄」之明文規定，以資保護。

丙、自由之保護

自由是自然人人格獨立、自主之需求，亦即行為不受非法干涉之權利。自然人的人格，除生命外，身體活動的自由，常成為自然人爭取的權利，故向有「不自由、毋寧死」的口號。我民法為保護自然人的自由，有「自由不得拋棄」之明文規定。惟為防止自然人過分主張自由，致為所欲為，侵害及他人自由，不得不以法律加以限制，但「自由之限制，以不背於公共秩序或善良風俗者為限」，民法亦有例外之明文規定。

㈣自然人的住所

自然人的住所，為自然人的生活空間或棲息之地，乃孕育人格的所在。有關自然人的住所，依民法的規定，有下列幾種：

甲、意定住所

凡由自然人依自己的意思，所設定的住所，稱之為意定住所，例如民法的「依一定事實，足認為以久住之意思，住於一定之地域者，即為設定其住所於該地」的明文規定，即為意定住所。

乙、法定住所

凡由民法所規定的住所，亦即不問自然人的意思，由民法所設定的住所，即稱之為法定住所，例如無行為能力人及限制行為能力人，以其法定代理人之住所為住所；未成年之子女，以其父母之住所為住所……等，民法均有明文為其設定住所。

丙、擬制住所

凡以居所視為住所者，稱為擬制住所。依民法的規定，擬制住所，有以下二種情形：

1.居所視為住所：凡無久住的意思，而暫時居住於特定的處所者，稱為居所。依民法的規定，凡自然人的住所無可考，或在中華民國領域內無住所者，得以居所視為住所。

2.選定居所視為住所：凡由自然人，基於特定行為所選定之居住處所，稱為選定居所。所謂特定行為，包括營業行為、貿易行為、民意代表競選行為……等，依民法規定，凡依特定行為選定居所者，關於其行為，視為住所。

二、法人

法人，是指自然人以外，得為權利義務主體的社會組織。法人，有依公法設立者，有依私法設立者，前者為公法人，乃以處理國家之公共事業為目的之社會組織，例如國家及地方自治團體。後者為私法人，乃以處理私人間營利或公益事業為目的之社會組織，例如私立學校、私人創辦之公司及合作社……等。民法所規定的法人，係指後者的私法人。

㈠法人的類別

民法所規定的法人，包括財團法人與社團法人。財團法人是以捐助一定之財產，為其成立基礎的法人。例如財團法人埔里基督教醫院、財團法人民視文教基金會、財團法人私立××科技大學……等；社團法人是以社員為成立基礎的法人，但有以營利為目的者，有以公益為目的者，前者稱為營利社團，例如合作社、公司及私人設立之銀行……等。後者稱為公益社團，例如律師公會、獅子會、扶輪社、教育會……等。

㈡法人的設立

法人的設立，有採自由主義者，有採特許主義者，有採許可主義者，有採準則主義者，有採強制主義者，我民法係採準則主義及許可主義，例外採強制主義，例如以公益為目的之財團及社團，採許可主義；以營利為目的之社團，採準則主義；至於職業團體，如醫師公會、會計師公會……，則例外採強制主義。依民法的規定，以公益為目的之財團及社團於登記前，應得主管機關的許可。而以營利為目的之社團，其取得法人資格，依特別法的規定，例如公司的設立，須依公司法的規定辦理；銀行的設立，須依銀行法的規定辦理。

㈢法人的能力

法人既具有人格，自應於法令限制內，承認其有享受權利、負擔義務之能力。但專屬於自然人的權利義務，例如父母親對於子女的監護權、懲戒權與養育義務、保護義務……等等，法人不得享有。

㈣法人的機關

法人須設董事。所謂董事者，乃法人執行事務之常設機關。董事有數人者，法人事務之執行，除章程另有規定外，取決於全體董事過半數之同意。董事就法人一切事務，對外代表法人。董事有數人者，除章程另有規定外，各董事均得代表法人。法人得設監察人，監察法人事務之執行。監察人有數人者，除章程另有規定外，各監察人均得單獨行使監察權。

㈤法人的住所

法人既具有人格，得為權利義務的主體，為執行其法律行為，自當有其住所，依民法的明文規定，法人以其主事務所之所在地為其住所。

㈥法人的責任

法人除具有權利能力，得享受權利、負擔義務外，亦具有行為能力，能發生法律上的效果，故法人對於其董事或其他有代表權之人，因執行職務所加於他人之損害，與該行為人連帶負賠償之責任。

第二節　權利的客體

權利的客體，即民法上所稱之物。所謂物者，係指有體物，亦即自然界各種固體、液體及氣體，為自然人之機能所能感觸者；以及自然人以外，法律上得支配之自然力，例如聲、光、電、熱……等。惟民法上所規定的物，包括動產與不動產、主物與從物、法定孳息與天然孳息等三種，茲分述之：

一、動產與不動產

依民法的規定，稱不動產者，謂土地及其定著物。土地是指一定面積範圍內之地面及其上下，人力得以支配之空間。而定著物是指固定的附著於土地之有形物，例如附著於土地上的建築物及樹木……等等。至於不動產之出產物，如尚未與不動產分離者，例如果樹之果實，尚未脫離果樹，亦為該不動產的一部分。依民法的規定，稱動產者，謂不動產以外之物，例如飛機、船舶、火車、汽車、機車、鑽石戒指、名貴手錶、鈔票、股票……等等，皆是動產。

二、主物與從物

主物是指能獨立發生效用之物，例如茶壺、茶杯、桌子、椅子、電視、照相機……等。從物，依民法的解釋，凡非主物之成分，常助主物之效用，而同屬於一人者，為從物，例如鎖為主物，鎖匙雖非主物之成分，但常助主物發生效用，且同屬於一人所有，故鎖與鎖匙，乃主物與從物之關係。另外，門與門鎖、燈與燈罩、手錶與錶帶、照相機與皮帶……等，如同屬於一人所有，亦為主物與從物之關係。

三、天然孳息與法定孳息

凡生產孳息之物，稱為原物，而由原物所生之物或利益，稱為孳息。例如乳牛為原物，所生產之牛乳為孳息；本金為原物，所生之利息為孳息。孳息又分為天然孳息與法定孳息二種，依民法的規定，凡果實、動物之產物及其他依物之用法所收穫之出產物，稱為天然孳息，例如果樹所生之果實、母雞所生之蛋及耕作田地所收穫之農作物……等，皆是天然孳息。至於利息、租金及其他因法律關係所得之收益，稱為法定孳息。例如存款所得的利息、出租房屋所得之租金以及因公司之股東所得之紅利……等，皆是法定孳息。至於孳息之歸屬，民法亦有明文規定，凡有收取天然孳息權利之人，其權利倘若仍在存續期間內，取得與原物分離之孳息。而有收取法定孳息權利之人，得按其權利存續期間內之日數，取得其孳息。

第三節　法律行為

方××向××汽車商行訂購賓士名牌汽車一輛，於繳交價金後，取得該汽車之財產權……。林××負笈臺北，於××大學附近尋找租屋，經友人之介紹，與出租人見面，於談妥條件後，乃正式訂立承租合約……；余××，急需貸款購屋，乃請友人許××為其擔保，充任保證人，而後向××銀行借款新臺幣數佰萬元……。黃××，承租所有權人之土地，並於其土地上建築工廠，從事塑膠製品之生產，雙方並訂定二十年期限的契約……。王××與許××，相戀多年，為實現共同生活之夢想，乃相約赴××地方法院公證結婚……，鄭××，以土地為抵押，向××銀行貸款新臺幣五佰萬元，以解決債務之濆償……。

以上，所舉的案例，皆屬於合法的法律行為，何謂法律行為？簡單的說，法律行為是以意思表示為內容，因意思表示的一致而發生私法上效力的行為。亦即因意思表示而發生私法上效果的法律行為。例如買賣、借貸、租賃等足以使私權發生得喪、變更之行為。

一、法律行為之通則

法律行為，為當事人間的意思表示一致，且無瑕疵，而發生的具有法律效力的合法行為。但法律行為，在某種情況下，亦有不能發生私法上效果者，依民法的規定，有以下數種情形：

㈠法律行為，違反強制或禁止之規定者，無效

法律的規定，有強制適用而不容許任何人違反的，例如民法的「法人須設董事」、「法人非經向主管機關登記，不得成立」、「行使權利、履行義務，應依誠實及信用方法」、「不動產物權，依法律行為而取得設定、喪失及變更者，非經登記，不生效力」、「不動產物權之移轉或設定，應以書面為之」、「結婚，應以書面為之，有二人以上之證人簽名……」……等等。法律的規定，亦有禁止作為而不容許任何人違反的，例如民法的「有配偶者，不得重婚」、「利息不得滾入原本，再生利息」、「因故意侵權行為而負擔之債，其債務人不得主張抵銷」、「不得與直系血親或直系姻親結婚」、「權利能力及行為能力，不得拋棄」……等等。假若私人的法律行為，違反強制或禁止的規定者，無效。

㈡法律行為，有背於公共秩序或善良風俗者，無效

法律行為，既是合法行為，自不能違背公共秩序或善良風俗。法律行為，若是違背公共秩序，例如××KTV的營業行為，擾及鄰居安寧；××法人舉辦的社團活動，妨害公共秩序；××家有結婚宴會燃放鞭炮，擾及社區安寧；××百貨公司的促銷活動，延續至深夜，妨害住家安寧……等等；雖是合法行為，但因有背於公共秩序，應接受警察機關的制止或勸導。法律行為，若是違背善良風俗，例如享有親權及監護權的父母一方虐待子女，或販賣子女為雛妓，或丈夫施暴於妻子，或有配偶者重婚，或媒介男女為性交行為，或販賣煽感性慾的錄影帶……等等，均為無效的法律行為。

㈢法律行為，不依法定方式者，無效

法律行為，有法定方式與約定方式之分，所謂法定方式，是指法律所規定的一定行為方式，例如「兩願離婚，應以書面為之，有二人以上證人之簽名，並應向戶政機關為離婚之登記」、「結婚應以書面為之，有二人以上之證人簽名，並應由雙方當事人向戶政機關為結婚之登記」、「設立社團者，應訂定章程。其應記載之事項如下：一、目的。二、名稱。三、……」、「財團設立時，應登記之事項如下：一、目的。二、名稱。三……」……等等。所謂約定方式，是指由當事人雙方，約定的一定行為方式，例如租賃所訂之契約、買賣所訂之契約、僱傭所訂的契約、借貸所訂的契約……等等。法律行為，除私人間的約定方式不受限制外，凡不依法定方式為之者，一律無效。

㈣法律行為，顯失公平者，撤銷之

法律行為，首重誠實與信用，假若當事人一方，係乘他人之急迫、輕率或無經驗，使其為財產上之給付，或為給付之約定，依當時情形顯失公平者，利害關係人得向法院聲請撤銷其法律行為，或減輕其給付。

二、法律行為的種類

法律行為並無種類之別，但為說明上之方便，茲將常用者分述如下：

㈠單方行為與契約行為

單方行為（又稱單獨行為）是指由當事人一方為意思表示，即發生法律上效力之行為。例如撤銷被脅迫之結婚、解除婚約、承認限制行為能力人所訂之契約、遺產人之口授遺囑……等等，皆是單方之法律行為。所謂契約行為，是指當事人雙方，因意思表示的一致，而訂立的一定行為，例如訂立買賣契約、訂立租賃契約、訂立借貸契約、訂立婚姻契約……等等，皆是契約行為。

㈡要式行為與非要式行為

要式行為，是指須具備一定之要式，才能發生法律上效力之行為者，例如結婚須有二人以上之見證人簽名；並依戶籍法的規定，為結婚之登記……；社團之設立，應訂定章程，並依法定之記載事項逐一記載，逕向主管機關辦理登記……等，即為要式行為。非要式行為，是指行為不須具備一定之要式，只要當事人雙方表示之意思一致，即可發生法律上效力之行為者，例如買賣、交易、借貸、租賃、僱傭……等契約之訂定。民法上的法律行為，大多為非要式之行為，而要式行為乃例外之規定。

㈢債權行為與物權行為

債權行為係指發生債權債務法律關係的行為也，例如因租賃、借貸、互易……等的契約訂立，所發生的債權債務法律行為。物權行為係指發生物權上法律關係的行為也，例如抵押權、質權之設立等。

㈣要物行為與承諾行為

要物行為是指除意思表示之外，尚須交付一定之物，始能發生有效之法律行為，例如寄託、借貸、買賣、租賃……等契約之訂立，除意思表示之外，尚須交付一定之物，始能成立有效之法律行為。而承諾行為是指以意思表示，即能成立之有效法律行為，例如承諾為朋友之債務作保證、承諾為他人服勞務、承諾承租人之修屋請求、承諾委任人之委託事項……等等，皆為承諾行為。

三、行為能力人之法律行為

行為能力人，因行為能力是否能發生法律上效力的不同，分為完全行為能力人、限制行為能力人及無行為能力人等三種，本書第二章第一節之內容，已概括做了說明，茲就上述三種不同層次的行為能力人之法律行為，再分述如下：

㈠完全行為能力人之法律行為

完全行為能力人，因其已成年（或未成年已結婚者），是非辨識力健全，其所為的意思表示，應能發生法律上的效力；換言之，即能依其獨立的法律行為，享受權利、負擔義務，例如其所訂立的買賣契約、交易契約、借貸契約……等等法律行為，無須經任何人之允許或承認，而能完全的發生法律上的效力。

㈡限制行為能力人之法律行為

限制行為能力人，係指七歲以上之未成年人，因其年紀尚輕，經驗不足，是非辨識力尚不健全，故其法律上行為能力受有限制，必須經法定代理人之允許，才能為意思表示，或享受權利、負擔義務。有關限制行為能力人之法律行為，民法有明文規定，例如限制行為能力人為意思表示及受意思表示，應得法定代理人之允許。倘若未得法定代理人之允許，所為之單獨行為，無效；其所訂立之契約，須經法定代理人之承認，始生效力。限制行為能力人，如用詐術使人信其為有行為能力人或已得法定代理人之允許者，其法律行為為有效。

㈢無行為能力人之法律行為

無行為能力人，係指未滿七歲之未成年人，或受監護人，或無意識或精神錯亂之成年人，此等無行為能力人，非屬年幼無知，即屬心神喪失或精神障礙，既不能辨別是非，亦不能計較利害，為保護其權益，民法有明文規定，無行為能力人之意思表示，無效。故無行為能力人，應由法定代理人代為意思表示，並代受意思表示。

四、意思表示之法律行為

意思表示，是當事人一方，將欲形成一定法律行為之內容，向特定之對方所為之言語表示行為也。意思表示為法律行為的首要條件，故其所為之意思表示，必須為法律行為之內容，例如買賣契約之訂立，買方對於標的物（如房屋）是否滿意，價金是否合理，得為意思表示，並得為同意或不同意訂立買賣契約的意思表示。意思表示，依民法的規定，得歸類為無效的意思表示、有效的意思表示及得撤銷的意思表示等三種：

㈠無效的意思表示

無效的意思表示，是指當事人一方，所為之意思表示有瑕疵，不能發生私法上之效力也。關於無效的意思表示，民法上有明文規定，凡表意人與相對人通謀而為虛偽之意思表示者，其意思表示無效。例如債務人在尚無力償還積欠之債務時，恐其土地或房屋遭債權人聲請法院查封、扣押，乃與其友人通謀，向債權人虛偽表示，已將其土地或房屋出售，得款後當能償還債務……。

㈡有效的意思表示

有效的意思表示，是指表意人所為之任何意思表示，能發生私法上之效力也。關於有效的意思表示，民法上有下列之明文規定，即一、對話人為意思表示者，其意思表示，以相對人瞭解時，發生效力。二、非對話而為意思表示者，其意思表示，以通知達到相對人時，發生效力。三、向無行為能力人或限制行為能力人為意思表示者，以其通知達到其法定代理人時，發生效力。

㈢得撤銷之意思表示

得撤銷之意思表示，是指表意人所為之意思表示，得因特定之原因予以取消也。關於得撤銷之意思表示，民法上有下列之明文規定，即一、意思表示之內容有錯誤，……，表意人得將其意思表示撤銷之。二、意思表示，因傳達人或傳達機關傳達不實者，得撤銷之。三、因被詐欺或被脅迫，而為意思表示者，表意人得撤銷其意思表示。

五、法律行為之期日及期間

法律行為所定之期日及期間，除有特別訂定外，其計算依下列之規定：

㈠期間之起算點

凡以時定期間者，即時起算。以日、星期、月或年定期間者，其始日不算入。

㈡期間之終止點

凡以日、星期、月或年定期間者，以期間末日之終止，為期間之終止。若期間不以星期、月或年之始日起算者，以最後之星期、月或年與起算日相當日之前一日，為期間之末日。但以月或年定期間，於最後之月，無相當日者，以其月之末日，為期間之末日。

㈢期間終止點之延長

凡於一定期日或期間內，應為意思表示或給付者，其期間或期間之末日，為星期日、紀念日或其他休息日時，以其休息日之次日代之。

六、法律行為之消滅時效

法律行為之消滅時效，依民法的規定，有下列三種情形：

㈠十五年之消滅時效期間：請求權，因十五年期間不行使而消滅。但法律所定期間較短者，依其規定。

㈡五年之消滅時效期間：凡利息、紅利、租金、贍養費、退職金及其他一年或不及一年之定期給付債權，其各期給付請求權，因五年不行使而消滅。

㈢二年之消滅時效期間：因二年間不行使而消滅時效之請求權，有以下各款：

甲、旅店、飲食店及娛樂場之住宿費、飲食費、座費、消費物之代價及其墊款。

乙、運送費及運送人所墊之款。

丙、以租賃動產為營業者之租價。

丁、醫生、藥師、看護生之診費、藥費、報酬及其墊款。

戊、律師、會計師、公證人之報酬及其墊款。

己、律師、會計師、公證人所收當事人物件之交還。

庚、技師、承攬人之報酬及其墊款。

辛、商人、製造人、手工業人所供給之商品及產物之代價。

第四節　權利之行使

王××，承租××百貨公司附近三樓房屋一棟，經出租人同意，再由承租人王××轉出租一樓之店面及二樓之房間……。魏××負笈臺中，居住於大舅家，由其大舅呂××充當其監護人，魏××好遊蕩街頭，並常出入電動玩具店、色情娛樂場所，將課業置之腦後，某日深夜返家，監護人呂××勃然大怒，詢問其何以經常深夜才返家，並嚴以訓斥、約束……。丁××，某大學學生，某日駕駛汽車不慎，將路旁之檳榔小屋撞毀，並撞傷檳榔小姐吳××，受害者吳××乃向肇事者丁××索求賠償費新臺幣××萬元……。辛××，以土地一筆充當抵押，並請友人陳××充任保證人，向××銀行貸款新臺幣一千萬元，惟屆臨清償期日，債務人辛××竟無力償還債務，××銀行乃向債務人及保證人再三催促，並在不斷拖延之下，乃依法向該管地方法院聲請假扣押，扣押其債務人之土地、房屋……。許×琍與刁××認識多年，相處愉快，為實現未來共同生活之夢想，經雙方法定代理人同意，乃訂定婚約，其後，許×琍竟發現刁××又與另一女子訂定婚約，乃憤而撤銷其婚約……。

以上所舉案例，乃權利行使之態樣，何謂權利之行使？簡單地說，權利之行使乃實現以權利內容為目的之法律行為也。權利之行使，依民法的規定，在積極方面，應遵守誠實及信用之原則，在消極方面，應排除損害他人。茲就民法的規定，分述如下：

一、行使權利之原則

權利人行使權利之行為，必須遵循民法所規定的原則，不得違反公共利益，不得損害他人；行使權利、履行義務，並應堅守誠實及信用方法。例如房屋所有權人，在整修房屋時，不得將廢棄物堆放在公共處所或路人通行之處，以免妨害環境之觀瞻與衛生……。受託照顧他人嬰兒之保姆，不得因嬰兒之號哭、不聽話，而將嬰兒虐待或摔死……。而權利人如債權人，在行使催討債務的權利時，不但不能唆使受僱之催討人打傷債務人，更不得以詐欺之方法，擅加利息，逼債務人於窮途末路之困境……。故權利之行使，在積極方面，應堅守誠實信用原則，在消極方面，應禁止權利濫用，不得違反公共利益，不得損害他人。

二、免責的行使權利行為

權利的行使，如侵害及他人的權益，往往要負民事上的賠償責任。惟依民法的規定，有幾項特殊的行使權利行為，權利人可以免責，不必負損害賠償責任：

㈠正當防衛之行為

正當防衛之行為，是指對於現時不法之侵害，為防衛自己或他人之權利，所為之對抗行為也，例如對於欲殺人者，所為之抵禦、阻擋行為；對於討債逞兇之人，所為之排除、抗禦行為；對於性侵害者，所為之自衛、防禦行為……等。正當防衛之行為，依民法的規定，不必負損害賠償之責。但是，如果已逾越必要程度者，仍應負相當賠償之責。

㈡緊急避難之行為

緊急避難行為，是指因避免自己或他人生命、身體、自由或財產上急迫之危險，所為之救濟行為也。例如發生大地震，因慌張奔跑而撞傷人之行為；發生大火災，為救自己的小孩，不得已損壞他人之門窗行為；發生「土石流」，為搶救家人的生命，不得已破壞他人財物的行為……等。緊急避難的行為，依民法的規定，不必負損壞賠償之責。但是，以避免危險所必要，並未逾越危險所能致的損害程度者為限。不過，倘若其危險的發生，行為人有責任者，例如因行為人用火不小心所引發的火災，行為人仍應負損害賠償之責。

㈢自助行為

自助行為，是指為保護自己權利，對於他人之自由或財產施以拘束、押收或毀損之行為，例如為保護自己之債權，對於惡性倒會之債務人，所為之拘束遷徙自由的行為；為保護自己之債權，對於債務人的財物（如鑽石戒指、名貴手錶、汽車……）所為之暫時性押收行為……等。自助行為，依民法的規定，不必負損害賠償之責。但是，其自助行為須以不及受法院或其他有關機關之援助為先決條件，並且非於其時為之，則其請求權（例如請求債務之償還）不得實行或其實行顯有困難者為限。

研究討論問題

一、何謂自然人？何謂法人？

二、何謂權利能力？何謂行為能力？兩者有何不同。

三、自然人的行為能力，有幾種態樣？請說明之。

四、何謂意定住所？何謂法定住所？何謂擬制住所？

五、法人得分為幾種類型？請舉例說明之。

六、何謂動產？何謂不動產？請舉例說明之。

七、何謂主物？何謂從物？請舉例說明之。

八、何謂天然孳息？何謂法定孳息？請舉例說明之。

九、何謂法定要式？何謂約定方式？請舉例說明之。

十、何謂單方行為？何謂契約行為？請舉例說明之。

十一、何種行使權利的行為，不必負民事責任，請列舉說明之。

十二、何種法律行為，無效，請列舉說明之。

第三章
債權與債務的行為

第一節　債權與債務的發生

翁××，某大學研究所博士班研究生，為顧及上學之方便，在學校所在地附近，向出租人承租套房一間，押金新臺幣二萬元，每月租金新臺幣八千元……。金××，在某公司服務多年，稍有積蓄，為擺脫承租套房之困擾，在友人之指點下，向××銀行貸款新臺幣一佰萬元，並動用××銀行之儲蓄金新臺幣一佰萬元，承購較為廉價的住屋一棟新臺幣八百五十萬元，除已繳付一部分之價金外，其餘分二十年期限，按年或按月繳交契約所訂之價額……。洪××，某公司職員，與許××為爭奪女友，相互毆打，洪××一失手竟將許××打死，除觸犯殺人罪，為法院判處無期徒刑外，經許××之父母提起民事訴訟之賠償，洪××尚應繳付許××之父母精神慰問金新臺幣一千萬元……。高××，某某高職職員，某夜偕女友陸××逛夜市，並赴××銀樓預購訂婚戒指，竟不慎壓破銀樓之玻璃櫃櫥，某老闆不悅，請求高××賠償新臺幣三萬元……。

以上所舉案例，乃是基於特定原因所發生的債權與債務行為，何謂債權？何謂債務？一言以蔽之，債權是得以請求他人為一定給付行為的權利。債務是應向特定人履行一定給付行為的義務。有關債權債務的發生，民法上的規定，雖有契約、代理權之授與、無因管理、侵權行為、不當得利等五種，但日常生活上發生較多的，僅契約、侵權行為二種，其次為不當得利，茲分述之：

一、簽定契約

債權債務的發生，常由於契約的簽定，例如租賃契約一經簽定完成，出租人即應交付出租之房屋，供承租人使用；而承租人應即依契約所訂繳付租金，如此出租人即成為債權人，而承租人即成為債務人；又例如貸款契約一經成立，貸與人或貸與之金融機構，即應交付契約所定之貸款金額，給予借款人使用；而借款人在未償還貸款金額之前，每月均應負擔一定之利息，如此貸與人或貸與之金融機構，即成為債權人，而借款人在尚未償還本息之前，即成為債務人……。契約之成立，依民法的規定，凡當事人互相表示意思一致者，無論其為明示或默示，契約即為成立。因此，債權債務的契約，乃當事人間，以債的發生為目的，所為的意思表示的法律行為。

二、侵權行為

侵權行為，是指行為人一方，因故意或過失，不法侵害他人之權利的行為，例如傷害他人的身體、妨害他人的自由、誹謗他人的名譽、損壞及他人的財產、侵犯及他人的貞操……等等，依民法的規定，不論是單獨一人的侵權行為，或是數人共同的侵權行為，均應負損害賠償責任，如此一來，侵權行為人，即成為債務人，應以金錢賠償受害人所受之精神或物質上的損害；而侵權行為的受害者，即成為債權人，有請求侵權行為人履行給付義務的權利。有關侵權行為的賠償，民法有明文規定，即「因故意或過失，不法侵害他人之權利者，負損害賠償責任。故意以背於善良風俗之方法，加損害於他人者亦同……」、「數人共同不法侵害他人之權利者，連帶負損害賠償責任……」、「公務員因故意違背對於第三人應執行之職務，致第三人受損害者，負賠償責任……」、「無行為能力人或限制行為能力人，不法侵害他人權利者，以行為時有識別能力為限，與其法定代理人連帶負損害賠償責任。行為時無識別能力者，由其法定代理人負損害賠償責任。……」、「動物加損害於他人者，由其占有人負損害賠償責任……」等等。

三、不當得利

不當得利，是指當事人一方，無法律上之原因而受利益，致他人受有損害事實之不當行為也。例如計程車司機沈××，占有乘客遺落之紙幣（新臺幣）十萬元……；××公司職員邱××未加班，竟冒領加班費新臺幣一萬元……；私立××專科學校董事成××，未充任導師及授課，竟領取導師費及鐘點費共新臺幣貳拾餘萬元……；××縣（市）政府工程局課員林××，因業務上之關係，收受××建築公司致送之工程回扣新臺幣十餘萬元……等等。不當得利之行為，民法上有如下的明文規定，即「無法律上之原因而受利益，致他人受損害者，應返還其利益……」、「不當得利之受領人，除返還其所受之利益外，如本於該利益更有所得者，並應返還……」、「不當得利之受領人，不知無法律上之原因，而其所受之利益，已不存在者，免負返還或償還價額之責任……」。

第二節　債權與債務的標的

債權與債務的標的，是指以債權人與債務人的法律行為客體；債權人原則上有權利以債的客體為標的，請求債務人為一定之法律行為；而債務人的法律行為是給付，即依債權的標的，為一定給付的行為。有關債權債務的客體，依民法的規定，有種類之債、貨幣之債、利息之債、選擇之債及賠償之債等五種，而較常用的債權客體，為貨幣之債、利息之債以及因侵權行為所負之賠償之債，其餘如種類之債及選擇之債，則僅慣用於商務上之買賣、交易等契約上，茲擇其常用之債，分述如下：

一、貨幣之債

貨幣之債，是以給付一定數額之通用貨幣，為債之標的之法律行為，例如給付新臺幣一百三十萬元清償債務，或給付美鈔五十萬元償清債務，或給付日圓三百八十萬元付清欠債……等。貨幣是買賣或交易的票據，也是紙幣價格的憑據，在國際間或國內私人間的商務貿易上，使用甚廣，可以相互交換或兌現。貨幣有本國通用之貨幣與外國通用之貨幣之分，凡以本國通用之貨幣，為債之給付標的者，應給付本國通用之貨幣，惟倘若以特種通用貨幣之給付為債之標的者，如其貨幣至給付期失去通用效力時，應給以他種通用貨幣。至於以外國通用之貨幣定給付額者，債務人得按給付時、給付地之市價，以中華民國通用之貨幣給付之。但訂明應以外國通用之貨幣為給付者，給付外國通用之貨幣。

二、利息之債

利息之債，是以給付一定比率之利息，為債之標的之法律行為。例如貸款新台幣二十五萬元，每月應給付利息新台幣一千八百五十元……。利息，通常是債務人於急需貨幣應急或紓困時，向金融機構或私人為一定數額之貸款，並依一定之比率，於使用之一定期間內，按月所應給付之從屬性款額之債務行為。有關債權債務的本金利息，民法有如下的明文規定，即「應付利息之債務，其利率未經約定，亦無法律可據者，週年利率為百分之五」、但「約定利率逾週年百分之十二者，經一年後，債務人得隨時清償原本……」、又「約定利率，超過週年百分之二十者，債權人對於超過部分之利息，無請求權」，且「……不得以折扣或其他方法，巧取利息」；又「利息不得滾入原本，再生利息……」。

三、賠償之債

賠償之債，是指因侵權之行為，所發生的以物之回復原狀或以金錢代替物之回復原狀為債的標的，所負之損害賠償的債務行為，例如撞損他人之汽車，則侵權人——即撞損他人汽車之人，應負回復原狀之責，倘不能回復原狀或回復顯有重大困難者，以金錢賠償其損害……。賠償之債，民法有如下之明文規定，即「損害賠償，除法律另有規定或契約另有訂定外，應以填補債權人所受損害及所失利益為限」，又，「負損害賠償責任者，除法律另有規定或契約另有訂定外，應回復他方損害發生前之原狀。因回復原狀而應給付金錢者，自損害發生時起，加給利息」，又，「應回復原狀者，如經債權人定相當期限催告後，逾期不為回復時，債權人得請求以金錢賠償其損害」，又，「不能回復原狀或回復顯有重大困難者，應以金錢賠償其損害」……。

第三節　債權與債務的態樣

債權與債務的法律關係，除單一的債權與單一的債務的法律關係，較為單純外，舉凡多數債權與多數債務的法律關係，均甚複雜；在多數債權人與多數債務人的情形下，債權人究竟應向多數之債務人講求給付？或向任何一方之債務人請求給付？而債務人的給付行為，究竟是向多數之債權人為之，抑或是向任何一方之債權人為之？不能無法律的規定，可資遵循；有關債權與債務的態樣，依通常的情形有下列二種類型：

一、單一債權人與單一債務人

單一債權人與單一債務人，是指只有一個債權人與一個債務人，以金錢的給付為債的標的，所發生的權利義務關係，例如租賃契約，凡是由一個出租人與一個承租人，所發生的債權與債務法律關係者，稱之為單一債權人與單一債務人。單一債權人與單一債務人的法律關係，較為單純，債權人固有請求權，得以請求債務人履行給付的權利，即使債務人一再延遲不依約為給付的行為，除得解除其所訂立之契約外，尚得聲請法院核發支付命令，強制執行；或就債務人之財物，予以假扣押處分。

二、多數債權人與多數債務人

債權債務之主體，倘為多數者，例如一方為多數債權人，或一方為多數債務人，或雙方均為多數者，其債之法律關係較之單一之債權與債務之法律關係為複雜；多數債權人與多數債務人的法律關係，依民法規定，可分以下三種不同態樣的類型：

㈠可分之債

數人負同一債務或同一債權，而其給付可分者，即為可分之債。例如甲、乙、丙、丁、戊等五人，共同承租一棟樓房，共負同一個債務，則履行給付債務時，自可以由五人平均分擔，此即給付可分之現象，亦即可分之債。同樣的，上述出租樓房之出租人，如有己、庚等二人，各有同一之債權，則對於債務人的共同給付，此二個債權人，亦可平均分受之。可分之債，從其形式方面而論，雖係一個債權或一個債務，實際上，則係數個債權人與數個債務人的法律關係，因其債務人的給付可分，故為可分之債。可分之債，民法有如下的明文規定，即「除法律另有規定或契約另有訂定外，應各平均分擔或分受之。其給付本不可分而變為可分者，亦同」。

㈡連帶之債

數人共負同一債務，明示對於債權人各負全部給付之責任者，為連帶債務。例如甲、乙、丙、丁等四人，共同承購××大飯店，共負同一個債務，對於債權人同付全部給付之責任。連帶債務，既然有數個債務人，同一個給付債務，則只要其中一債務人，為一次之全部給付，其他債務人之給付，即自然歸於消滅。惟債務人相互間，除法律另有規定或契約另有訂定外，應平均分擔給付義務。有關連帶債務之請求與給付，民法上有如下之明文規定，即「連帶債務之債權人，得對於債務人中之一人，或數人，或其全體，同時或先後請求全部或一部之給付。連帶債務未全部履行前，全體債務人仍負連帶責任」、「因連帶債務人中之一人為清償、代物清償、提存、抵銷或混同而債務消滅者，他債務人亦同免其責任」、「連帶債務人中之一人，因清償或代物清償……致他債務人同免責任者，得向他債務人請求償還其各自分擔之部分……」。連帶債務之外，尚有連帶債權，凡數人依法律或法律行為，有同一債權，而各得向債務人為全部給付之請求者，為連帶債權，例如戊、己、庚等三人，為上述××大飯店出售人，均有同一債務之債權，得向上述甲、乙、丙、丁等四人為全部給付之請求……。有關連帶債權之法律行為，民法有如下的明文規定，即「連帶債權之債務人，得向債權人中之一人，為全部之給付」、「連帶債權人中之一人為給付之請求者，為他債權人之利益，亦生效力」、「因連帶債權人中之一人，已受領清償、代物清償、或經提存、抵銷、混同，而債權消滅者，他債權人之權利，亦同消滅」、「連帶債權人相互間，除法律另有規定或契約另有訂定外，應平均分受其利益」……。

㈢不可分之債

數人負同一債務，或有同一債權，而其給付不可分者，為不可分之債，例如甲、乙、丙、丁等四人，共同承購××公司，共同經營塑膠產品，共負同一債務，而其給付不可分者，為不可分之債務。而上述出售××公司之戊、己、庚、辛等四人，有同一之債權，得請求甲、乙、丙、丁等四人，為全部之給付，且其給付為不可分者，即為不可分之債權。有關不可分之債權債務，民法有如下的明文規定，即「數人負同一債務，而其給付不可分者，準用關於連帶債務之規定」、「數人有同一債權，而其給付不可分者，各債權人僅得請求向債權人全體為給付，債務人亦僅得向債權人全體為給付。除前項規定外，債權人中之一人與債務人間所生之事項，其利益或不利益，對他債權人不生效力」……。

第四節　債權與債務的種類

債權與債務的種類，依民法債編各論所列，共有二十四種，包括買賣、互易、交互計算、贈與、租賃、借貸、僱傭、承攬、旅遊、出版、委任、經理人及代辦商、居間、行紀、寄託、倉庫、運送、承攬運送、合夥、隱名合夥、合會、指示證券、無記名證券、終身定期金、和解、保證、人事保證……等，茲擇要分述之：

一、買賣、互易與交互計算

買賣者，謂當事人約定，一方移轉財產權於他方，他方支付價金之契約，例如債權人將別墅之財產權移轉於債務人，債務人則依契約所訂，分期付款。

互易者，謂當事人雙方約定，互相移轉金錢以外之財產權者也，例如債權人將服飾一批之財產權移轉於債務人，而債務人又以債權人之身分，將塑膠製品一批之財產權，移轉於債務人，即原先之債權人。

交互計算者，謂當事人約定，以其相互間之交易所生之債權債務為定期計算，互相抵銷，而僅支付其差額之契約也，例如甲將價額新臺幣二十三萬元之服飾一批，移轉於乙；乙將價額新臺幣二十萬元之塑膠製品一批，移轉於甲，倘以其相互間之交易所生之債權債務為定期計算，則乙尚須償還甲新臺幣三萬元差額之債務。

二、租賃、借貸與僱傭

租賃者，謂當事人約定，一方以物租於他方使用、收益，他方支付租金之契約也，例如債權人將高級住宅一棟，出租於債務人使用，債務人則依契約所訂，按月繳付租金。

借貸者，謂當事人約定，一方以物（金錢或其他物）貸與他方使用，他方於使用後，返還其物之契約也，例如債權人以新臺幣五佰萬元貸與債務人使用，債務人依契約所訂期間，於使用後連本帶利返還款額於債權人。

僱傭者，謂當事人約定，一方於一定或不定之期限內為他方服勞務，他方給付報酬之契約也，例如僱用人僱用外籍婦女充當女僕，為其照料家事、服勞務，每月下旬僱用人即依契約所訂，給付受僱人一定金額之報酬，在此情況下，受僱人即立於債權人之地位，有請求給付的權利；而僱用人則反成為債務人，有履行給付的義務。

三、委任、和解與保證

委任者，謂當事人約定，一方委託他方處理事務，他方允為處理之契約也，例如委託人王××，委託律師許××代為訴訟行為，業經律師許×

×應允代為處理……。惟此際受委任之律師許××，已立於債權人之地位，故於訴訟行為處理完畢，即有請求給付報酬權利；而委託人王××，則反立於債務人地位，有履行給付報酬之義務。

和解者，謂當事人約定，互相讓步，以終止爭執或防止爭執發生之契約也，例如甲男與乙女均為未成年人，但因同校同班就學，感情深厚，致兩人發生越軌的性交行為，事後為女父發覺，勃然大怒，竟威脅男方要給付身體與精神上之損害賠償金新臺幣三百萬元，否則將向少年法院提起告訴；旋經調解人劉××，約定當事人雙方見面會商，做成和解決定，而由男方給付女父新臺幣一百萬元賠償金，終止了雙方的爭執。依債權債務的法律關係而論，此際女父為債權人，有請求給付賠償金的權利；而男方為債務人，有履行給付賠償金的義務。

保證者，謂當事人約定，一方於他方之債務人不履行債務時，由其代負履行責任之契約也，例如甲男陳××，有意向××銀行貸款新台幣五百萬元，經商得友人乙女蕭××之同意，充當其貸款之保證人，而順利借款新台幣五百萬元。惟貸款期限屆滿，甲男陳××竟無力償還債務，××銀行在不得已之下，乃向保證人乙女蕭××請求償還債務……。

第五節　債權與債務之移轉

債權與債務之移轉，是指在不變更債的標的與內容之原則下，移轉債權與債務之主體，例如債權的讓與、債務的承擔，以及概括的債務承擔等是。

一、債權的讓與

債權的讓與，是將債務的請求給付權，移轉給無債權的他人，使他人從而取得債權之契約也，例如吳××，有請求××大飯店董事長高××償還債務的權利，但因自己亦有償還××公司經理蔡××的債務，故將其××大飯店董事長高××的債權，讓與××公司經理蔡××……。有關債權的讓與，民法上有如下的明文規定，即「債權人得將債權讓與於第三人。但下列債權，不在此限：一、依債權之性質，不得讓與者。二、依當事人之特約，不得讓與者。三、債權禁止扣押者。……」、「讓與債權時，該債權之擔保及其他從屬之權利，隨同移轉於受讓人。……未支付之利息，推定其隨同原本移轉於受讓人。……」、「讓與人應將證明債權之文件，交付受讓人，並應告以關於主張該債權所必要之一切情形」、「債權之讓與，非經讓與人或受讓人通知債務人，對於債務人不生效力。……受讓人將讓與人所立之讓與字據提示於債務人者，與通知有同一之效力」……。

二、債務的承擔

債務的承擔，是指由無債權債務關係的第三人，替代債務人承擔債務的契約，例如××公司總經理許××，替代其友人××銀行經理吳××，承擔其債務人的債務……。債務的承擔，民法有如下的明文規定，即「第三人與債權人訂立契約，承擔債務人之債務者，其債務於契約成立時，移轉於該第三人」、「第三人與債務人訂立契約承擔其債務者，非經債權人承認，對於債權人，不生效力」……。

三、概括的債務承擔

概括的債務承擔，是指概括承擔債務人的資產與債務而言，例如××公司經營不善，負債累累，由其他公司概括承擔其債務，並予以合併經營……。概括的債務承擔，依民法的規定，有下列二種態樣：

㈠財產或營業的概括承受

即第三人就債務人之財產或營業，概括承受其資產及負債的法律行為。概括承受者，僅須向債權人為承受之通知或公告，即生承擔債務之效力。

㈡營業的合併

即兩營業合併，而互相承受其資產及債務的法律行為（例如國泰銀行與世華銀行的合併）。與上述概括承受相同。營業的合併，依民法的明文規定，其合併之新營業，對於各營業之債務，同負其責任。

第六節　債權與債務的消滅

債權與債務的消滅，是指債的法律關係，已不存在而言；換言之，債的標的，因債務人的清償，致原來的債權與債務的法律關係自然消失也。例如債務人林××，已將欠款新台幣二十萬元償還債權人，即債權人與債務人的法律關係已不存在，而債的標的自然亦歸於消滅……。有關債權與債務的消滅原因，依民法的規定，有下列幾項：

一、清償

清償者，是指債務人已償還其債務而言，亦即債務人已向債權人履行給付義務，而債的法律關係歸於消滅者也。清償，民法有如下的明文規定，即「……向債權人或其他有受領權人為清償，經其受領者，債之關係消滅……」、「向第三人為清償，經其受領者，其效力依……各款之規定：一、經債權人承認，或受領人於受領後取得其債權者，有清償之效力。二、受領人係債權之準占有人者，以債務人不知其非債權人者為限，有清償之效力。……」、「債之清償，得由第三人為之……」。

二、提存

提存者，是指債務人於債權人受領遲延，或不能確知孰為債權人而難為給付時，將其給付提存於提存所，而使債務歸於消滅之法律行為也，例如債務人徐××，擬清償承購高級住宅一棟之債務新台幣二千三百萬元，但債權人已移民外國，致受領遲延，債務人徐××，乃將現款新台幣貳仟參佰萬元提存於該地地方法院……。有關提存的法律行為，民法有如下的明文規定，即「債權人受領遲延，或不能確知孰為債權人而難為給付者，清償人得將其給付物，為債權人提存之」、「提存應於清償地之法院提存所為之」、「給付物不適於提存，或有毀損滅失之虞，或提存需費過鉅者，清償人得聲請清償地之法院拍賣，而提存其價金」、「債權人關於提存物之權利，應於提存後十年內行使之，逾期其提存物歸屬國庫」。

三、抵銷

抵銷者，是指二人互負債務，而其給付種類相同，並均屆清償期者，各得以其債務之數額，與他方之債務數額相抵者也。例如債權人（甲）有請求債務人（乙）給付新台幣一百萬元債務的權利，而債務人（乙）也有請求債權人（甲）給付新台幣一百萬元債務的權利，由於二人互負債務，而其給付的種類、數額相同，故得以相抵兩訖……。抵銷的法律行為，民法有如下的規定，即「二人互負債務，而其給付種類相同，並均屆清償期者，各得以其債務，與他方之債務，互相抵銷……」、「抵銷，應以意思表示，向他方為之。其相互間債之關係，溯及最初得為抵銷時，按照抵銷數額而消滅」、「清償地不同之債務，亦得為抵銷……」、「債之請求權雖經時效而消滅，如在時效未完成前，其債務已適於抵銷者，亦得為抵銷」、「禁止扣押之債，其債務人不得主張抵銷」、「因故意侵權行為而負擔之債，其債務人不得主張抵銷」……。

四、免除

免除者，是指債權人向債務人，為免除其債務的意思表示，而發生債的法律關係歸於消滅的行為，例如債權人王××為出租套房之房東，某日竟向承租套房之外甥洪××，以意思表示，免除其每月繳付租金之債務……。

五、混同

混同者，是指債權與其債務同歸一人之混一態樣，依民法的規定，在此情況下，債之關係消滅。

研究討論問題

一、債的發生原因，有哪幾項？請列舉說明之。

二、何謂可分之債？何謂連帶之債？何謂不可分之債？請舉例說明之。

三、債的標的，常用的有哪些？請列舉說明之。

四、何謂買賣？何謂互易？請舉例說明。

五、何謂租賃？何謂借貸？請舉例說明。

六、何謂和解？何謂保證？請舉例說明。

七、何謂債權的讓與？何謂債務的概括承擔？請舉例說明。

八、債權與債務的關係，常因何種原因而消滅，請列舉說明。

第四章
物權的行使

第一節　物權的通則

何謂物權？物權者，乃權利人得以直接支配特定物之財產權也，例如土地所有權人，得在其土地上建築房屋、闢建花園……。汽車所有權人，得將其使用已久的汽車，予以廉價出售……。房屋所有權人，得將其多餘的房間，出租予他人……等等。債權人於債務人無力清償債務時，得將其抵押之土地，予以拍賣……。有地上權之人，得在租得之土地上興建工廠，並堆積其他建築物……。有留置權之人，在債務人尚未履行其給付義務時，得留置其動產（包括汽車及其他較為貴重之物）……。以上所舉的例子，乃權利人得以直接支配特定物之財產權也，亦即所謂的物權。物權的通則，依民法的規定，有以下的內容：

一、物權法定主義

物權法定主義，是指物權的取得、設定、喪失或變更，均必須依據法律的規定辦理登記，非經登記者，不生效力。同時，民法物權通則中，亦有「物權，除依法律或習慣外，不得創設」之明文規定。

二、物權的變動

物權的變動，是指物權的取得、設定、喪失、移轉及變更之法律行為也，例如因購買土地，而取得土地所有權；土地所有權人，因債務之負擔，以土地設定抵押權；土地所有權人，將土地出售，而喪失所有權；房屋所有權人，將所有權移轉給配偶；汽車所有權人，將汽車讓與第三人，因而變更了汽車所有權人……等等，皆是物權變動的例子。有關物權的變動，包括不動產的物權變動與動產的物權變動，茲依民法的規定，分述如下：

㈠不動產物權的變動

依民法的規定，「不動產物權，依法律行為而取得、設定、喪失及變更者，非經登記，不生效力」。又，「因繼承、強制執行、徵收、法院之判決……，於登記前已取得不動產物權者，應經登記，始得處分其物權」。又，「不動產物權經登記者，推定登記權利人適法有此權利」……等等。所謂不動產物權，包括不動產所有權、地上權、農育權、不動產役權、抵押權及典權……等，凡其取得、設定、喪失、移轉及變更，均須依民法規定，以書面辦理登記，非經登記，不生效力。

㈡動產物權的變動

依民法的規定，動產物權的讓與，非將動產交付，不生效力。但受讓人已占有動產者，於讓與合意時，即生效力。讓與動產物權，而讓與人仍繼續占有動產者，讓與人與受讓人間，得訂立契約，使受讓人因此取得間接占有，以代交付。讓與動產物權，如其動產由第三人占有時，讓與人得以對於第三人之返還請求權，讓與受讓人，以代交付。

三、物權的消滅

物權的消滅，即指物的權利，已不存在於權利人本身而言，依民法的規定，物權的消滅，其原因有二，一是混同，二是拋棄。茲略述如下：

㈠混同

依民法的規定，同一物之所有權及其他物權，歸屬於一人者，其他物權因混同而消滅。……又，所有權以外之物權及以該物權為標的物之權利，歸屬於一人者，其權利因混同而消滅。

㈡拋棄

依民法的規定，物權，除法律另有規定外，因拋棄而消滅。

第二節　物權的種類

物權的種類，依民法的規定，計有所有權、地上權、農育權、不動產役權、抵押權、質權、典權、留置權、占有等九種，茲將常用的物權，分述如下：

一、所有權

所有權是所有人，於法令限制之範圍內，得自由使用、收益、處分其所有物，並排除他人干涉或侵犯的權利。例如房屋所有人，得將其房屋出租或出售予他人……；土地所有人，得在自己土地上設定界址，以防鄰地踰越疆界……；汽車所有人，得將其使用已久的汽車，予以銷毀……等等；有關所有權的法律關係，依民法的規定，得就不動產所有權與動產所有權等兩方面分述之：

㈠不動產所有權

不動產所有權，是指土地及其定著物——如房屋、果樹等的所有權，有自由使用、收益及處分的權利，不受任何人之干涉與侵犯。有關土地所有權的範圍，民法有「土地所有權，除法令有限制外，於其行使有利益之範圍內，及於土地之上下。如他人之干涉，無礙其所有權之行使者，不得排除之」。至於土地所有權之行使，民法亦有如下的限制，即「土地所有人經營事業及行使其他之權利，應注意防免鄰地之損害」、「土地所有人，不得設置屋簷、工作物或其他設備，使雨水或其他液體直注於相鄰之不動產」、「土地所有人因其家用或利用土地所必要，非以過鉅之費用及勞力不能得水者，得支付價金，對鄰地所有人請求給予有餘之水」、「土地所有人開掘土地或為建築時，不得因此使鄰地之地基動搖或發生危險，或使鄰地之建築物或其他工作物受其損害」……。

㈡動產所有權

動產所有權，是指土地及其定著物以外的所有權，例如飛機、船舶、汽車、機車、項鍊、鑽石戒指……等等，皆是動產，所有人對其私人擁有的動產，得有自由使用、收益及處分的權利。動產所有權的取得，依民法的規定，有因即時取得、占有、遺失物之拾得、埋藏物之發現、漂流物之拾得等原因，而取得其所有權；有因繼承、強制執行、買賣、互易、贈與等原因，而取得其所有權，前者為原始取得，後者為繼受取得。不論是原始取得之動產，抑或是繼受取得之動產，所有人對於妨害其所有權者，得請求除去之；有妨害所有權之虞者，得請求防止之。

二、抵押權

抵押權者，謂債權人對於債務人或第三人不移轉占有而供擔保之不動產，得就該不動產賣得之價金優先受清償之權，例如抵押權人於債務人或為債務人擔保之保證人，不履行債務之清償時，得就其抵押之土地或房屋，聲請法院予以拍賣，並就拍賣所得之價金，優先受清償……。抵押權是以擔保債務為目的，其所擔保者為原債權、利息、遲延利息、違約金及實行抵押權之費用……；抵押權之效力，及於抵押物之從物與從權利，及於抵押物扣押後由抵押物分離之天然孳息，及於抵押物扣押後抵押人就抵押物得收取之法定孳息。有關不動產所有人之設定抵押權，民法上有如下的明文規定，即「不動產所有人，因擔保數債權，就同一不動產，設定數抵押權者，其次序依登記之先後定之」、「不動產所有人，設定抵押權後，於同一不動產上，得設定地上權及其他以使用收益為目的之物權，或成立租賃關係……」、「不動產所有人設定抵押權後，得將不動產讓與他人。但其抵押權不因此而受影響」……。

三、質權

質權，係擔保債權之一種，依民法的規定，分為動產質權與權利質權：

㈠動產質權

動產質權者，謂債權人對於債務人或第三人移轉占有而供其債權擔保之動產，得就該動產賣得價金，優先受清償之權，例如質權人為擔保債權，占有由債務人或為債務人擔保之第三人所移交之賓士名牌汽車一輛，於債務已逾清償期而尚未清償者，得通知出質人──即債務人或第三人，並於通知後拍賣之，而以其賣得之價金受清償……。動產質權，依民法的規定，其所擔保者為原債權、利息、遲延利息，違約金、保存質物之費用、實行質權之費用，及因質物隱有瑕疵而生之損害賠償。動產質權，除契約另有訂定外，質權人得收取質物所生之孳息，並以其孳息先抵充收取孳息之費用，次抵原債權之利息，次抵原債權。有關動產質權的設定、占有及保管，民法有「質權之設定，因供擔保之動產移轉於債權人占有而生效力……」、「動產之受質人占有動產，而受關於占有規定之保護者，縱出質人無處分其質物之權利，受質人仍取得質權」、「質權人應以善良管理人之注意，保管質物」……等等的規定，至於動產質物之拍賣，民法亦有如下的明文規定，即「質權人於債權已屆清償期，而未受清償者，得拍賣質物，就其賣得價金受清償」及「因質物有腐壞之虞，或其價值顯有減少，足以害及質權人之權利者，質權人得拍賣質物，以其賣得價金，代充質物」……。

㈡權利質權

權利質權者，謂以可讓與之債權或其他權利為標的物之質權，亦即質權人為擔保債權，占有由債務人或第三人讓與之債權及其他權利者也，有關權利質權之標的物及其設定，民法前有如下的明文規定，即「可讓與之債權及其他權利，均得為質權之標的物」、「質權以有價證券為標的物者，其附屬於該證券之利息證券、定期金證券或其他附屬證券，以已交付於質權人者為限，亦為質權之效力所及」……，又「權利質權之設定，……應依關於其權利讓與之規定為之」、「質權以未記載權利人之有價證券為標的物者，因交付其證券於質權人，而生設定質權之效力。以其他之有價證券為標的物者，並應依背書方法為之」……。

四、地上權

地上權者，謂以在他人土地上有建築物或其他工作物，或竹木為目的而使用土地之權者也，例如××公司總裁王××，向土地所有人承租土地一筆，並在其土地上興建工廠，製造日常用紙，又在其土地上堆放木屑……等製紙原料……。地上權，得自由讓與或繼承，故民法有「地上權人得將其權利讓與他人……」之規定；又，地上權之使用期限，民法有「地上權無支付地租之約定者，地上權人得隨時拋棄其權利」及「地上權成立之目的已不存在時……終止其地上權」之明文；另，地上權之設定，若「有支付地租之訂定者，其地上權人拋棄權利時，應於一年前通知土地所有人，或支付未到支付期之一年份地租」；又，「地上權人，縱因不可抗力，妨礙其土地之使用，不得請求免除或減少租金」。至於地上權消滅時，「地上權人得取回其工作物。但應回復土地原狀」，但，地上權人之工作物為建築物者，如地上權因存續期間屆滿而消滅，土地所有人應按該建築物之時價為補償……。假如「土地所有人，於地上權存續期間屆滿前，……請求地上權人，於建築物可得使用之期限內，延長地上權之期間。地上權人拒絕延長者，不得請求……補償」……。

五、不動產役權

不動產役權原稱地役權，謂以他人不動產供自己不動產通行、汲水、採光……電信或其他以特定便宜之用之權者也，例如土地所有人以鄰地之阡陌為通行之路……。不動產役權，既以他人不動產供自己不動產便宜之用，則受便宜之用之不動產，稱為需役不動產；供便宜之用之不動產，稱為供役不動產。不動產役權之取得，依民法的明文規定，須「以繼續並表見者為限」，因時效而取得。不動產役權既以需役不動產供自己不動產便宜之用，故民法有「不動產役權不得由需役不動產分離而為讓與，或為其他權利之標的物」的規定。有關不動產役權人之行使權利，民法有「不動產役權人，因行使或維持其權利得為必要之附隨行為，但應擇於供役不動產損害最少之處所及方法為之」、「不動產役權人，因行使權利而為設置者，有維持其設置之義務」……等的明文規定。至於需役不動產與供役不動產經分割者，民法有「需役不動產經分割者，其不動產役權為各部分之利益，仍為存續……」及「供役不動產經分割者，不動產役權就其各部分仍為存續……」……等的規定。惟不動產役權無存續之必要者，法院得因供役不動產所有人之聲請，宣告不動產役權消滅。

研究討論問題

一、何謂物權法定主權？請說明其真義。

二、何謂物權的變動？請舉例說明之。

三、何謂所有權？所有權包括哪些得以享有的權利？請就動產與不動產兩方面說明之。

四、何謂動產質權？何謂權利質權？請舉例說明之。

五、何謂抵押權？請說明其定義。

六、何謂地上權？請說明其定義。

七、何謂不動產役權？請說明其定義。

八、何謂占有？占有是否構成犯罪行為，請依你的看法說明之。

第五章
親屬的法律關係

第一節　親屬

親屬，是指親族與親戚的總稱，亦即血親與姻親的族群，例如曾祖父母、祖父母、父母、兄弟、姊妹、伯叔……等等，皆是親族，又稱為血親；而外祖父母、岳父母、舅父母、姑丈母、姨丈母……等等，皆是親戚，又稱為姻親。而親族與親戚或血親與姻親的結合，才稱之為親屬。

一、親屬的分類

親屬，依民法的規定，分為血親與姻親二類，茲扼要分述之：

㈠血親

血親是指具有血統關係的親族而言，例如父母、子女……等。血親，依民法的規定，又可分為自然血親與擬制血親等二類，自然血親是指子女出生後，即因與父母之間有血統的關係，而自然取得血親之身分也，例如父母之於婚生子女。而擬制血親是指被收養之子女與收養之父母之間，本無血統之關係，但因法律上之規定，而依法取得之血親身分也，例如養父母之於養子女。

㈡姻親

姻親是指因婚姻關係而成為親屬的族群而言，例如男女結婚後，男女雙方之親族或血親，自然成為姻親。姻親，依民法的明文，是指血親之配偶、配偶之血親及配偶之血親之配偶，所謂血親之配偶，例如兄弟之妻。所謂配偶之血親，例如妻之父母或其兄弟姊妹……等。所謂配偶之血親之配偶，例如妻之兄弟之妻……等。

二、親屬的親系

親屬的親系，依民法的規定，有血親之親系與姻親之親系二種，茲依序分述之：

㈠血親之親系

血親之親系，是指具有血統關係的血親，在親屬關係中歸屬於何種系統與地位而言，血親之親系，依民法的規定，有直系血親與旁系血親二種：

甲、直系血親

直系血親者，謂己身所從出，或從己身所出之血親也，前者如祖父母、父母……等，又稱之為直系血親尊親屬。後者如子女、孫子女……等，又稱之為直系血親卑親屬。

乙、旁系血親

旁系血親者，謂非直系血親，而與己身出於同源之血親也，例如伯叔、堂兄弟姊妹……等，凡與父母同輩以上之旁系血親，稱為旁系血親尊親屬，凡與子女同輩以下之旁系血親，稱為旁系血親卑親屬。

㈡姻親之親系

姻親之親系，是指姻親的親屬關係中，每一成員所歸屬的系統與地位而言，姻親的親系，依民法的規定，血親的配偶，從其配偶的親系；配偶之血親，從其與配偶之親系；配偶之血親之配偶，從其與配偶之親系。

三、親屬的親等

親屬的親等，是指親屬關係的遠近而言，凡計算出之親等，數字小者，親屬關係近，數字大者，親屬關係遠。親等的計算方法，民法有如下的明文規定：

㈠血親的親等

血親的親等，其計算方法，得分直系血親與旁系血親兩方面說明之。直系血親親等的計算方法，是從己身上下數，以一世為一親等、二世為二親等，例如父母子女之間為一世，屬於一親等；祖父母與孫子女之間為二世，屬於二親等。至於旁系血親親等的計算方法，是從己身數至同源之直系血親，再由同源之直系血親，數至與之計算親等之血親，以其總世數為親等之數，例如同父母之兄、弟、姊、妹之間，為二親等；同祖父母之兄弟、姊妹與堂兄弟、堂姊妹之間，為四親等。

㈡姻親的親等

姻親的親等，其計算方法，依民法的規定，凡血親之配偶，從其配偶之親等；配偶之血親，從其與配偶之親等；配偶之血親之配偶，從其與配偶之親等。

四、親屬關係的發生與消滅

親屬關係的發生與消滅，得從血親方面與姻親方面說明之。從血親方面而言，自然血親是由於出生、認領等原因，而發生血親的親屬關係，依自然原則的定律來說，其血親的親屬關係應不消滅，惟倘若出生之子女為他人收養為養子女時，則其血親的親屬關係，自然消滅。擬制血親係由於收養的原因，而發生擬制血親的親屬關係，惟倘若收養關係，經撤銷或終止，則其擬制血親的親屬關係，亦自然消滅。從姻親方面而言，姻親關係係由於結婚而發生，但倘若離婚或夫死妻再婚或妻死夫再婚時，則其姻親的親屬關係，自然消滅。

第二節　婚姻

婚姻是男娶女嫁的法律行為，例如張××，男，二十三歲，與林××，女，二十一歲，經雙方家長同意，訂定婚約⋯⋯；徐××，男，三十一歲，××公司職員，與李××，女，二十三歲，××工廠職員，於某日下午，在親友的陪同下，赴地方法院公證結婚⋯⋯；婚姻，依一般的習俗，有訂婚與結婚，惟訂婚一事，晚近較不受重視，故本節擬予以省略：

一、結婚

結婚者，是指男女為實現永久共同生活為目的，以一定的儀式，所締結的身分契約也，例如嚴××，男，二十八歲，大學畢業，與紀××，女，二十八歲，大學畢業，相約以跳傘方式，舉行結婚典禮⋯⋯。結婚，依民法的明文規定，必須具備實質要件與形式要件，才能發生法律上的效力，茲依序分述之：

㈠實質要件

結婚的實質要件，民法有如下的限制明文，即：

甲、男未滿十八歲，女未滿十六歲，不得結婚。此係結婚年齡之限制。反之，男子滿十八歲，女子滿十六歲，得以結婚。

乙、未成年人結婚，應得法定代理人之同意。此係指男未滿十八歲，女未滿十六歲之結婚要約，應得法定代理人之允許同意。

丙、與下列之親屬，不得結婚：一、直系血親及直系姻親。二、旁系血親在六親等以內者，但因收養而成立之四親等及六親等旁系血親，輩分相同者，不在此限。三、旁系姻親在五親等以內，輩分不相同者。

丁、監護人與受監護人，於監護關係存續中，不得結婚。但經受監護人之父母同意者，不在此限。

戊、有配偶者，不得重婚。

己、一人不得同時與二人以上結婚。

㈡形式要件

結婚的形式要件，民法有下列的強制規定，即：

甲、應有結婚之儀式。例如公開舉辦結婚典禮，或聲請法院舉辦之公證結婚儀式……等。惟現已明定，以書面為之，即可。

乙、應有二人以上之證人簽名。但不以主婚人或證婚人為限，即其他親友、賓客，亦得為證人。

丙、應有結婚證書或其他書面文件。

丁、應由當事人雙方向戶政機關辦理結婚登記。

二、離婚

離婚者，謂夫妻於婚姻關係存續中，經協議或聲請法院判決，而解除其婚姻關係者也，例如游××，與許×麗結婚多年，個性不相投，時常為細故爭吵，感情不和諧，為顧及雙方之幸福，經商議結果，乃正式離婚……；許×慧與周××結婚一年，因周××有重大不治之惡疾，且不能人道，許×慧乃聲請法院以判決，准予離婚……。離婚，依民法的規定，其方式有二，即兩願離婚與判決離婚是也，茲分述如下：

㈠兩願離婚

兩願離婚者，是指夫妻雙方，經協議結果，同意解除婚姻關係者也。兩願離婚之方式，依民法規定，凡夫妻雙方兩願離婚者，得自行離婚，但未成年人應得法定代理人之同意。兩願離婚為要式行為，故應以書面為之，並應有二人以上之證人之簽名，於一定之時間內向戶政機關為離婚之登記。

㈡判決離婚

判決離婚者，是指夫妻一方，聲請法院以判決，准予解除婚姻關係者也。判決離婚之原因，依民法的規定，凡夫妻之一方，以他方有下列情形之一者為限，得向法院請求離婚。

甲、重婚者。但有請求權之一方於事前同意，或事後寬恕，或知悉後已逾六個月，或自情事發生後已逾二年者，不得請求離婚。

乙、與配偶以外之人合意性交者。但有請求權之一方於事前同意，或事後寬恕，或知悉後已逾六個月，或自情事發生後已逾二年者，不得請求離婚。

丙、夫妻之一方對他方為不堪同居之虐待者。

丁、夫妻之一方對他方之直系親屬為虐待，或夫妻一方之直系親屬對他方為虐待，致不堪為共同生活者。

戊、夫妻之一方以惡意遺棄他方在繼續狀態中者。

己、夫妻之一方意圖殺害他方者。但有請求權之一方自知悉後已逾一年，或自情事後生後已逾五年者，不得請求離婚。

庚、有不治之惡疾者。

辛、有重大不治之精神病者。

壬、生死不明已逾三年者。

癸、因故意犯罪，經判處有期徒刑逾六個月確定者。但有請求權之一方自知悉後已逾一年，或自情事發生後已逾五年者，不得請求離婚。

除上面列舉之法定原因得聲請法院判決離婚外，凡夫妻感情不睦，不堪為共同生活者，或夫妻分居已逾三年，難以維持婚姻等情形，亦得聲請法院判決離婚。

三、離婚之損害賠償

在勸和不勸離的傳統倫理道德觀念下，離婚實在是很不得已的一件事，一旦離婚協議或判決成立，不但子女之監護歸屬成了問題，男女雙方的精神都蒙受極大的打擊，惟既然男女雙方或一方堅持脫離夫妻之婚姻關係，則離婚之後受有損害之一方，得依民法的規定，請求賠償。有關夫妻離婚之後的請求賠償，民法有如下的明文規定，即「夫妻之一方，因判決離婚而受有損害者，得向有過失之他方，請求賠償。……前項情形，雖非財產上之損害，受害人亦得請求賠償相當之金額，但以受害人無過失者為限。……」、「夫妻無過失之一方，因判決離婚而陷於生活困難者，他方縱無過失，亦應給予相當之贍養費」……。至於夫妻離婚時，其財產之處理，民法有「夫妻離婚時，除採用分別財產制者外，各取回其結婚或變更夫妻財產制時之財產，如有剩餘，各依其夫妻財產制之規定分配之」之明文規定。

四、離婚之子女監護

夫妻離婚之後，有關子女之歸屬與監護，雖可以依離婚前雙方之協議，由一方負擔其權利義務，惟為確切保障離婚夫妻之子女監護，民法有如下的明文規定，即「夫妻離婚者，對於未成年子女權利義務之行使或負擔，依協議由一方或雙方共同任之。未為協議或協議不成者，法院得依夫妻一方……或其他利害關係人之請求或依職權酌定之」。「前項協議不利於子女者，法院得依……其他利害關係人之請求或依職權為子女之利益改定之」。「行使、負擔權利義務之一方，未盡保護教養之義務或對未成年子女有不利之情事者，他方、未成子女……社會福利機構或其他利害關係人得為子女之利益，請求法院改定之」。「……法院得依請求或依職權，為子女之利益酌定權利義務行使負擔之內容及方法。……並得為未行使或負擔權利義務之一方酌定其與未成年子女會面交往之方式及期間。但其會面交往有妨害子女之利益者，法院得依請求或依職權變更之」……。惟「父母均不適合行使權利時，法院應依子女之最佳利益……選定適當之人為子女之監護人，並指定監護之方法，命其父母負擔扶養費用及其方式」……等。

第三節　子女

子女者，謂基於父母之血統或收養關係取得之直系血親卑親屬之身分也。例如任××與成×娜結婚後，育有一子二女，其一子二女，即為其子女……；王×明與王×珠結婚十多年，未生育子女，乃收養其摯友之子為其養子，此養子即成為擬制子女……。子女，依民法的明文規定，有婚生子女、非婚生子女與養子女等三類之別，茲依序分述之：

一、婚生子女

婚生子女者，謂基於父母之婚姻關係受胎而出生之子女也。例如林×美，係於父母結婚後一年所生，即林×美為婚生子女。婚生子女既以父母之婚姻關係存續中懷孕、受胎為認定的依據，則受胎期間，不能沒有明文之規定，故民法有「從子女出生日回溯第一百八十一日起至第三百零二日止為受胎期間。能證明受胎回溯在……第一百八十一日以內或第三百零二日以前者，以其期間為受胎期間」之明文規定，惟「妻之受胎，係在婚姻關係存續中者，推定其所生子女為婚生子女」，又，「非婚生子女，其生父與生母結婚者，視為婚生子女」……。

二、非婚生子女

非婚生子女者，謂無婚姻關係之男女，因不正常之性交行為所生之子女者也，一般人習慣上稱之為私生子。例如有婦之夫龔××，與少女高××認識多年，交往甚深，經發生超友誼之性交關係後，高××竟懷孕，並於懷胎十個月後，生下一女，此一女孩即非婚生子女……。非婚生子女，倘其生父與生母結婚者，視為婚生子女。倘經生父認領者，視為婚生子女；倘經生父撫育者，視為認領，自可取得婚生子女之身分。惟非婚生子女與其生母之關係視為婚生子女，無須認領。非婚生子女或其生母，對於生父之認領得否認之，惟有下列情形之一者，得請求其生父認領為生父之子女：一、受胎期間生父與生母有同居之事實者。二、由生父所作之文書可證明其為生父者。三、生母為生父強制性交或略誘性交者。四、生母因生父濫用權勢性交者。以上，凡有事實足認其為非婚生子女之生父者，非婚生子女或其生母或其他法定代理人，得向生父提起認領之訴。至於非婚生子女認領之效力，溯及於出生時，且生父認領非婚生子女後，不得撤銷其認領。

三、養子女

養子女者，謂收養他人子女為子女，因而取得直系血親卑親屬之身分也，法律上稱其為擬制子女，例如李姓夫妻結婚多年，未生育子女，經雙方同意，收養孤兒院之孤兒郭××為長子……。收養他人之子女為子女時，其收養者為養父或養母，被收養者為養子或養女，養父或養母收養子女時，其年齡應長於被收養之子女二十歲以上，且養父或養母應與其配偶共同為之。收養有配偶之人為子女時，應得其配偶之同意，同時，收養子女時，應避免一人同時為二人之養子女。收養子女，應以書面為之，且應聲請法院認可，惟下列之親屬不得收養為養子女：一、直系血親。二、直系姻親。但夫妻之一方，收養他方之子女者，不在此限。三、旁系血親在六親等以內及旁系姻親在五親等以內輩份不相當者。養父母與養子女之關係，視同婚生子女。但其收養之關係，得由雙方同意終止之；亦得由養父母或養子女之一方，請求法院宣告終止其收養關係，惟必須有下列各款情形之一：一、對於他方為虐待或重大侮辱。二、惡意遺棄他方。三、因故意犯罪，受二年以上有期徒刑之裁判確定而未受緩刑宣告。四、有其他重大事由難以維持收養關係。

四、父母對於子女之權利義務

父母對於子女，不論是婚生子女，或者是非婚生子女經其生父認領者，抑或是收養之養子女，均有照顧及扶養之權利義務。有關父母對於子女得享有之權利義務，依民法的規定，尚有下列幾項：

㈠保護及教養權

父母對於未成年之子女，有保護及教養的權利義務，故必須保護子女的人格權，使其生命、身體、自由、名譽、貞操……等，不受他人的侵害，同時，對其平日的言行負教養的責任。

㈡懲戒權

人非聖賢，孰能無過；子女假若有過錯，父母得於必要範圍內懲戒其子女，但其懲戒行為不得過當。

㈢代理權

父母為其未成年子女之法定代理人，故未滿七歲之未成年人，由法定代理人代為意思表示，並代受意思表示。滿七歲以上之未成年人，為意思表示及受意思表示，亦應得法定代理人之允許。倘未得法定代理人之允許，所為之單獨行為，無效。

㈣財產管理權

未成年子女，因繼承、贈與或其他無償取得之財產，由父母共同管理，且有使用、收益之權。但非為子女之利益，不得處分之。

㈤親職權

對於未成年子女之權利義務，除法律另有規定外，由父母共同行使或負擔之。父母之一方不能行使權利時，由他方行使之。父母不能共同負擔義務時，由有能力者負擔之。又，父母對於未成年子女重大事項權利之行使意思不一致時，得請求法院依子女之最佳利益酌定之。惟父母之一方濫用其對於子女之權利時，其未成年子女、主管機關、社會福利機構或其他利害關係人，得請求法院宣告停止其權利之全部或一部。

第四節　監護

監護者，謂特定人對於特定人履行保護義務的法律行為也。例如父母對於智障子女的教養，子女對於心神喪失、精神障礙、中風、老人癡呆症……等的父母所為的照料……，皆稱之為監護。監護，依民法的規定，有未成年人之監護與受監護宣告人之監護（前稱禁治產）二種，茲分述之：

一、未成年人之設置

未成年人，大多為無行為能力人或限制行為能力人，故除由充任法定代理人之父母一方，善盡保護之責外，凡未成年人無父母，或父母均不能行使、負擔對於其未成年子女之權利義務時，應置監護人。但未成年人已結婚者，不在此限。

㈠監護人之設置

監護人為行使、負擔對於其未成年子女之權利義務之特定人，其設置，依民法的規定，有下列三類：

甲、委託之監護人

即父母對其未成年之子女，得因特定事項，於一定期限內，委託他人行使監護之職務。

乙、指定之監護人

即最後行使、負擔對於未成年子女之權利義務之父或母得以遺囑指定監護人。

丙、法定之監護人

即父母均不能行使、負擔對於未成年子女之權利義務，或父母死亡而無遺囑指定監護人時，依民法的規定，得依下列順序指定其監護人：

1.與未成年人同居之祖父母。

2.與未成年人同居之兄姊。

3.不與未成年人同居之祖父母。

4.其他（三親等內旁系血親尊親屬、社會福利機構）。

㈡監護人之職務

監護人之職務，依民法的規定，有下列數項：

甲、行使或負擔對於未成年人之權利義務

即除另有規定外，監護人於保護、增進受監護人利益之範圍內，行使、負擔父母對於未成年子女之權利義務。但由父母暫時委託者，以所委託之職務為限。

乙、充任受監護人之法定代理人

監護人於監護權限內，為受監護人之法定代理人，故對於未滿七歲之無行為能力人，應代為意思表示或受意思表示；對於滿七歲以上之未成年人，得限制其意思表示或受意思表示，其所為之單獨行為，應經法定代理人之允許。

丙、開具財產清冊

即監護開始時，監護人對於受監護人之財產，應會同遺囑指定、當地直轄市、縣市政府指派或法院指定之人，於二個月內開具財產清冊。

丁、管理財產

受監護人之財產，由監護人管理。其執行監護之費用，由受監護人之財產負擔。監護人管理受監護人之財產，應與處理自己事務為同一之注意。監護人對於受監護人之財產，非為受監護人之利益，不得使用、代為或同意處分。倘為不動產之購置或處分，應得法院之允許。

㈢監護人之報酬

監護人得請求報酬，其數額由法院按其勞力及受監護人之資力酌定之。

㈣監護人之賠償責任

監護人於執行監護職務時，因故意或過失，致生損害於受監護人者，應負賠償之責。

二、受監護宣告人之監護

受監護人，大致因心神喪失或精神障礙或罹患其他嚴重之精神疾病，不能處理自己之事務，而由親屬聲請法院宣告為無行為能力之人。受監護宣告之人，依民法的規定，應置監護人。

㈠監護人之選定

法院為監護之宣告時，應依職務就下列之特定親屬、主管機關或社會福利機構……等，選定一人或數人為監護人：

1.配偶。

2.四親等內之親屬。

3.最近一年有同居事實之其他親屬。

4.主管機關。

5.社會福利機構。

6.其他適當之人。

法院於選定監護人時，得同時指定會同開具財產清冊之人。

㈡監護人之職務

監護人之職務，民法有「監護人於執行有關受監護人之生活、護養療治及財產管理之職務時，應尊重受監護人之意思，並考量其身心狀態與生活狀況」之明文，故監護人之職務，包括：一、監護受監護人之生活。

二、護養療治並注意其身心狀態。三、財產之管理。

第五節　扶養

扶養者，謂特定親屬之間於他方無謀生能力時，給予生活上之援助與贍養者也，例如父母之扶養子女、子女之扶養老邁父母、兄弟之扶養失怙弟妹……等。扶養，以受扶養者不能維持生活而無謀生能力者為限，茲依民法的規定，略述扶養之範圍、順序、程度、方法……等。

一、扶養之範圍

扶養之範圍，依民法的規定，下列親屬互負扶養之義務：

㈠直系血親相互間。

㈡夫妻之一方，與他方之父母同居者，其相互間。

㈢兄弟姊妹相互間。

㈣家長家屬相互間。

二、扶養之順序

扶養之順序，在使扶養之責任專一，無可推卸其權利義務，茲依扶養權利人之順序與扶養義務人之順序分述如下：

㈠受扶養權利人之順序

受扶養權利者，假若有數人，而負扶養義務者之經濟能力，不足扶養其全體時，依下列順序，定其受扶養之人：

甲、直系血親尊親屬。

乙、直系血親卑親屬。

丙、家屬。

丁、兄弟姊妹。

戊、家長。

己、夫妻之父母。

庚、子婦、女婿。

惟同係直系尊親屬或直系卑親屬者，以親等近者為先。又，受扶養權利人，假若有數人，而其親等同一時，應按其需要之狀況，酌為扶養。

㈡扶養義務人之順序

負扶養義務者，假若有數人時，應依下列順序，定其履行義務之人：

甲、直系血親卑親屬。

乙、直系血親尊親屬。

丙、家長。

丁、兄弟姊妹。

戊、家屬。

己、子婦、女婿。

庚、夫妻之父母。

惟同係直系尊親屬或直系卑親屬者，以親等近者為先。又，負扶養義務者，倘若有數人，而其親等同一時，應各依其經濟能力，分擔義務。

三、扶養之程序

扶養之程度，依民法的規定，應按受扶養權利者之需要，與負扶養義務者之經濟能力及身分定之。

四、扶養之方法

扶養之方法，原則上由當事人協議定之。不能協議時，由親屬會議定之。

研究討論問題

一、何謂血親？何謂姻親？請舉例說明。

二、何謂直系血親？何謂旁系血親？請舉例說明。

三、何謂親等？如何計算？請繪表自行研究。

四、姻親的親等，如何採計？請依民法的規定說明之。

五、結婚為要式行為，故必須符合實質要件與形式要件，才能發生法律上的效力，請就實質要件與形式要件列舉說明之。

六、研究夫妻在何種情況下，才得以向法院聲請准予離婚？

七、研究夫妻離婚後子女應由何方監護較妥善。

八、父母對於子女享有何項權利？請列舉說明之。

第六章
遺產的繼承

第一節　遺囑

遺囑者，謂特定人於死亡前所為之單獨要式行為也，例如張××於死亡前，向其配偶及其子女，所為的遺產贈與口頭交代……；××公司董事長鄭××，於死亡前向××法院公證處所為的遺產繼承的口述存證……；××公司的總經理謝××，於死亡前交代子女，所為的代筆遺言……等等，皆是遺囑的例子。遺囑，民法有如下的規定：

一、遺囑的通則

凡特定人生前得為之行為，例如監護人之指定、繼承人之指定、遺產分割方法之指定、遺贈、遺產執行人之指定……等等，皆得為遺囑之內容，惟遺囑人所為的遺囑行為，仍有法律上的限制：

㈠遺囑能力的限制

依民法的明文規定，無行為能力人，不得為遺囑。限制行為能力人，無須經法定代理人之允許，得為遺囑。但未滿十六歲者，不得為遺囑。

㈡遺囑人得自由處分遺產

依民法的明文規定，遺囑人於不違反關於特留分規定之範圍內，得以遺囑自由處分其遺產。

㈢受遺贈權之喪失

依民法的明文規定，凡有民法所定繼承權喪失情事之一者，受遺贈權亦依法喪失。

二、遺囑的方式

遺囑的方式，依民法的規定，有自書遺囑、公證遺囑、密封遺囑、代筆遺囑、口授遺囑等五種，茲依序分述如下：

㈠自書遺囑

自書遺囑者，謂特定人於生前親自書寫之遺囑者也。依民法的規定，自書遺囑者，應自書遺囑全文，記明年月日，並親自簽名。如有增減、塗改，應註明增減塗改之處所及字數，另行簽名。

㈡公證遺囑

公證遺囑者，謂特定人於生前在法院公證人處，所為的口述存證之遺囑者也。公證遺囑，依民法的規定，應指定二人以上之見證人，在公證人前口述遺囑意旨，由公證人筆記、宣讀、講解，經遺囑人認可後，記明年月日，由公證人、見證人及遺囑人同行簽名。遺囑人不能簽名者，由公證人將其事由記明，使按指印代之。

㈢密封遺囑

密封遺囑者，謂特定人於生前將書寫之遺囑予以密封，而向公證人提出者也。密封遺囑，依民法的規定，應於遺囑上簽名後，指定二人以上之見證人，向公證人提出，陳述自己之遺囑，如非本人自寫，並應陳述繕寫人之姓名住所，由公證人於封面記明該遺囑提出之年月日及遺囑人所為之陳述，與遺囑人及見證人同行簽名。密封遺囑，如不具備上述所定之方式，而具備自書遺囑之方式，有自書遺囑之效力。

㈣代筆遺囑

代筆遺囑者，謂特定人於生前以口述方式，表明遺囑意旨，並由見證人代為筆錄者也。代筆遺囑，依民法的規定，由遺囑人指定三人以上之見證人，並由遺囑人口述遺囑意旨，使見證人中之一人筆記、宣讀、講解，經遺囑人認可後，記明年月日及代筆人之姓名，由見證人全體及遺囑人同行簽名，遺囑人不能簽名者，應按指印代之。

㈤口授遺囑

口授遺囑者，謂特定人於生命危急時，以口述之方式，表明遺囑意旨，並由見證人予以筆記或錄音者也。口授遺囑，依民法的規定，由遺囑人指定二人以上之見證人，並口授遺囑意旨，由見證人中之一人，將該遺囑意旨，據實作成筆記，並記明年月日，與其他見證人同行簽名；或由遺囑人指定二人以上之見證人，並口述遺囑意旨、遺囑人姓名及年月日，由見證人全體口述遺囑之為真正及見證人姓名，全部予以錄音，將錄音帶當場密封，並記明年月日，由見證人全體在封縫處同行簽名。口授遺囑，應由見證人中之一人或利害關係人，於為遺囑之人死亡後三個月內，提經親屬會議認定其真偽。倘對於親屬會議之認定，有異議者，得聲請法院判定之。

三、遺囑見證人的限制

遺囑人於生前為遺囑時，均須見證人之筆記、錄音或作證；關於見證人之指定，民法有下列不得為遺囑見證人之規定，即：

㈠未成年人。

㈡禁治產人。

㈢繼承人及其配偶或其直系血親。

㈣受遺贈人及其配偶或其直系血親。

㈤為公證人或代行公證職務人之同居人、助理人或受僱人。

四、遺囑之效力

遺囑人於生前所為之遺囑，並不立即發生效力。依民法的規定，「遺囑，自遺囑人死亡時，發生效力」，故遺囑人於生前所為之遺囑，必待死亡之後，始能發生法律上之效力。遺囑人於生前所為之遺囑，倘有遺贈之囑付，並附有停止條件者，自條件成就時，發生效力。惟受遺贈人倘於遺囑發生效力前死亡者，其遺囑不生效力。遺囑人以一定之財產為遺贈，而其財產在繼承開始時，有一部分不屬於遺產者，其一部分遺贈無效。全部不屬於遺產者，其全部遺贈為無效。但遺囑另有意思表示者，從其意思。遺贈，如附有義務者，受遺贈人以其所受利益為限，負履行之責。

第二節　繼承

繼承者，特定人承繼被繼承人遺產之法律行為也。例如林××，於學成回國後，承繼其先父經營之××公司所有遺產……；韓小玲父母於赴歐洲觀光途中，因飛機失事，致父母均罹難，韓小玲悲痛之餘，竟承繼父母之遺產一億元……；趙××，年幼失怙，家貧如洗，於窮苦潦倒中，竟獲××公司故董事長之遺贈一千萬元……。繼承，民法規定，於被繼承人死亡時，開始發生效力，因此，被繼承人死亡時，有繼承權的繼承人得為繼承之行為。

一、繼承人的先後順序

繼承人，既有繼承權得以承繼被繼承人的所有遺產，則其繼承權的行使，自應有先後之順序，以資遵循，俾免繼承人為爭取先後之繼承權，而發生紛爭。有關繼承人的先後順序，民法有如下的規定，即遺產繼承人，除配偶外，依下列順序定之：

㈠直系血親卑親屬。但以親等近者為先。

㈡父母。

㈢兄弟姊妹。

㈣祖父母。

惟第一順序之繼承人，有於繼承開始前死亡或喪失繼承權者，由其直系血親卑親屬代位繼承其應繼分。又，同一順序之繼承人有數人時，按人數平均繼承。

二、配偶的應繼分

配偶，有相互繼承遺產之權，其應繼分，民法有下列的規定：

㈠與直系血親卑親屬同為繼承時，其配偶的應繼分與他繼承人平均。

㈡與父母或兄弟姊妹之繼承人同為繼承時，其配偶的應繼分為遺產的二分之一。

㈢與祖父母之繼承人同為繼承時，其配偶的應繼分為遺產的三分之二。

㈣無直系血親卑親屬、父母、兄弟姊妹、祖父母等繼承人時，其配偶的應繼分為遺產全部。

三、繼承權之喪失

繼承權之喪失者，謂繼承人對於被繼承人或其他繼承人有不法或不道德的行為，致失去繼承權之法律行為也。依民法的規定，凡有下列各款情事之一者，喪失其繼承權：

㈠故意致被繼承人或應繼承人於死，或雖未致死因而受刑之宣告者。

㈡以詐欺或脅迫使被繼承人為關於繼承之遺囑，或使其撤回或變更者。

㈢以詐欺或脅迫妨害被繼承人為關於繼承之遺囑，或妨害其撤回或變更者。

㈣偽造、變造、隱匿或湮滅被繼承人關於繼承之遺囑者。

㈤對於被繼承人有重大之虐待或侮辱情事，經被繼承人表示其不得繼承者。

惟上述第㈡款至第㈣款之規定，如經被繼承人宥恕者，其繼承權不喪失。

四、被繼承人債務之清償

被繼承人死亡後，其未清償之債務，原則上應由繼承人就繼承所得遺產為限，負連帶責任、清償之。繼承人為無行為能力人或限制行為能力人（即未滿七歲之未成年人或滿七歲以上之未成年人），對於被繼承人之債務，亦得就其所得遺產為限，負清償責任。繼承人相互間對於被繼承人之債務，除法律另有規定或另有約定外，按其應繼分之比例負擔之。

五、繼承人之拋棄繼承

被繼承人死亡後，是否有未清償之債務，原則上繼承人得拋棄其繼承權。繼承人之拋棄繼承權，應於知悉其得繼承之時起三個月內，以書面向法院聲請之。並應於拋棄繼承後，以書面通知因其拋棄而應為繼承之人。

研究討論問題

一、何謂遺囑？何謂繼承？

二、遺囑的方式有哪幾種？請列舉說明。

三、繼承人的先後順序如何？請依民法的規定列舉之。

四、被繼承人死亡後，其配偶如何與子女或其他親屬繼承其遺產？請依民法的規定說明之。

五、在何種情形下，繼承人應喪失其繼承權？請依民法的規定說明之。

第七章
常用的商事法規

常用的商事法規，包括公司法、票據法、保險法、海商法……等等，由於這些商事法規，皆屬於民法的特別法，故本章特就公司、票據、保險、海商……等依序加以分述：

第一節　公司

企業的經營方式，大致有兩種型態，一是個人的獨立經營，一是多人的合力經營，前者規模較小，資力有限，企業的風險較大，容易倒閉；而後者的規模較大，資力較雄厚，得不斷擴充人力、充實設備，基礎較穩固，不容易倒閉，例如製米粉工廠、製糕餅工廠、製麵包工廠、製成衣工廠、製罐頭食品工廠、旅社、飲食店……等，很多是個人所獨立經營的企業。至於較大規模的橡膠公司、塑膠公司、造紙公司、紡織公司、汽車公司、食品公司……等，則大多是多人合力經營的企業，那麼，什麼是公司呢？公司可說是以營利為目的而成立的社團法人。

一、公司的種類

公司的種類，依公司法的規定，有下列四種：

㈠無限公司

即指由二人以上股東所組織，對公司債務負連帶無限清償責任之公司。

㈡有限公司

即指由一人以上股東所組織，就其出資額為限，對公司負其責任之公司（過去為五人以上、二十一人以下股東所組織）

㈢兩合公司

即指由一人以上無限責任股東與一人以上有限責任股東所組織，其無限責任股東對公司債務負連帶無限清償責任，有限責任股東就其出資額為限，對公司負其責任之公司。

㈣股份有限公司

即指由二人以上股東或政府、法人股東一人所組織，全部資本分為股份；股東就其所認股份，對公司負其責任之公司（過去為七人以上股東所組織）。

二、公司的名稱

公司的名稱，應標明公司之種類，不得與他公司名稱相同，例如××有限公司、××無限公司、××兩合公司、××股份有限公司等。惟同類業務之公司，不論是否同一種類、是否同在一省（市）區域以內，不得使用相同或類似名稱。又，不同類業務之公司，使用相同名稱時，登記在後之公司應於名稱中加記可資區別之文字。

三、公司的登記

公司之登記，應由代表公司之負責人備具申請書，向中央主管機關申請之。由代理人申請者，應加具委託書。其代理人，以會計師、律師為限。公司之登記，原則上由中央主管機關訂定辦法行之。

四、公司的經理人

經理人者，謂為公司或商號管理事務及為其簽名之特定人也。例如××公司之經理……。有關經理人之設置，依公司法的規定，公司得依章程規定置經理人。經理人之委任、解任及報酬，無限公司、兩合公司須有全體無限責任股東過半數之同意；有限公司須有全體股東過半數之同意；股份有限公司應由董事會以董事過半數之出席，及出席董事過半數同意之決議行之。但有下列情事之一者，不得充任經理人，其已充任者，解任之，並由主管機關撤銷其經理人之登記：

㈠曾犯組織犯罪防治條例規定之罪，經有罪判決確定，服刑期滿尚未逾五年者。

㈡曾犯詐欺、背信、侵占罪，經受有期徒刑一年以上刑之宣告，服刑期滿尚未逾二年者。

㈢曾服公務虧空公款，經判決確定，服刑期滿尚未逾二年者。

㈣受破產之宣告，尚未復權者。

㈤使用票據經拒絕往來尚未期滿者。

㈥無行為能力或限制行為能力者。

五、公司的解散

公司的解散，依公司法的規定，有命令解散與裁定解散兩種：

㈠命令解散

命令解散是由中央主管機關基於職權或依據地方主管機關的報請或利害關係人的申請，所為的行政處分，依公司法的規定，凡有下列情事之一

者，命令解散之：

甲、公司設立登記後六個月尚未開始營業者。

乙、公司開始營業後自行停止營業六個月以上者。

㈡裁定解散

裁定解散是指公司之經營，有顯著困難或重大損害時，法院得依據股東之聲請，於徵詢主管機關及目的事業中央主管機關意見，並通知公司提出答辯後，以裁定命其解散。

第二節　票據

票據者，謂特定人向特定人約定支付一定金額的有價證券；或者是特定人委託受委託者代為支付一定金額的特種證券，前者如發票人所簽發的本票，後者如持票人向郵局辦理兌現的所謂匯票。票據，依票據法的規定，分為匯票、本票與支票等三種：

一、票據的種類

票據是表彰金錢價額的一種有價證券，在日常生活上，應用甚廣，且相當方便，可以代替貨幣之行使，不必現金為給付，例如清償積欠之租金新台幣拾萬元，只須簽發支票一張，指明付款之金融機關，將支票交與債權人即可。票據，通常有下列三種：

㈠匯票

匯票者，謂發票人簽發一定之金額，委託付款人於指定之到期日，無條件支付與受款人或執票人之票據。例如××郵局的承辦員×××，於受理匯款人的匯款單後，即以發票人的名義，代替郵局簽發匯款人的匯款金額，以及受款人的姓名，並委託匯款地郵局的承辦付款人，於有效之期間內，見票即無條件支付匯票所載之金額與受款人或代理受款人領款之執票人……。

㈡本票

本票者，謂發票人簽發一定之金額，於指定之到期日，由自己無條件支付與受款人或執票人之票據。例如××公司的經理徐××，為償還新台幣五十萬元的債務，以發票人的名義，簽發了新台幣五十萬元的本票乙張，交付於債權人卓××；債權人卓××，乃於指定之到期日，持本票票據，向××銀行領取新台幣五十萬元的現鈔……。

㈢支票

支票者，謂發票人簽發一定之金額，委託金融業者於見票時，無條件支付與受款人或執票人之票據。例如××學校的會計小姐尹××，以發票人的名義，代替學校簽發教師成××的×月份薪餉及鐘點費，計新台幣十二萬元的支票一張，並以掛號信函寄達教師成××住所。成××即委託其妻王××持支票前往指定之彰化銀行領款，受委託之彰化銀行於見票後，乃無條件支付代理受款人領款之執票人新台幣十二萬元……。

二、票據的簽發

票據的簽發，不論是匯票、本票，抑或是支票，均是由發票人簽發一定之金額，記載應記載之事項，並於票據上簽名者。發票人應記載之事項，大致有下列幾項：

㈠表明其為匯票、本票或支票之文字。

㈡一定之金額。

㈢付款人之姓名或商號。

㈣受款人之姓名或商號。

㈤無條件支付之委託。

㈥發票地。

㈦發票年月日。

㈧付款地。

㈨到期日。

凡票據未載到期日者，視為見票即付。未載付款人者，以發票人為付款人。未載受款人者，以執票人為受款人。未載發票地者，以發票人之營業所、住所或居所所在地為發票地。未載付款地者，以付款人之營業所、住所或居所所在地為付款地；或以發票地為付款地。另外，支票之發票人尚得以自己或付款人為受款人，並得以自己為付款人。

三、票據的效力

票據，應記載上項票據法所規定之事項。倘記載票據法所不規定之事項者，不生票據上的效力。又，欠缺票據法上所規定應記載事項之一者，其票據無效。但票據法別有規定者，不在此限。票據上之記載，除金額外，得由原記載人於交付前改寫之。但應於改寫處簽名。

四、票據的責任

在票據上簽名者，依票據上所載文義負責。惟二人以上共同簽名者，應連帶負責。又，票據上之簽名，得以蓋章代之。票據上倘若有記載金額之文字與號碼不符時，以文字為準。代理人未載明為本人代理之旨而簽名於票據者，應自負票據上之責任。無代理權而以代理人名義簽名於票據者，應自負票據上之責任。又，代理人逾越權限時，就其權限外之部分，亦應自負票據上之責任。

五、票據之取得

執票人善意取得已具備票據法所規定應記載事項之票據者，得依票據文義行使權利；惟以惡意或有重大過失取得票據者，不得享有票據上之權利。

六、票據之偽造、變造與塗銷

票據之偽造或票據上簽名之偽造，不影響於真正簽名之效力。票據經變造時，簽名在變造前者，依原有文義負責。簽名在變造後者，依變造文義負責。不能辨別前後時，推定簽名在變造前。惟此項票據變造，其參與或同意變造者，不論簽名在變造前或變造後，均依變造文義負責。至於票據上之簽名或記載被塗銷時，非由票據權利人故意為之者，不影響於票據上之效力。

七、票據之喪失

票據喪失時，票據權利人得為止付之通知。但應於提出止付通知後五日內，向付款人提出已為聲請公示催告之證明。

第三節　保險

××餐廳老闆汪××，於餐廳正式營業之前，曾在××保險公司簽訂火災保險契約……；××幼稚園為顧及幼童生命安全及身體之健康，曾為全園幼童向××保險公司辦理平安保險……；醫師廖××，有感於年齡已高，身體已逐漸消瘦，為防範來日發生意外，乃向××保險公司訂立人壽保險契約……；某大學學生洪××，購買喜美牌汽車一輛，為防止他日發生意外事故，致汽車遭破壞或毀損，乃向××汽車保險公司投保……，以上所舉的例子，均是訂立保險契約的法律行為，那麼，什麼是保險呢？依保險法的明文規定，所謂保險，是指當事人約定，一方交付保險費於他方，他方對於因不可預料或不可抗力之事故所致之損害，負擔賠償財產之行為。例如飛機意外發生事故，機身斷裂，乘客全部罹難，保險公司除了要負擔賠償之義務外，有關的民航公司也應對罹難的乘客負擔賠償之責任。惟有關的民航公司於事前必須與該保險公司，有陸空保險契約的簽訂，才有法律上的效力。

一、保險的種類

保險，依保險法的明文規定，分為財產保險及人身保險等二種：

㈠財產保險

財產保險，包括火災保險、海上保險、陸空保險、責任保險、保證保險及經主管機關核准之其他財產保險。例如餐廳、飯店、舞廳、歌廳及其他娛樂場所的所有權人，為防止意外火災所致的物之毀損與滅失，與保險公司簽訂的保險契約，即是火災保險……；輪船、漁船、遊艇等所有權人，為防止因海上事變及災害所生之物的毀損、滅失及費用，與保險公司所簽訂的保險契約，即是海上保險……；民航飛機、私人直昇機、汽車、機車等所有權人，為防止因陸上、內河及航空所生之事變及災害，而遭致之物的毀損、滅失及費用，與保險公司所簽訂的保險契約，即是陸空保險……；而私人為擔負民事賠償責任，與保險公司所簽訂的保險契約，即是責任保險……；又，私人以受僱人之不誠實行為或其債務人不履行債務，所能導致之損失，與保險公司簽訂的保險契約，即是保證保險……；至於火災保險、海上保險、陸空保險、責任保險及保證保險以外，而以財物或無形利益為保險標的之各種保險，即是其他財產保險。

㈡人身保險

人身保險包括人壽保險、健康保險、傷害保險及年金保險等四項。人壽保險是以人的壽命為保險標的的契約，例如由子女或其他第三人，代被保險人簽訂之壽命保險契約，即是人壽保險……；健康保險是被保險人為防止因疾病、分娩及其所致之殘廢或死亡，與保險公司所簽訂的保險契約，例如目前國內強制執行之全民健康保險，以及私人與保險公司所簽訂之健康保險契約。而傷害保險，即是被保險人為防止意外傷害及其所致之殘廢或死亡，與保險公司所簽訂之保險契約，例如眼睛、鼻子、四肢、身體、乳房……等器官與機能之傷害保險。至於年金保險，即是被保險人與保險公司簽訂契約，於被保險人生存期間或特定期間，依照契約所定，一次或分期給付一定金額之責，例如保險公司一次給付一定金額與被保險人之受益人。

二、保險的利益

保險的利益，得就財產保險的保險利益及人身保險的保險利益等兩方面分述之：

㈠財產保險的保險利益

依保險法的明文規定，要保人（亦稱為被保險人）對於財產上之現有利益，或因財產上之現有利益而生之期待利益，有保險利益。又，運送人或保管人對於所運送或保管之貨物，以其所負之責任為限，有保險利益。

㈡人身保險的保險利益

依保險法的明文規定，要保人，即被保險人，對於下列各人之生命或身體，有保險的利益：

甲、本人或其家屬。

乙、生活費或教育費所仰給之人。

丙、債務人。

丁、為本人管理財產或利益之人。

其次，凡基於有效契約而生之利益，亦得為保險利益。

三、保險契約的簽訂

保險契約，依保險法的規定，應以保險單或暫保單為之。且保險契約之簽訂，應由保險人於同意要保人申請後辦理。保險契約由代理人訂立者，應載明代訂之意旨；由合夥人或共有人中之一人或數人訂立，而其利益及於全體合夥人或共有人者，應載明為全體合夥人或共有人訂立之要旨。保險契約，除人身保險外，得為指示式或無記名式。又，保險契約分不定值保險契約及定值保險契約，前者為契約上載明保險標的之價值，須至危險發生後估計而訂之保險契約；後者為契約上載明保險標的一定價值之保險契約。保險契約訂立時，保險標的之危險已發生或已消滅者，其契約無效。

四、保險費之交付

保險費分一次交付及分期交付兩種，要保人，即被保險人應依契約規定交付。惟保險契約規定一次交付或分期交付之第一期保險費，應於契約生效前交付之。

五、保險人之責任

依保險法的規定，保險人，即保險公司，對於由不可預料或不可抗力之事故所致之損害，負賠償責任；對於由要保人或被保險人之過失所致之損害，負賠償責任；對於因履行道德上之義務所致之損害，負賠償責任；對於因要保人或被保險人之受僱人，或其所有之物或動物所致之損害，負賠償責任；對於因戰爭所致之損害，負賠償責任；對於要保人或被保險人，為避免或減輕損害之必要行為所生之費用，負償還之責……。

第四節　海商

海商，是海上的企業，即以海上的貨物與旅客的運送為企業的標的，而以船舶的運載為工具的商業活動。例如××公司經營的××輪，以運送旅客往來於高雄與馬公之間的航線，為企業的標的；××公司經營的××輪，以載運貨物往來於臺灣與日本的航線，為企業的標的。

一、運送契約

凡以船舶之全部或一部供運送為目的，而簽訂之契約，稱之為運送契約。運送契約，依海商法的規定，分為貨物運送與旅客運送二種：

㈠貨物運送

貨物運送，有以件貨之運送為目的者，有以船舶之全部或一部供運送為目的者。以船舶之全部或一部供運送之契約，應以書面為之，且不因船舶所有權之移轉而受影響。惟託運人所裝載貨物，不及約定之數量時，仍應負擔全部之運費。運送人所供給之船舶有瑕疵，不能達運送契約之目的時，託運人得解除契約。託運人因解除契約，應付全部運費時，得扣除運送人因此減省費用之全部，及另裝貨物所得運費四分之三。貨物運達後，運送人或船長應即通知託運人指定之受貨人。

㈡旅客運送

旅客購妥船票後，運送人或船長應依船票所載，運送旅客至目的港。倘船舶不於預定之日發航者，旅客得解除其運送契約。旅客在船舶發航或航程中，不依時登船，或船長依職權實行緊急處分迫令其離船者，仍應給付全部票價。船舶因不可抗力不能繼續航行時，運送人或船長應設法將旅客運送至目的港。旅客之目的港，如發生天災、戰亂、瘟疫及其他特殊事故，致船舶不能進港卸客者，運送人或船長得依旅客之意願，將其送至最近之港口或送返乘船港。

二、船舶碰撞

船舶在中華民國領海內水港口河道內碰撞者，法院對於加害之船舶，得扣押之；惟碰撞不在中華民國領海內水港口河道內，而被害者為中華民國船舶或國民，法院於加害之船舶進入中華民國領海後，得扣押之。船舶之碰撞，依海商法的規定，碰撞係因於一船舶之過失所致者，由該船舶負損害賠償責任，倘各船舶有共同過失時，各依其過失程度之比例負其責任，不能判定其過失之輕重時，各方平均負其責任，但有過失之各船舶，對於因死亡或傷害所生之損害，應負連帶責任。碰撞，係因不可抗力而發生者，被害人不得請求損害賠償。

三、海難救助

船舶碰撞後，各碰撞船舶之船長，應於不甚危害其船舶、海員或旅客之範圍內，對於他船舶船長、海員及旅客盡力救助；除有不可抗力之情形外，在未確知繼續救助為無益前，船舶應停留於發生災難之處所，並應於可能範圍內，將其船舶名稱及船籍港以及開來及開往之處所，通知於他船舶。至於船舶發生其他海難時，船長應於不甚危害其船舶、海員、旅客之範圍內，對於淹沒或其他危難之人盡力救助。而凡對於船舶或船舶上財物施以救助而有效果者，得請求相當之報酬。

研究討論問題

一、列舉說明公司的種類。

二、列舉說明票據的種類。

三、舉例說明財產保險的種類。

四、舉例說明人身保險的種類。

五、何謂海商？何謂運送契約？運送契約的目的何在？請說明之。

第四編

刑法與人生

刑法是規定犯罪與刑罰的法律，與每個人的生活作息、就學就業，乃至營求政治上、經濟上、教育上、社會上公的或私的生活，有十分密切的關係。一個人倘若犯了罪，被判了死刑，則其生命的法益即被剝奪，不久將被迫永離社會，再也見不到親人朋友，其遭遇可說相當悲慘，不能說刑法與人生毫無關係。同樣的，一個人倘若犯了罪，被判了無期徒刑或長期間的有期徒刑，則其身體自由即被剝奪，將長期間的被拘禁在監獄，過著與社會群體隔離的悽慘、孤獨生活，故也不能說刑法與人生毫無關係。再者，假若一個人犯了罪，被判了罰金新臺幣幾十萬元或幾佰萬元，則個人財產的法益，將失去其法律上的保障，而個人爲了繳納這筆罰金，勢必減少所累積的財產，影響及家庭的生計。又，犯了罪的人，假若被褫奪公權一年以上，則其服公職的資格將被剝奪，不能繼續充任公務人員，也不能說對其人生毫無影響。總之，刑法與人生，如影之隨形，關係密切，本編擬就第一章刑法的概念；第二章犯罪的斷定；第三章刑罰的適用；第四章常犯的罪行……等概述之。

第一章
刑法的概念

第一節　刑法的意義

陳×明觸犯了刑法的殺人、分屍、棄屍罪，被法院法官依刑法第二百七十一條第一項的規定，判處死刑；王×文、林×彬、嚴×彰等三人，觸犯了刑法的擄人勒贖並致重傷罪，被法院法官依刑法第三百四十七條第二項的規定，各判處無期徒刑；鄭×飛，身為公務員，竟觸犯了刑法的瀆職罪，被法院法官依刑法第一百二十一條的規定，判處有期徒刑二年四個月，褫奪公權二年；呂×欽，身為公務員，竟洩露國防以外應秘密的文書，被法院法官依刑法第一百三十二條第一項的規定，判處有期徒刑八個月，緩刑二年，並准予易科罰金；蔡×鈞觸犯了刑法的公然侮辱罪，被法院法官依刑法第三百零九條第一項的規定，科處拘役×日……。

何謂刑法？簡單的說，凡規定犯罪與刑罰的法律，稱為刑法。詳細的說，一個人的行為，在何種情況下，才算是犯罪，犯了何種罪名，應該如何處罰，法律規定得很清楚，這種法律稱為刑法，它是由立法機關依據立法程序制定的行為規範法典。

刑法有廣義與狹義之別。廣義的刑法是指凡具有刑罰規定的法典，通稱為刑法，例如槍砲彈藥刀械管制條例、貪污治罪條例、妨害兵役治罪條例、懲治走私條例、洗錢防制法、毒品危害防制條例……等等，甚至礦業法（第六十九條）、公司法（第九條、第十九條）、稅捐稽徵法（第四十一條至第四十三條）……等等亦包括在內。至於狹義的刑法，是指經立法機關制定，而由總統公布的現行刑法。

第二節　刑法的性質

刑法是規範犯罪與刑罰的法典，其在法律體系中的性質，包括下列幾項：

一、刑法是國內法

法律就其適用範圍廣狹之不同，得分為國際法與國內法。舉凡適用於國際間的法律，例如國際公法，即稱為國際法。而適用於一國統治領域範圍內的法律，即稱為國內法。我刑法係適用於中華民國領域內之法律，故為國內法。

二、刑法是成文法

法律就其制定形式之不同，得分為成文法與不成文法。舉凡法律是以本國（或外國）通用的文字，有系統、有組織的規定，並經立法程序制定完成的法律，稱之為成文法。而未曾以通用的文字，有系統、有組織地規定，並經制定程序的法律，稱之為不成文法。我刑法的內容，係以中華民國通用之文字，有系統、有組織的規定，並經立法程式制定的，故為成文法。

三、刑法是公法

法律就其規範對象之不同，得分為公法與私法。舉凡法律是規範國家與國家間，或國家與人民間權利義務關係的法規，稱之為公法。而凡規範人民相互間權利義務關係的法規，稱之為私法。我刑法是規範國家與人民間，權利義務關係的法律，故為公法。

四、刑法是普通法

法律就其適用層面之不同，得分為普通法與特別法。舉凡法律適用於國內一般人及一般事項者，稱之為普通法。而凡適用於特別身分之人及特別事項者，稱之為特別法。我刑法是適用於國內一般人、一般事項者，故為普通法。

五、刑法是實體法

法律就其規定內容之不同，得分為實體法與程序法。舉凡規範權利與義務關係的法律，稱之為實體法。而規範實現權利與義務關係的程序，稱之為程序法。我刑法是規範權利與義務關係的本體法律，故為實體法。

六、刑法是強行法

法律就其拘束效力之不同，得分為強行法與任意法。舉凡法律的規定均必須一律遵守，不容違背者，稱之為強行法。而凡容許私人自由選擇，任意決定是否遵守法律規定或適用法律規定的情形，稱之為任意法。我刑法是規範犯罪與刑罰的法律，任何人均必須知法、守法，不得明知故犯，觸犯刑法上明文規定不得作為的行為，否則將繩之以法，依法科處刑罰，故刑法是強行法。

第三節　刑法的功能

刑法是規定何種行為構成犯罪，何種犯罪的罪情應科處何種刑罰的法典，其功能大致有下列幾項：

一、規範犯罪的行為

刑法以明文規定，何種情況的行為，構成犯罪要件；何種情況的行為，得阻卻違法責任；何種情況的特定行為人，得減輕或免除其刑事責任；何種情況的犯罪人，得加重其刑；何種情況的犯罪人，應科處何種刑罰；……一方面提供規範供法官審判刑事案件之依據，俾避免其濫用審判權利，剝奪犯罪人之生命、身體、自由之權益；一方面揭示規範警惕國人克制私慾，遵守法律，避免傷人利己，製造事故，侵犯他人身體、生命、自由、名譽、財產之權益。

二、保障社會的安全

法律能保障社會的安全，才能安定民心、促進國家的富強、經濟的繁榮；刑法規範犯罪行為與刑事制裁，使犯罪者能獲得合理的懲罰，同時在刑罰之威嚇、教育下，能促其改過遷善，重新做人；刑法的目的，不重在如何威嚇、處罰犯罪人；而重在如何防止犯罪，保障社會的安全，增進人民生活的安定、有序。

三、保護私人的權益

私人的生命、身體、自由、名譽、財產等權益，不容他人之侵害與剝奪；舉凡有剝奪或侵害他人生命、身體、自由、名譽或財產等權益之犯罪人，被害者得依法律的規定，訴請法院排除其侵害，並繩之以法，科處刑罰，以示炯戒。刑法規範犯罪與刑罰，其目的亦在保護私人的權益。

第四節　刑法的原則

刑法的適用，以罪刑法定主義為主要基本原則，其次，尚有由罪刑法定主義所延伸或牽涉的種種原則，茲分述如下：

一、罪刑法定主義

犯罪與刑罰，必須有法律的明文規定，因此，何種行為觸犯法律，構成犯罪要件合致性，何種犯罪罪情，應科處何種刑罰，法律均必須有明文可依據，此稱之為罪刑法定主義；例如路人田×華，見街頭有三位服裝不整的少年，正欺侮弱小，當場激於義憤，乃持木棍毆打之、擊傷之。依刑法第二百七十九條之明文規定，路人田×華雖是路見不平、激於義憤，但因擊傷人，觸犯了「義憤傷害罪」，故必須依法科處二年以下有期徒刑、拘役或一千元以下罰金，此項犯罪與刑罰的規定，即所謂罪刑法定主義，故刑法第一條「行為之處罰，以行為時之法律有明文規定者為限」之規定，便是揭櫫罪刑法定主義之原則。

二、從舊從輕原則

法律之適用，不外乎有甲、從舊主義。乙、從新主義。丙、從輕主義。丁、折衷主義（從舊從輕及從新從輕）等四種原則。法律不是固定不變的，當社會變遷、制度改變，法律常須因應實務上的必要，加以修正。我刑法一向採從新從輕原則，故舊法律一經修正，即適用修正之最新法律；但舊法律如較有利於行為人者，則例外得適用舊法律，刑法前第二條第一項的「行為後法律有變更者，適用裁判時之法律。但裁判前之法律有利於行為人者，適用最有利於行為人之法律」的規定，便是揭櫫刑法所主張的從新從輕原則。惟民國94年2月2日大幅修正的刑法，竟將該條文變更為：「行為後法律有變更者，適用行為時之法律。但行為後之法律有利於行為人者，適用最有利於行為人之法律」，因而使刑法所主張的從新從輕原則，變更為從舊從輕原則。

三、不溯及既往原則

行為的處罰，以行為時之法律有明文規定者為限，這是罪刑法定主義所標榜的精神。但刑法的不溯及既往原則，是主張既往的行為，法律既無刑罰的規定，縱然現在法律已修正或變更，而成為有刑罰規定的犯罪行為，亦不能溯及行為人既往的行為，加以追訴處罰，以保障行為人的生命、身體、自由、名譽……等之權益，維護罪刑法定主義之精神。倘若新修正之法律，因有刑罰之新規定，而能溯及行為人之既往行為，加以追訴處罰，不但無以保障行為人之人權，尚且違背罪刑法定主義堅守之原則。

四、禁止類推解釋原則

刑法是規範犯罪與刑罰的法典，何種行為觸犯刑罰法律，構成犯罪要件，何種犯罪罪情，應科處何種刑罰，刑法均有明文規定，適用法律時自應審酌犯罪行為，援用適當之法條，以定其罪名；舉凡沒有明文規定為犯罪的行為，絕不可類推解釋，以免發生曲解而比附援引相近似的條文，解釋成為犯罪，誤定其罪名，才不致違背罪刑法定主義之精神。

五、習慣排斥原則

民法第一條雖有「民事，法律所未規定者，依習慣……」之規定，而刑法因堅守罪刑法定主義，故何種行為構成何種罪名，何種罪名科處何種刑罰，均以明文規定，無明文規定的習慣，自然排斥適用，不能成為刑法的法源。故犯罪的認定、刑罰的科處，固然排斥習慣的援用，即使法院的審判，亦排斥以裁量設定犯罪與刑罰，此即習慣法的排除適用。

六、否定絕對不定期刑原則

罪刑法定主義，主張犯罪與刑罰，均須以明文規定，且每一種罪名，均必須有確定之法定刑，供審判時作為科處刑罰之依據，而絕對不定期刑之處遇，有背法定刑之原則，故為罪刑法定主義所否定。

第五節　刑法的效力

刑法的效力，得就時的效力、地的效力、人的效力等三方面分述之：

一、關於時的效力

法律始於施行，終於廢止，刑法亦然。我刑法既已於民國24年1月1日公布，同年7月1日起施行，則施行之後，即具有拘束力，而施行之前之行為，不得追訴處罰，此為法律不溯及既往之原則。譬如本法第一條「行為之處罰，以行為時之法律有明文規定者為限」之規定，便是揭櫫罪刑法定主義與刑法不溯及既往之原則。惟行為時，法律（舊法）已有科處刑罰之明文規定，而行為後，法律因修正或變更，致修正或變更後之法律（新法），亦有科處刑罰之明文規定，在新法與舊法競合適用時，究應適用何項法律，立法例不外有下列數種情形：

㈠從舊主義

不論新、舊法如何不同，適用行為時之舊法，對犯罪行為人科處刑罰。

㈡從新主義

不論新、舊法如何不同，適用行為後之新法，對犯罪行為人科處刑罰。

㈢折衷主義

即折衷於從舊與從新之間，有從舊法，但新法較輕者，例外從新法；有從新法，但舊法較輕者，例外從舊法。

我刑法第二條第一項因有「行為後法律有變更者，適用行為時之法律；但行為後之法律有利於行為人者，適用最有利於行為人之法律」之規定，故我刑法關於時的效力，是採從舊從輕主義（過去係從新從輕主義）。

二、關於地的效力

刑法關於地的效力，立法例互殊，歸納起來約有以下數種：

㈠屬地主義

凡在本國領域內犯罪者，不論其國籍何屬（本國人或外國人），均適用本國刑法制裁。

㈡屬人主義

凡屬本國人，無論在國內或國外犯罪，均應受本國刑法之制裁。

㈢保護主義

凡有侵害本國或本國人之法益，不論其侵害者之國籍何屬，亦不論其在本國或外國領域犯罪，均應適用本國刑法制裁。

㈣世界主義

凡本國人或外國人，在本國或外國領域，侵害世界共同維護之國家法益者，均應接受本國或外國刑法之制裁。

㈤折衷主義

以屬地主義為原則，而兼採其他主義之長以輔助之。例如對於在本國領域內犯罪者，不論犯罪人與被害者之國籍何屬，皆依本國刑法制裁之，即採屬地主義。而本國人在領域外，犯較重大之罪情（刑法第五條各款所列）者，亦適用本國刑法制裁之，即採屬人主義。又，外國人在領域外，對本國或本國人，犯重大之罪（刑法第五條各款）者，亦得適用本國刑法制裁之，即兼採保護主義。至於妨害世界共同利益之犯罪，不論犯罪人之國籍何屬、犯罪地何處，亦得採本國刑法制裁之，即兼採世界主義。

關於地的效力，我刑法採折衷主義，即以屬地主義為原則，屬人主義為輔助，並兼採保護主義及世界主義以補充之。

三、關於人的效力

凡在中華民國領域內犯罪，不論其犯罪人之國籍何屬，均應受本國刑法之制裁，任何人皆不得例外。惟各國立法通例，對於具有特殊身分關係之人，設有例外；茲就我國的例外情形，舉述如下：

㈠國內法上之例外

甲、總統在任期中，除犯內亂或外患罪外，非經罷免或解職，不受刑事上之訴究。

乙、立法委員在院內所為之言論及表決，對院外不負責任。且除現行犯外，在會期中，非經立法院許可，不得逮捕或拘禁。

㈡國際法上之例外

凡外國元首、外國代表及其家屬、侍從人員……等，均享有治外法權，不受本國刑法之拘束與支配。

研究討論問題

一、請說明刑法的性質及其功能。

二、何謂罪刑法定主義？

三、何謂法律不溯及既往原則？

四、何謂從新從輕原則？何謂從舊從輕原則？

五、法律的效力如何？請就時的效力、地的效力及人的效力加以說明。

六、刑法是否可以適用習慣？請說明之。

第二章
犯罪的斷定

第一節　犯罪的意義

池×麗任職××看守所，掌理會計業務，竟利用職務之便，挪移公款新台幣五百萬元潛逃……。李×立，十四歲，××國民中學學生，某日深夜潛入××國民小學偷竊電腦一臺，旋即為警察所逮獲……。王×琍，美容師，三十八歲，不堪同居人陳×忠長期精神虐待及勒索恐嚇，某日午夜，趁其熟睡之際，竟持刀將其砍死……。文×中，強暴鄰居弱智女孩，為女父所發覺，乃向法院按鈴申告……。許×志，五十四歲，攜毒闖關（將毒品塞於肛門內），為海關人員所查覺……。徐×娜，二十六歲，酒醉駕機車，誤撞路人致死……。李×生，國中生，偷窺鄰居吳小姐沐浴，並趁機偷竊其內褲多次……。熊×牛，有酗酒習癖，妻已離家出走，以販賣贓物、毒品維生，為警察所發覺、逮獲……。

以上所舉的案例，乃是犯罪的罪情。何謂犯罪？簡單地說，犯罪是觸犯有刑罰規定的法律的行為。詳細的說，犯罪是行為人觸犯刑罰法律，構成犯罪要件的違法、有責行為。茲就其定義分析如下：

一、犯罪須有行為

行為乃自然人基於內心的意思，所表現的外部動作、反應與語言……，至於內部的思想、意識活動以及潛意識活動，雖可說也是行為的一部分，但不是刑法所說的行為，不包括在內。

二、犯罪須行為構成犯罪要件

行為人縱然內心有犯罪之意念，但其表現於外部的行為，並不構成犯罪要件，即不屬於犯罪行為。故犯罪行為必須行為人所表現之具體外部的行為，與刑法條文所規定的構成要件，有符合性、合致性，如此，始得以推定為犯罪行為。

三、犯罪須行為有違法性

行為人外部所表現的行為，倘有阻卻違法責任之事由，即不構成犯罪。故犯罪須行為觸犯刑罰法律，有違法性。

四、犯罪須行為有責任性

行為人外部所表現的行為，必須出於故意或過失，而侵害及他人的生命、身體、自由、名譽、財產等權益，才得以推定其為犯罪；同時，行為人必須有完全的責任能力，才能負擔刑事責任。

第二節　犯罪的分類

行為人的行為觸犯刑罰，構成犯罪要件的違法行為，得分類如下：

一、作為犯與不作為犯

作為犯是指行為人不應作為而作為，致觸犯刑罰法律，構成犯罪要件的違法行為，例如不應殺人而殺人、不應搶劫而搶劫、不應縱火而縱火等犯罪行為。

不作為犯是指行為人應作為而不作為，致觸犯刑罰法律，構成犯罪要件的違法行為，例如應養育肢體殘缺的畸形嬰兒，竟不養育，而將其遺棄荒野間，任其饑餓啼哭……；應扶養罹患老人痴呆症的年邁父親，竟不扶養、照顧而將其驅逐出門，遺棄在外……等犯罪行為，即是不作為犯。

二、既成犯與繼續犯

既成犯是指行為人的行為，觸犯刑罰法律，構成犯罪要件的同時，犯罪行為既成已遂，犯罪行為之實施即告終了。例如歹徒持刀將某人刺死，刺死之同時，犯罪行為即成已遂，此為既成犯。

繼續犯是指行為人的行為，觸犯刑罰法律，構成犯罪要件之後，其犯罪行為雖成已遂，但其犯罪行為仍在繼續實施狀態中，例如擄人勒贖，歹徒雖已將某富家女擄獲，並控制其身體自由，早已觸犯刑罰法律，構成犯罪要件，但其擄人行為、勒贖行為、妨害身體自由行為，卻仍在繼續實施狀態中，此種情況即稱之為繼續犯。

三、舉動犯與結果犯

舉動犯是指行為人有實施犯罪的身體舉動，即構成犯罪要件，觸犯刑罰法律，而不論其身體舉動所表現的行為，是否有侵害他人法益的結果，例如誹謗罪，只要行為人有傳述足以毀損他人名譽之事之舉動，即構成犯罪要件，而不論其是否有毀損他人名譽之結果。

結果犯是指行為人的行為，一經發生侵害他人法益的結果，即構成犯罪要件，觸犯刑罰法律。例如殺人罪，以殺人所發生的死亡結果，為既遂的要件，擄人勒贖罪，以發生擄人的結果，為既遂的要件，均是結果犯的例子。

四、現行犯與非現行犯

現行犯是指行為人實施犯罪行為時，為他人或多人現場親眼目睹，或發現、知悉之意，故刑事訴訟法第八十八條第二項有「犯罪在實施中或實施後即時被發覺者，為現行犯」之規定，同條第三項亦有：「被追呼為犯罪人者，或因持有兇器、贓物或其他物件或於身體、衣服等處露有犯罪痕跡，顯可疑為犯罪人者，以現行犯論」之規定。例如陳×年於持汽油彈搶劫××銀行時，為警察所逮獲，陳×年即是搶劫銀行的現行犯。

非現行犯是指行為人實施犯罪行為後，經相當期間，始被發覺，或被他人所檢舉告發，例如蔡×娜，任職××高職會計部門，因偽造文書罪嫌，被地方法院檢察署傳喚偵訊；任×文，遊手好閒，不務正業，因縱火罪嫌為警察所拘提……等。

犯罪的分類，因學者間各持不同的觀點與主張，因此頗不一致，本書為求簡化，僅分類如上。

第三節　犯罪的要件

行為人的行為，構成犯罪的要件，得就客觀方面與主觀方面分述之：

一、客觀方面的要件

客觀方面的要件，通常是從構成犯罪要件該當性的行為，是否有侵害性與違法性來斷定，茲概述如次：

㈠行為的侵害性

行為人的行為，若是無侵害國家、社會與個人之法益，則不成立犯罪；若是有侵害國家、社會與個人法益之具體事實，且與刑法分則明文規定之構成犯罪要件相符合時，即成立犯罪。故成立犯罪的第一個客觀要件，必須行為有侵害性；換句話說，即必須行為結果有侵害法益的事實，或有侵害法益的可能危險性。

㈡行為的違法性

行為人的行為，若是無違反公序良俗，無違反刑罰法律明文規定不得作為的規範，則不成立犯罪；若是有違反公序良俗，或觸犯刑法分則明文規定不得容許作為或不作為的規範，則成立犯罪。故成立犯罪的第二個客觀要件，必須行為有違法性；換句話說，即必須行為人違反法律，觸犯刑罰法律，有不法的行為。惟行為人的行為，若有阻卻違法事由的行為者，即不構成犯罪要件，其行為不受刑法之追訴處罰。依刑法的規定，得以阻卻違法的事由，有甲、依法令之行為，乙、業務上之正當行為，丙、正當防衛行為，丁、緊急避難行為……等。

二、主觀方面的要件

主觀方面的要件，通常是從犯罪人的責任能力與責任條件方面來審酌，以斷定是否構成犯罪要件、是否應科處刑罰，茲概述之：

㈠責任能力

責任能力是指行為人擔負刑事責任的資格。行為人的行為，觸犯了刑罰法律，必須滿十八歲，精神狀態正常，具完全責任能力，才能獨立承擔犯罪後的刑事責任。假若行為人滿八十歲，或行為人係瘖啞，或行為人係精神障礙或心智缺陷較輕之人，或行為人為十四歲以上十八歲未滿之人，而觸犯了刑罰法律，因其僅能有限制的承擔刑事責任，故刑法上有減輕其刑的規定。至於未滿十四歲之未成年人，或精神障礙或心智缺陷較嚴重之人，因其無責任能力，不能承擔刑事責任，故倘若觸犯了刑罰法律，刑法有不罰的規定。

㈡責任條件

責任條件是指行為人的犯罪行為，在何種條件下，才必須承擔刑事責任，接受刑罰的制裁。責任條件，依刑法的規定，包括故意與過失。故意，依其行為態樣的不同，又分為確定故意與不確定故意。過失，依其過失態樣的不同，又分為無認識過失與有認識過失，茲分述如下：

甲、確定故意與不確定故意

確定故意是指行為人對於構成犯罪之事實，明知並有意使其發生，因而積極著手於犯罪行為之實施，例如製造、運輸、販賣第一級毒品者，處死刑或無期徒刑，行為人明知不能觸犯法律所禁止之行為，卻直接為之，此種行為表現稱之為確定故意。

不確定故意是指行為人對於構成犯罪之事實，預見其發生而其發生並不違背其本意，因而發生犯罪行為之危害結果。例如甲女與乙女，為占有丙男之歡愛，相互吵嘴、毆打，甲女預見如此相互瘋狂毆打，可能會釀成命案，鑄成大錯，惟竟任憑自己一時之衝動，將乙女推倒在地，碰擊地面致死，甲女致人於死的犯罪行為，是否出自故意，甚難確定，故稱之為不確定故意。確定故意與不確定故意在實務上甚難劃分清楚，故現今法官在斷定確定故意與不確定故意時甚為謹慎。

乙、無認識過失與有認識過失

無認識過失是指行為人雖非故意，但按其情節應注意，並能注意，而不注意者，為無認識過失。例如某餐廳廚房，正以瓦斯爐燒煮菜餚，突然瓦斯管破裂，瓦斯氣漏洩，廚工不注意，致頃刻間餐廳氣爆，死傷之顧客多人……此即因無認識的過失，致人於死傷的例子。有認識的過失是指行為人對於構成犯罪之事實，雖預見其能發生，而確信其不發生者，為有認識過失。例如某婦女於夜晚，將襁褓中的嬰兒置於床上，自己卻躺在嬰兒身旁，雖預見可能會不小心翻身，而將身體某部位壓在嬰兒胸部，致其窒息而死，但又確信其不可能發生，以致深夜睡眠時，竟因自己之粗心大意，誤將身旁之嬰兒壓死、悶死……，此即因有認識的過失，致人於死的例子。無認識過失與有認識過失，同樣在實務上甚難劃分清楚，故通常以過失代之，例如過失致人於死、過失傷害人……。

第四節　犯罪的主體與客體

犯罪行為，必有其推動行為發生的主體，亦必有被行為所侵害的客觀，此主體乃民法上所稱之自然人，但法人例外亦得為犯罪的主體，至於被行為所侵害的客體，一般稱之為法益，茲概述如次：

一、犯罪的主體

犯罪的主體，是指推動發生犯罪行為的特定人，此特定人乃民法上所稱的自然人以及法人。

㈠自然人

自然人是指出生後即具備人的形體，能獨立呼吸，並能逐漸生長、發育，學習生活上所必需的語言、文字、行為規範，並學習控制情緒、辨別是非，涵養理智，敦品勵行，成為社會所接納、認同的具有人格的人。自然人的人格與權利能力相同，始於出生，終於死亡，故自然人一旦出生，在未滿七歲以前，雖具有人格，但無行為能力，不得擅自為意思表示之行為，因其所為的行為不具法律上的效力；而七歲以上的未成年人，雖亦具有人格與權利能力，但其意思表示的行為，須獲得法定代理人的同意，故仍不得擅自為意思表示的行為。至於滿二十歲的成年人，既有完全的行為能力，則可依憑自己的意思，為有效的法律行為，承擔法律上的責任。惟依刑法的規定，自然人雖然是犯罪的主體，但必須滿十八歲，精神狀態正常，其所為的犯罪行為，才有完全責任能力，可以承擔行為後果的法律責任。而十四歲以上十八歲未滿之人，或滿八十歲之人，或瘖啞之人，或精神障礙之人，雖然亦是犯罪的主體，但因有特殊原因，刑法容許其減輕其刑。至於未滿十四歲之人，或嚴重精神障礙之人，因其須特別保護，故有不罰其犯罪行為的規定。

㈡法人

法人是具有人格的社會組織體，不論其性質是屬於財團法人抑或是社團法人，均得為權利義務的主體，亦得例外為犯罪的主體。法人既依法登記、成立，其目的或其行為，不得違反法律、公共秩序或善良風俗。法人的目的或其行為，倘若有違反法律，或擾亂公共秩序，或妨害善良風俗，自應承擔法律責任，接受法律制裁，例如科處罰金、宣告解散……等等。

二、犯罪的客體

犯罪的客體，原有法益說與被害人說之爭議，惟現在一般學者均主張法益說，認為犯罪的客體，應該是被侵害的法益。所謂法益，是法律所保護的公的或私的權利或利益。法益依性質而言，可分公法益與私法益，依主體而言，可分國家法益、社會法益與個人法益；國家的法益，包括國體、國土、國憲、安全、外交、威信、秩序、公務等等，刑法分則第一章至第十章均有不得侵害的明文規定，苟有侵害國家法益之犯罪行為，一律依刑法的規定，科處刑罰；而社會的法益，包括公共安全、公共秩序、交易信用、善良風俗、制度維護……等等，刑法分則第十一章至第二十一章均有不得侵害的明文規定，若有侵害社會法益的犯罪行為，亦依刑法的規定，科處刑罰；至於個人的法益，包括生命、身體、自由、名譽、財產、貞操……等等，刑法分則第二十二章至第三十六章亦有不得侵害的規定，舉凡有侵害個人法益的犯罪行為，被害人得向法院提起告訴，追究之。

第五節　犯罪的型態

犯罪行為，態樣不一，有單獨一人犯罪者，有二人以上共同犯罪者，有教唆他人犯罪者，有幫助他人犯罪者，有一個行為觸犯數個罪名者，有連續數個行為觸犯一個罪名者，茲就其型態的不同，分述如次：

一、正犯與共犯

正犯是指基於自己之犯罪慾念，獨自實施犯罪行為，構成犯罪要件之行為人。例如獨自縱火燒燬郵局前面之機車，獨自搶劫路人之皮包，獨自行兇殺人……等，皆是正犯。故正犯又可稱之為單獨犯。共犯是指二人以上基於犯意之聯絡，共同實施犯罪行為者，例如二人以上共同實施擄人勒索的犯罪行為；二人以上共同搶劫銀行，二人以上共同印製偽鈔……等，皆是共犯，又稱之為共同正犯。

二、教唆犯與幫助犯

教唆他人使之實施犯罪行為者，為教唆犯。例如教唆他人殺人報仇、教唆他人妨害公務、教唆他人湮滅證據……等，故教唆犯是對於有責任能力之行為人，於其無犯罪慾念或犯罪慾念猶豫不決時，唆使其實施犯罪行為也。惟倘若被教唆之人，係無責任能力人，或對其行為無犯罪之認識，則無異教唆者假借他人之手，自為犯罪行為，應論為間接正犯。幫助犯，又稱為從犯，乃幫助他人實施犯罪行為者，例如幫助他人搬運贓物、幫助他人（被逮捕之犯罪人）脫逃、幫助他人棄屍……等，惟幫助犯的幫助，須別有正犯，且以幫助他人的意思而參與，其所參與的行為，為犯罪構成要件以外的行為，始稱之為幫助犯。倘若以幫助他人犯罪的意思，而參與犯罪構成要件之行為，或以自己犯罪的意思，而參與犯罪構成要件之行為，皆稱之為正犯，而非從犯。

三、已遂犯與未遂犯

已遂犯是指行為人的犯罪行為，已構成犯罪要件，發生侵害法益的結果。例如收受他人寄藏之贓物，已有收受之行為；剝奪他人行動之自由，已有私行拘禁之剝奪行為；殺害他人之生命，已發生死亡的犯罪結果……等等。舉凡犯罪實施之行為，即時發生侵害法益的結果，皆為已遂犯，亦有學者稱之為既遂犯。

未遂犯是指行為人已著手於犯罪行為之實行而不遂者，例如搶劫銀行貨幣，未實現搶奪目的；意圖強姦婦女，未實現性交目的；意圖殺人，而未實現殺人目的……等等。舉凡行為人的犯罪行為，雖已著手實行，但未發生預期的目的，亦未發生實際侵害法益的結果，此稱之為未遂犯。未遂犯的型態，一般學者尚將其分為甲、普通未遂。乙、不能未遂。丙、中止未遂。茲分別概述之。

㈠普通未遂

普通未遂，亦稱之為障礙未遂，是指行為人已著手實行犯罪行為，因意外之障礙，致犯罪行為未能完成，或未發生預期目的的行為狀態，例如某一歹徒攜帶兩瓶汽油彈，潛入銀行意圖搶劫貨幣，為警察、行員所抵制，懼而掉頭逃逸……。普通未遂，有稱之為障礙未遂，亦有稱之為狹義未遂。

㈡不能未遂

不能未遂是指行為人已著手於犯罪行為之實行，或已實行完畢，但其行為根本不能發生犯罪之結果，又無其危險性，致不能達於既遂之違法狀態。例如以水槍射擊特定仇人，以少量瀉藥倒入飲料毒害情敵……等。

㈢中止未遂

中止未遂是指行為人已著手於犯罪行為之實行，因已意中止或防止其結果之發生，致未發生犯罪行為之危害結果，例如甲飆車少年與乙飆車少年，因細故爭吵，甲飆車少年忽拔刀欲殺乙飆車少年，旋又深覺過於衝動，乃收刀逕自駕車離去……。

依刑法的規定，未遂犯的處罰，以有特別規定者為限，並得按既遂犯之刑減輕之。但其行為不能發生犯罪之結果，又無危險者，不罰。

四、牽連犯、想像競合犯與連續犯

牽連犯是指行為人的犯罪行為，係觸犯一個罪名，但其方法或結果之行為，又觸犯其他罪名者。例如甲歹徒於日間侵入他人住宅，翻箱破櫃竊取財物，為鄰人發覺，報警逮捕移送檢察署法辦。甲歹徒所犯之罪名，為竊盜罪，但其方法行為觸犯無故侵入他人住宅之罪，結果行為又犯毀損他人財物之罪，此即為牽連犯的犯罪態樣。牽連犯，依刑法的規定，應從一重罪處斷。但不得科以較輕罪名所定最輕本刑以下之刑。

想像競合犯是指行為人的一個犯罪行為，同時發生數個結果，觸犯數個罪名也。例如甲歹徒為報私仇，投擲土製炸彈一枚，炸死乙少年、丙少年，炸傷無辜之民眾數人，並炸毀他人之汽車一輛，震破他人之門窗、玻璃數處；甲歹徒即以一投擲炸彈之行為，觸犯殺人、傷害、毀損他人財物等罪，此即想像競合犯之犯罪態樣。想像競合犯，既然觸犯數個罪名，依刑法的規定，應從一重罪處斷。但不得科以較輕罪名所定最輕本刑以下之刑。

連續犯是指行為人連續實行幾個犯罪行為，而觸犯同一個罪名也。例如甲歹徒在中正路搶劫財物後，又在中山路搶劫財物……，如此連續數個犯罪行為，而觸犯同一之搶劫罪名，即所謂連續犯。連續犯，依前刑法的規定，以一罪論，但得加重其刑至二分之一。惟新修正之刑法，已刪除第五十六條之此項規定，採取一罪行一處罰，數罪併罰的措施。

研究討論問題

一、何謂作為犯？何謂不作為犯？請舉例闡述之。

二、何謂既成犯？何謂繼續犯？講舉例說明之。

三、何謂舉動犯？何謂結果犯？請舉例說明之。

四、何謂現行犯？何謂非現行犯？法律對於現行犯有何規定？

五、犯罪的成立，必須行為有違法性，但何種行為得阻卻違法？

六、何謂無責任能力？何謂限制責任能力？刑法上有何處遇的規定，請列舉說明之。

七、何謂故意？何謂過失？請就刑法的規定闡述之。

八、何謂正犯？何謂共犯？請舉例說明之。

九、何謂教唆犯？何謂幫助犯？請舉例說明之。

十、何謂中止未遂？何謂障礙未遂？請舉例說明之。

十一、何謂牽連犯？何謂想像競合犯？何謂連續犯？請舉例說明之。

十二、犯罪的主體為自然人與法人，犯罪的客體以何種說法為正確？

第三章
刑罰的適用

第一節　刑罰的意義

陳×興，擄人勒贖，並致人於死，處死刑；江×義，殺直系血親尊親屬，處死刑；古×英，販賣第一級毒品，處無期徒刑；林×玉，酒醉駕車，撞死執行巡邏之警察，處有期徒刑十三年；高×鈞，偽造文書，處有期徒刑一年六個月，褫奪公權一年；許×作，洩漏國防以外應秘密的文書，處有期徒刑四個月，緩刑二年；郭×男，妨害他人名譽，處拘役六十日，得易科罰金；施×利，精神障礙觸犯傷害罪，不罰，但令入精神療養院實施監護及治療處分；少年李×烈，飆車傷人，令入感化教育處所，接受感化教育……。

以上種種案例，是屬於刑罰的宣告，但法院對於犯罪人的刑罰宣告，通常以判決書為之，並載明判決之主文及理由，敘述詳盡，理由充足，其刑罰之宣告，並不像上面所舉案例那麼簡單、那麼單純。

何謂刑罰？刑罰是法律規定對於犯罪的行為人，以剝奪法益為方法，所為的制裁行為；換言之，行為人犯罪後，由法院依其所犯的罪名，審酌犯罪人的素行，適用刑法的規定，所為的剝奪法益的處罰。

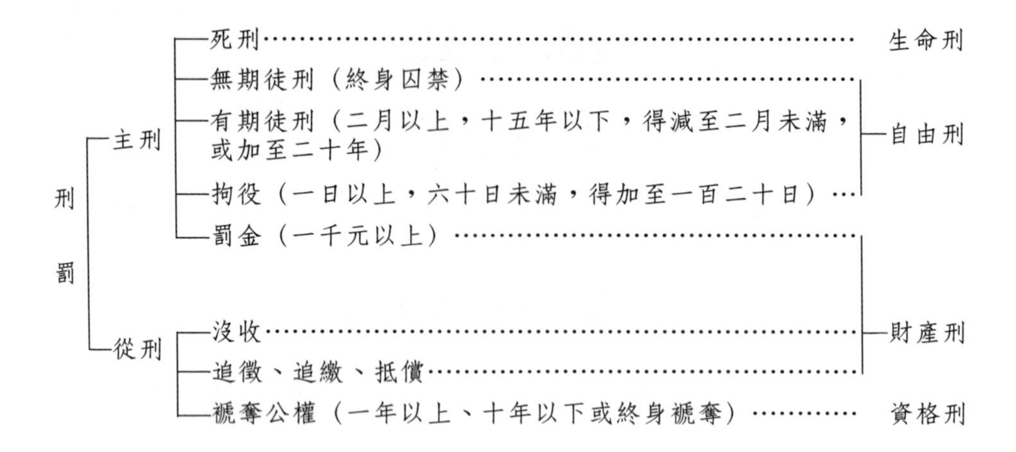

第二節　刑罰的種類

刑法明文規定的刑罰，可分為主刑與從刑。主刑，又稱本刑，乃得以獨立科處的刑罰，包括死刑、無期徒刑、有期徒刑、拘役、罰金等五種；從刑，又稱附加刑，乃附加於主刑而科處的刑罰，包括沒收、褫奪公權及追徵、追繳、抵償等三種。

死刑，又稱為生命刑。無期徒刑、有期徒刑、拘役等三種刑罰，又稱為自由刑。罰金、沒收及追徵、追繳、抵償等三種刑罰，又稱為財產刑。而褫奪公權，則稱為名譽刑、能力刑、權力刑或資格刑。茲分述如次。

一、主刑

主刑是指審判機關對於犯罪特定人，得以獨立科處的刑罰。主刑的種類，依刑法規定，得分為以下五種：

㈠死刑

死刑，又稱為生命刑，乃剝奪犯罪行為人生命法益的刑罰。死刑，雖然可以將怙惡不悛、惡性甚深的犯罪行為人，以剝奪生命法益的手段，使其永遠隔離社會，以維護公共的安全，但執行死刑的方法與手段畢竟十分殘酷，令人同情，因此晚近常有廢止死刑的議論，惟我國刑法仍保存死刑的刑罰。

㈡無期徒刑

無期徒刑，又稱為無期限的長期自由刑，乃將犯罪行為人終身禁錮於監獄內，剝奪其身體自由的法益，並使其長期與社會隔離的一種刑罰。無期徒刑，雖然是終身剝奪犯罪行為人的身體自由法益，但未剝奪其生命法益，與死刑有別；而且受刑人在監獄服刑期內，如果行狀善良，有悛悔實據，只要逾二十五年法定期間，即可藉假釋出獄，而復歸社會。

㈢有期徒刑

有期徒刑，又稱為有期限的彈性自由刑，乃將犯罪人於一定的期限內，剝奪其身體自由法益，將其拘禁於監獄內，使其隔離社會的一種刑罰。有期徒刑，依刑法的規定，有短期的有期徒刑與長期的有期徒刑之別，前者為二個月以上，最低期限為二個月，是一種短期自由刑；後者為十五年以下，最高期限為十五年，是一種長期自由刑。但在科處刑罰，遇有必須加減的罪情時，最低期限得減至二月未滿，最高期限得加至二十年，此乃刑法的例外規定。有期徒刑，因其刑期較富彈性，審判機關可自由斟酌犯罪行為人的罪情，個別予以不同的處遇，故向為我國乃至世界各國所廣泛採用。

㈣拘役

拘役，又稱為有彈性的短期自由刑，是將犯罪情節輕微、惡性較輕、可望改善的犯罪行為人，在一定的法定期間內，拘禁於特定的場所，使服勞役，並暫時剝奪其身體自由法益的一種刑罰。依刑法規定，拘役的刑期，最低期限在一日以上，最高期限為六十日未滿，遇有加重時，得加至一百二十日。拘役，依刑法的規定，除得減輕其刑至二分之一外，受拘役宣告之犯罪行為人，如其犯罪動機在公益上或道義上顯可宥恕者，亦得易以訓誡。

㈤罰金

罰金，又稱為財產刑，是剝奪犯罪人財產法益的刑罰。所謂財產，是指動產與不動產，前者如金錢、有價證券……等，後者如房屋、土地……等。而罰金是對於犯罪情節輕微或毋須拘禁於特定場所的犯罪人，所科處的繳納一定數量之金額的一種刑罰。罰金，刑法規定的最低度為新臺幣一千元以上，最高度則無明文規定，惟科處罰金時，應審酌犯人之資力及因犯罪所得之利益。如所得之利益超過罰金最多額時，得於所得利益之範圍內酌量加重，刑法有明文規定，可見科處罰金之多寡，頗富彈性。罰金，依刑法之規定，又可分為下列數種：

甲、專科罰金：以罰金為唯一法定刑。

乙、選科罰金：以罰金與其他法定刑併列，而由法官於判決時選擇其一，如認為科處罰金較為適當者，即宣告罰金之刑罰。

丙、併科罰金：即就刑法規定的數種主刑中，除科處一種主刑外，並一併科處罰金之刑罰。

丁、易科罰金：即受六個月以下有期徒刑或拘役之宣告者，得以罰金代替刑罰之執行（刑法第四十一條），並以新台幣一千元、二千元或三千元折算一日。

二、從刑

從刑，又稱為附加刑，是附加於主刑而科處的刑罰。依刑法的規定，從刑有以下三種：

㈠沒收

沒收，又稱為財產刑，是以強制的方式，將與犯罪有關之物，歸入公庫的一種處分。沒收，依刑法的規定，是從刑的一種，與主刑有從屬關係，故在宣告科處之刑罰時，常附加於主刑而宣告，如主刑未經宣告，即不得為沒收之宣告；又主刑之宣告，經裁決撤銷，沒收之處分亦視同撤銷。但亦有例外，如違禁物之沒收，雖無主刑之宣告，亦得單獨宣告；又，免除其刑者，仍得專科沒收。沒收，依刑法的規定，其可得沒收之物，包括下列幾種：

甲、違禁物

違禁物，即刑法上禁止私人製造、販賣、運輸、持有或使用之物。例如爆裂物、槍砲子彈、走私之大麻、偽製之鈔票……等。

乙、供犯罪所用或供犯罪預備之物

供犯罪所用之物，例如殺人的槍械、兇刀，毀容的鹽酸……等。供犯罪預備之物，例如搶劫銀行所備置的槍械、汽油彈……等。

丙、因犯罪所得之物

因犯罪所得之物，例如搶劫銀行所得的鈔票，搶劫珠寶商店所得之鑽石項鍊、戒指……等。

㈡褫奪公權

褫奪公權，又稱為資格刑，是剝奪犯罪人享有公法上一定權利的資格

的一種刑罰。褫奪公權，是從刑之一，常附加於主刑而宣告，舉凡被宣告褫奪公權的犯罪人，不得享有下列的公權資格：

甲、為公務員的資格

即被褫奪公權者，在一定的期限內，失去為公務員的資格，不能再保有公務員身分，享受公務員的權利。

乙、為公職候選人的資格

即被褫奪公權者，在一定的期間內，失去公職候選人的資格，不能參與中央或地方民選官吏或民意代表之競選，例如直轄市、縣（市）長，中央立法委員，以及直轄市、縣（市）議會議員……等之競選。

褫奪公權，依刑法的規定，分為終身褫奪及定期褫奪等兩種，凡宣告死刑或無期徒刑者，宣告褫奪公權終身，是屬於終身褫奪。凡宣告一年以上有期徒刑，依犯罪的性質，認為有褫奪公權的必要者，宣告褫奪公權一年以上十年以下，是屬於定期褫奪。

㈢追徵、追繳、抵償

追徵、追繳、抵償是新修正刑法所增設的從刑，是屬於財產刑的一種，得與刑罰併宣告之：

甲、追徵

追徵，即將犯罪行為人，因犯罪所得之財物，全部或一部予以追繳，如無法追繳者，追加其價額科徵之。

乙、追繳

追繳，即將犯罪行為人，因犯罪所得之財物全部或一部，予以追索繳交法院，或沒收或發還被害人。

丙、抵償

抵償，即將犯罪行為人，因犯罪所得之財物全部或一部予以追繳，如無法追繳者，以其財產扣抵或償還之。

第三節　刑罰的科處

行為人的犯罪行為，觸犯何種罪名，應科處何種刑罰，刑法分則均有抽象的明文規定，此稱之為法定刑。法定刑只是科處刑罰所依據的原則性規範，審判機關在審判案件，適用刑法分則的刑罰法律時，得審酌犯罪行為人的犯罪情節，犯罪行為人的犯罪動機、目的……等一切情狀，就法定刑所規範的原則性刑度，為刑罰的加重或減免的處斷，並宣告之。茲就刑罰的酌科、刑罰的加重、刑罰的減輕……等分述如次：

一、刑罰的酌科

審判機關審判刑事案件為科刑時，除審酌犯罪行為人的犯罪情節外，尚應審酌下列一切情狀，為科刑輕重之標準：

㈠犯罪之動機

犯罪之動機，即萌發犯罪慾念之內心驅策力，亦即犯罪行為之原因，例如殺人之動機，是激於義憤，或是出於報復，或是出於謀取財物……等。

㈡犯罪之目的

犯罪之目的，即犯罪的意圖是也，例如為圖洩恨而縱火、為報私怨而殺人、為滿足性慾而強制性交婦女……等。

㈢犯罪時所受之刺激

刺激常由周圍的情境而發生，故犯罪時所受之刺激，乃指受嘲笑、受誘惑、受責罵、受鼓動、受唆使、受挑撥等誘發因素而言，例如惱羞成怒而傷人、饑餓難耐而竊取食物、需錢孔急而擄人勒贖……等。

㈣犯罪之手段

犯罪之手段，是指犯罪所使用的方法、技巧以及使人感受的容忍度，例如殺人的手段很凶狠、欺詐的手段很狡猾、搶劫的手段很殘暴……等。

㈤犯罪行為人之生活狀況

犯罪行為人的生活狀況，是指犯罪行為人平日的生活情形，例如生活浪漫放肆、生活起居有序、生活勤儉樸素、生活奢侈浪費、失業、貧窮、懶惰、小康……等。

㈥犯罪行為人之品行

犯罪行為人之品行，是指犯罪行為人的品德、操守、性行……等而言，例如品德惡劣、操守不正、性情暴躁、為人險惡……等。

㈦犯罪行為人之智識程度

犯罪行為人之智識程度，是指犯罪行為人所受的教育，以及辨別是非、理解規範的能力，例如曾受中等教育，或不諳法律……等。

㈧犯罪行為人與被害人平日之關係

犯罪行為人與被害人平日的關係，是指犯罪行為人與被害人是否相識，如果相識其感情如何，是否因為利害關係衝突，而發生犯罪行為，或者有其他原因……等。

㈨犯罪所生之危險或損害

犯罪所生之危險或損害，是指犯罪行為所發生的侵害法益的危險程度，以及實際上所造成的損害情形……等，例如損害他人財物、縱火所引起的公共危險程度……等。

㈩犯罪後之態度

犯罪後之態度，是指犯罪行為人犯罪後，是否有後悔或認錯的坦然態度，以及痛改前非的決心。

二、刑罰的加重與減輕

犯罪行為人的犯罪態樣頗不一致，刑法分則雖有法定刑的明文規定，何種罪名應科處何種刑罰，均有一定範圍的刑度，惟為適應個別處遇的必要，審判機關得基於職權，審酌犯罪行為人的犯罪情節，為加重或減輕的處斷。

㈠刑罰的加重

刑罰的加重，有法律上的加重與審判上的加重等兩種情形。

甲、法律上的加重

即基於刑法總則與刑法分則明文規定應加重其刑者，茲就一般加重與特別加重分述之：

1.一般加重：即刑法總則中，規範累犯，必須依其所犯之罪，加重其刑至二分之一。另成年人教唆、幫助或利用未滿十八歲之人犯罪者，亦依其所犯之罪，加重其刑至二分之一。

2.特別加重：即刑法分則中，規定必須加重其刑的罪情，例如對直系血親尊親屬犯傷害罪之加重其刑至二分之一；對直系血親尊親屬犯侵害墳墓屍體罪之加重其刑至二分之一；對直系血親尊親屬犯遺棄罪之加重其刑至二分之一；以及公務員包庇他人犯引誘、媒介男女性交及猥褻罪之加重其刑至二分之一……等等。

乙、審判上的加重

即審判機關基於職權，得就犯罪人的犯罪情節為審酌與處斷，而於法定刑範圍之外，加重其刑之處罰也。例如科罰金之加重，刑法總則有「科罰金時，應審酌犯人之資力及因犯罪所得之利益。如所得之利益超過罰金最多額時，得於所得利益之範圍內酌量加重」之規定，是審判上加重其刑之一例。

㈡刑罰的減輕

刑罰的減輕，有法律上的減輕與審判上的減輕等兩種情形，茲分述之：

甲、法律上的減輕

法律上的減輕，是指刑法總則或刑法分則的規定條文中，有「必減」或「得減」的情形者，茲就一般減輕與特別減輕之情形，列舉之：

1.一般減輕：刑法總則所規定的特定犯罪行為人的處罰，有採必減主義，也有採得減主義，前者稱為絕對減輕主義，即審判機關須依刑法總則的明文規定，對特定犯罪行為人為減輕其刑的處遇，審判官無審酌處斷的權力；而後者稱為相對減輕主義，即審判機關對於特定犯罪行為人，得依法律之授權，為減輕與否的裁量。茲就刑法總則所定之絕對減輕與相對減輕的情形，列舉如下：

⑴絕對減輕：依刑法總則的規定，絕對減輕的行為，包括犯罪未遂、中止未遂的未遂犯，另外，未滿十八歲之人犯罪或滿八十歲之人犯罪，其

本刑為死刑或無期徒刑者，應減輕其刑等。

⑵相對減輕：依刑法總則的規定，相對減輕的行為，包括不知法律之人犯罪，或十四歲以上未滿十八歲之人犯罪，或滿八十歲之人犯罪，或精神障礙之人犯罪……，或幫助他人犯罪……等等，皆得由審判機關酌情減輕其刑。

2.特別減輕：依刑法分則所規定的特定犯罪人的處罰，也有絕對減輕與相對減輕之別，茲列舉之：

⑴絕對減輕：依刑法分則的規定，絕對減輕的犯罪行為，包括觸犯內亂罪、行賄罪、參與犯罪結社罪……等之自首，及觸犯湮滅證據罪、偽證、誣告罪等之自白……等等。

⑵相對減輕：依刑法分則的規定，相對減輕的犯罪行為，包括觸犯行賄罪之自白；觸犯擄人勒贖罪，經取贖而釋放被害人者……等等。

乙、審判上的減輕

審判上的減輕，通常是由審判機關基於法律的授權，就犯罪行為人的犯罪情節加以審酌，而後依刑法的規定，所為減輕的處遇，例如刑法第五十九條「犯罪之情狀顯可憫恕者，得酌量減輕其刑」的規定，便是授權審判機關得斟酌犯罪之情狀，對犯罪行為人為減輕其刑的處遇。此即審判上的減輕。

三、刑罰的宣告

審判機關對於行為人的犯罪案件，除擇定期間開庭審判外，尚應依據犯罪行為人所觸犯的罪情，或刑法總則所規定的應或得加重或減免的處遇規定，加以審酌或處斷，而後定其刑罰以處罰之。刑法分則所規定的法定刑，審判機關雖然須遵守，但是在審判犯罪案件時，仍得審酌犯罪人的情狀、犯罪的重輕，在法定刑規範的刑度範圍內，為加重或減免的處斷，並於宣判期日宣告之。審判機關為刑罰的宣告時，對於犯罪情節輕微的犯罪人，得以宣告易科罰金，或易服勞役，或易以訓誡。如認為以暫不執行其行宣告之刑為適當者，得宣告二年以上五年以下的緩刑。如公務員犯罪，被宣告一年以上有期徒刑，認為有褫奪公權之必要者，宣告褫奪公權一年以上十年以下。

第四節　刑罰的執行

審判機關所宣告的刑罰確定後，即有一事不再理的效力。其所宣告的刑罰，不論是生命刑或自由刑或財產刑或權利刑，均必須依法執行，茲就其執行方法概述之：

一、生命刑的執行

生命刑，又稱之為死刑，是剝奪犯罪人生命法益的刑罰。審判機關既然以「宣告刑」的程序，宣判犯罪人死刑確定後，檢察機關應即將該案卷宗送交法務部，經令准後，於令到三日內執行之。死刑執行之目的，在於使犯罪行為人永遠隔離社會，而不在恫嚇、報復，故原則上採密行主義。其執行場所在監獄內，用藥劑注射或槍斃的方法執行之。

二、自由刑的執行

自由刑，包括無期徒刑、有期徒刑與拘役等三種，是剝奪犯罪人身體自由法益的刑罰，使其長期間或短期間與社會隔離的一種處罰。自由刑的執行，在使受刑人改悔向上，適於社會生活為目的，其執行的場所，除法律別有規定外，於監獄內執行之，惟拘役的受刑犯應與徒刑的受刑犯分別監禁，且受刑人如為婦女者，應監禁於女監。監禁分獨居與雜居二種，受刑人如因衰老、疾病或殘廢，不宜與其他受刑人雜居者，分別監禁之。對於刑期一年以上之受刑人，為促其改悔向上，適於社會生活，分為數個階段，以累進方法處遇之。受刑人經累進處遇進至二級以上，悛悔向上，而與應許假釋情形相合者，得報請法務部核准後，假釋出獄。

三、財產刑的執行

財產刑，包括罰金、沒收與追徵、追繳、抵償等三種刑罰，是剝奪犯罪行為人財產法益的一種處罰。罰金，應於判決確定後，兩個月內完納。期滿而不完納者，強制執行（其無力完納者，易服勞役）。又，罰金之執行，得就受刑人之遺產為之。沒收，包括違禁物、供犯罪所用或供犯罪預備之物及因犯罪所得之物……等等，凡違禁物，不論屬於犯人與否，沒收之；而供犯罪所用或供犯罪預備之物及因犯罪所得之物等等，如屬於犯人者，得沒收之。沒收物，由檢察官處分之。至於追徵、追繳、抵償的財產罰，則於宣告刑罰時，一併宣告、執行之。

四、權利刑的執行

權利刑，稱之為褫奪公權，是剝奪犯罪人公權法益的一種刑罰，被褫奪公權的公務人員，原則上已失去服公職的資格，在一定的法定期間內，不能服公職、不能行使公權。褫奪公權，於判決確定後，即發生效力，應即依法執行。

五、緩刑的執行

緩刑，是對於初次犯罪或罪情輕微的犯罪人，在一定的期間內，暫緩執行其所宣告的刑罰的一種處遇。

初次犯罪或罪情輕微的犯罪人，雖值得同情，但仍須科處刑罰，以示懲戒。惟倘若輕微之刑罰，亦須送監執行，一方面易促使監獄呈飽和狀態，一方面亦易促使受刑人發生性行上、人格上的負面影響，故刑法上亦倣傚歐陸諸國，創設所謂緩刑制度。

緩刑的立法例，雖有緩宣告主義（又稱刑罰宣告猶豫主義）與緩執行主義（又稱刑罰執行猶豫主義）之別，惟我刑法的緩刑制度，係採緩執行主義。但宣告刑罰時，得附條件緩其刑之執行。

㈠緩刑的要件

審判機關為刑事案件之判決，除宣告應科處的刑罰外，如犯罪人係初次犯罪或所犯之罪情節輕微，認為以暫不執行為適當者，得依刑法的規定，宣告緩其刑之執行。惟宣告緩刑，必須符合刑法所規定的要件：

甲、須受二年以下有期徒刑、拘役或罰金之宣告

不論犯罪行為人是否初次犯罪，只要犯罪情節輕微，受審判機關判處二年以下有期徒刑、拘役或罰金之宣告確定者，得為緩刑之考慮。惟倘若受二年以上有期徒刑之宣告確定，則不得為緩刑的處遇。

乙、須未曾因故意犯罪受有期徒刑以上刑之宣告

犯罪行為人雖非初次犯罪，但只要從前的犯罪情節輕微，未曾因故意犯罪受審判機關判決有期徒刑以上刑之宣告；縱然現在又犯罪，受審判機關判處二年以下有期徒刑、拘役或罰金之宣告確定，只要不是故意犯罪，亦得為緩刑處遇的考慮。

丙、前因故意犯罪受有期徒刑以上刑之宣告，執行完畢或赦免後，五年以內未曾因故意犯罪受有期徒刑以上刑之宣告

犯罪行為人從前之故意犯罪，縱然犯罪之情節不輕，曾受審判機關判處有期徒刑以上刑之宣告，但已執行其刑完畢或經赦免其刑之執行，經五年期間未曾再故意犯罪，或雖曾再犯罪，僅受拘役或罰金之宣告，而未曾再受審判機關判處有期徒刑以上刑之宣告，由於並非累犯，故仍得審酌罪

情，為宣告緩刑處遇的考慮。

丁、認為以暫不執行為適當

犯罪行為人受審判機關科處二年以下有期徒刑、拘役或罰金的刑罰宣告，如犯罪人從前未曾受有期徒刑以上刑之宣告，或犯罪人從前曾受有期徒刑以上刑之宣告，執行完畢或赦免後，五年以內未曾受有期徒刑以上刑之宣告者，審判機關得依刑法的規定，為是否以緩刑處遇的考慮，倘經審酌結果，認為以暫不執行為適當者，得附條件宣告緩刑之期間以處遇之。此「認為」一詞，乃賦予審判官審酌決定之權。

㈡緩刑的期間

緩刑的宣告，依刑法的規定，得於二年以上五年以下的期間，由審判機關審酌犯罪人的犯罪情狀，適度量處之，並於判決期日為緩刑期間的宣告。緩刑的處遇，一經判決宣告，即發生執行的效力，受緩刑宣告之人，在緩刑期內付保護管束。保護管束，依保安處分執行法的規定，交由受保護管束人所在地或所在地以外之警察機關、自治團體、慈善團體、本人之最近親屬或其他適當之人行之。

㈢緩刑的撤銷

緩刑的處遇，其目的在鼓勵受緩刑人，能於緩刑期內保持善良性行，徹底改悔向上，不負審判機關之寬大，惟倘若受緩刑人於緩刑期間，仍我行我素、不受拘束，而有下列刑法所規定應撤銷或得撤銷其緩刑宣告情形之一者，撤銷其緩刑之宣告：

甲、應撤銷其緩刑宣告之情形

受緩刑人於緩刑期間，倘有下列應撤銷其緩刑宣告之情形者，撤銷之：

1.緩刑期內因故意犯他罪，而在緩刑期內受逾六月有期徒刑之宣告確定者：受緩刑人於緩刑期內，理應自我約束，保持善良性行，切實改悔向上，不再犯罪，惟倘若仍執迷不悟，惹事生非，致再犯罪，受逾六月有期徒刑之宣告者，則顯示其人惡性未泯，已失其處遇緩刑的用意，不能再姑息、寬大，故應即撤銷緩刑之執行。但如受拘役或罰金之宣告者，則另當別論。

2.緩刑前因故意犯他罪，而在緩刑期內受逾六月有期徒刑之宣告確定者：犯罪人既經審判機關判處二年以下有期徒刑、拘役或罰金之刑罰，並宣告二年以上五年以下之緩刑，則顯示受緩刑宣告之犯罪人惡性不大，可期望其改善行狀，悛悔向上；惟倘若受緩刑宣告之人，於緩刑宣告前犯他罪，有前科罪行，經發覺後是否應撤銷其緩刑之宣告，有待重新審酌、觀察，假如緩刑前所犯之罪，於緩刑期內為審判機關判處六月以上有期徒刑之宣告，則緩刑之宣告自然應即依法撤銷。但如受拘役或罰金之宣告者，則另當別論。

乙、得撤銷其緩刑宣告之情形

受緩刑宣告之人，於緩刑期內應按其情形交付警察機關、自治團體、慈善團體、本人之最近親屬或其他適當之人，為保護管束。受緩刑人，於緩刑期內，自應約束自己，保持善良性行，切實改悔向上，不得更犯他罪，惟倘若受緩刑宣告人，有下列情形之一，足認原宣告之緩刑難收其預期之效果，而有執行刑罰之必要者，得撤銷其緩刑之宣告：

1.緩刑前因故意犯他罪，而在緩刑期內受六月以下之有期徒刑、拘役或罰金之宣告確定者。

2.緩刑期內因故意犯他罪，而在緩刑期內受六月以下之有期徒刑、拘役或罰金之宣告確定者。

3.緩刑期內因過失更犯罪，而在緩刑期內受有期徒刑之宣告確定者。

4.違反刑法第七十四條第二項第一款至第八款所定應負擔（或遵守）事項，情節重大者。

六、假釋的執行

假釋是對於受徒刑執行之犯人，在監獄中確有悛悔實據，只要逾法定期間，就可以准其提前出獄之一種處遇制度。

受徒刑執行之犯人，不論其所犯之罪，輕重如何？所宣告之自由刑，長短如何？於監獄服刑之期間內，倘已能悛悔改過，敦品勵行，保持善良行狀，則執行徒刑之目的已達，縱然殘餘之刑期尚未執行期滿，只要合乎法定之條件，即可准其提前出獄，毋須執行至刑期屆滿，此乃刑法上的假釋制度。

假釋制度之執行，無非在鼓舞受徒刑執行之受刑人，能悛悔向上，改過遷善，早日出獄，以避免執行期間人力、物力與財力方面之浪費，俾受刑人達到法定條件，而確實有悛悔實據者，即能獲得假釋出獄之優遇，毋須執行至刑期屆滿，一方面固可防止監獄之過度飽和，一方面亦可減少監獄內管理上之不便，的確是一種良好的刑事政策。

㈠假釋的要件

受徒刑宣告之犯罪行為人，無論是無期徒刑或有期徒刑，均須送監服刑，舉凡服刑人，具備法定要件，有悛悔實據，即可提前出獄。茲依刑法的規定，列舉其要件如下：

甲、須受徒刑之執行

即犯罪行為人須經審判機關宣告無期徒刑或有期徒刑之刑罰，並移送監獄執行。宣告死刑或拘役、罰金之刑罰，無假釋制度之適用。

乙、徒刑之執行須逾法定期間

受徒刑執行之犯罪行為人，在監獄內須遵守監獄規則，保持善良性行，只要逾法定期間，無不良紀錄，即可假釋出獄。依刑法的規定，受徒刑之執行，而有悛悔實據者，無期徒刑逾二十五年，有期徒刑逾執行期二分之一，累犯逾執行期三分之二，即可准其假釋出獄。

丙、須有悛悔實據

受徒刑執行之犯罪行為人，在監獄內須保持善良行狀，性行表現優異，累進處遇已達一等或二等，確有具體而足資證明的悛悔實據，得由監獄長官檢具事證，報請法務部准許假釋出獄。惟有期徒刑之執行，未滿六月者，不得假釋。

㈡假釋的期間

受徒刑執行的犯罪行為人，於監獄中假釋出獄後，依刑法的規定，假釋期間必須接受保護管束，此項保護管束，係交由警察機關、自治團體、慈善團體、本人之最近親屬或其他適當之人行之。假釋期間，受假釋處遇之犯罪行為人，必須保持善良性行，遵守保護管束應遵守的事項，接受保護管束者的勸導、訓誨，不得再犯罪，倘若受無期徒刑執行之犯罪行為人，於假釋出獄後滿二十年，而受有期徒刑執行之犯罪行為人，於假釋出獄後所餘刑期內，未因更犯罪，而被撤銷假釋者，其未執行之刑，視同已執行論。

㈢假釋的撤銷

假釋的處遇，一方面固然是受假釋出獄的受刑人，在監獄內確有悛悔實據，無繼續執行其刑的必要，另一方面卻是激勵假釋出獄的受刑人，能改悔向上，重新做人，則其殘餘的刑期視同已執行論；惟倘若假釋出獄的受刑人，於出獄後仍故態復萌、我行我素，不受保護管束者的勸導、約束，置刑法的拘束於腦後，而有下列應撤銷或得撤銷假釋之事由者，依法撤銷之：

甲、假釋中因故意更犯罪，受有期徒刑以上刑之宣告者

假釋出獄之受刑人，倘於假釋期間，因故意的舉動而再犯罪，為審判機關再次判決有期徒刑以上刑之刑罰者，則顯示受假釋出獄處遇之徒刑犯，惡性難改，無悛悔之意念，應即撤銷其假釋，重新送回監獄，執行其應執行之刑罰，不予以姑息、寬大。惟假釋出獄之受刑人，於假釋期間，因一時的過失而再犯罪，為審判機關宣告拘役或罰金之處罰者，則不在此限。

乙、假釋中違反保護管束應遵守的事項，情節重大者

假釋出獄之受刑人，於假釋期間，得交由警察機關、自治團體、慈善團體、本人之最近親屬或其他適當之人為保護管束，隨時指導其行為，勸導其改悔向上，並防止其再犯罪。惟倘若受假釋處遇之人，不服從保護管束者之勸導，違反保護管束應遵守的事項，情節重大者，得撤銷其假釋。唯新修正之刑法第九十三條，已刪除此須得撤銷假釋之規定，甚為不妥。

七、保安處分之執行

保安處分，是刑罰以外，用以代替或補充刑罰之執行的一種特殊處分，包括感化教育處分、監護處分、禁戒處分、強制工作處分、強制治療處分、保護管束處分與驅逐出境處分等七種，常與主刑一併宣告，有於刑之執行前為處分之執行者，有於刑之執行完畢或赦免後為處分之執行者，茲分述如下：

㈠感化教育處分

感化教育處分是對於未滿十八歲須特別保護的犯罪少年，以學校教育的方式，輔導其改悔向上，矯正其反社會性格，使其能適應社會生活的一種處分。依刑法的規定，感化教育處分的對象，包括下列二種犯罪的少年：

甲、因未滿十四歲而不罰者

未滿十四歲之少年或兒童，假如有觸犯刑罰法律的犯罪行為，因刑法有不罰的規定，為使其能悛悔向上，敦品勵行，得令入感化教育處所，施以感化教育。

乙、因未滿十八歲而減輕其刑者

未滿十八歲之少年，假如有觸犯刑罰法律的犯罪行為，因刑法有減輕其刑的規定，為矯正其反社會性格，改善其行狀，消滅其犯罪危險性，得於刑之執行完畢或赦免後，令入感化教育處所，施以感化教育。但宣告三年以下有期徒刑、拘役或罰金者，得於刑之執行前為之。且感化教育之執行效果顯著，認為無執行刑之必要者，得免其刑之執行。此為保安處分（感化教育）代替刑罰之執行的刑事政策。

感化教育執行的處所，最早稱為感化院，因感化院名稱不雅，一般社會人士易發生錯覺，誤以為感化院出身的少年，類多個性偏激、素行不良之輩，故凡就學、謀職均不受歡迎。為顧及受感化教育少年之出路，其後改稱少年輔育院，實施多年，成效卓著，惟民國86年5月28日公布新制定之「少年矯正學校設置及教育實施通則」之法律後，「少年輔育院」卻與「少年矯正學校」同負感化教育之責。

依刑法的規定，感化教育期間為三年以下，但執行已逾六月，認為無繼續執行之必要者，法院得免除或停止其執行。

㈡監護處分

監護處分是指對於精神障礙或心智缺陷的犯罪行為人，所為的監督、保護與治療的處分，其目的無非在防範其再犯罪，並消弭其危害社會的性格。監護處分的對象，依刑法的規定，有下列三種：

甲、精神障礙或其他心智缺陷而不罰者

依刑法的規定，犯罪行為人於行為時，因精神障礙或其他心智缺陷之原因，致不能辨識其行為違法或欠缺依其辨識而行為之能力者，不罰。但其情狀足認有再犯或有危害公共安全之虞時，令入相當處所，施以監護。

乙、精神障礙或其他心智缺陷而減輕其刑者

依刑法的規定，犯罪行為人於行為時，因精神障礙或其他心智缺陷之原因，致其辨識行為違法或依其辨識而行為之能力，顯著減低者，得減輕其刑。但其情狀足認有再犯或有危害公共安全之虞時，令入相當處所，施以監護。

丙、瘖啞而減輕其刑者

依刑法的規定，犯罪行為人於行為時，因瘖啞而減輕其刑者，其情狀足認有再犯或有危害公共安全之虞時，令入相當處所，施以監護。監護處分期間為五年以下。監護處所刑法雖無明文規定，但得指定醫院或其他適當處所。

㈢禁戒處分

禁戒處分是對於嗜毒或酗酒的犯罪行為人，所為強制性的戒除、禁止的措施，以根絕其嗜毒或酗酒的習癖，防範其危害社會。禁戒處分之對象，依刑法的規定，有下列兩種犯罪行為人：

甲、嗜毒成癮者

依刑法的規定，凡施用毒品成癮者，令入相當處所，施以禁戒。此項處分於刑之執行前為之，其期間為一年以下。依此項處分之執行，法院認為無繼續執行之必要者，得免其處分之執行。

乙、酗酒成癮者

依刑法的規定，凡因酗酒而犯罪，足認其已酗酒成癮並有再犯之虞者，令入相當處所，施以禁戒。此項處分期間，為一年以下。

禁戒處分之處所，刑法雖無明文規定，但吸毒者得令入煙毒勒戒所或其他適當處所，戒除之。酗酒者得令入酗酒戒除所或其他適當之醫院，戒除之。

至於少年染有煙毒或吸用麻醉、迷幻物品成癮或有酗酒習慣者，亦得令入相當處所實施禁戒。此項禁戒處分之期間，以戒絕治癒或至滿二十歲為止。其處分與保護管束一併諭知者，同時執行之；與感化教育一併諭知者，先執行之。但其執行無礙於感化教育之執行者，同時執行之。

㈣強制工作處分

強制工作處分是對於有犯罪之習慣或因遊蕩或懶惰成習而犯罪者，所為強制勞動、作業的處分。其目的在培養刻苦耐勞、勤勞工作的德性，並防範其再犯罪。茲依刑法的規定，就強制工作的對象，分述如下：

甲、有犯罪習慣者

即犯罪行為已成習慣者，又稱之為「習慣犯」，但不以累犯為限。

乙、因遊蕩成習而犯罪者

即因遊手好閒，不務正業。放蕩成習而犯罪之人。

丙、因懶惰成習而犯罪者

即因貪圖安逸，不謀生計，懶惰成習而犯罪者。

上述有犯罪之習慣或因遊蕩或懶惰成習而犯罪之危險犯，倘若僅依憑刑罰之科處與執行，尚難能消弭其再犯罪之危險性，故刑法規定，對於上述三種類型之犯罪人，得於刑之執行前，令入勞動場所，強制工作，期間為三年，但執行滿一年六月後，認無繼續執行之必要者，得免其處分之執行。此為保安處分補充刑罰之執行的措施。

㈤強制治療處分

強制治療處分是對於傳染病毒於他人的花柳病患或痲瘋病患，以及因心理變態致觸犯特定的妨害性自主罪、妨害風化罪、強制性交罪的犯罪行為人，所為的強制性治療措施。依刑法的規定，犯「明知自己有花柳病或痲瘋，隱瞞而與他人為猥褻之行為或姦淫，致傳染於他人者……」之罪，或犯強制猥褻、強制性交等有關之妨害性自主罪及血親性交、公然猥褻……等有關之妨害風化罪者，得令入相當處所實施強制治療。故強制治療處分之對象，包括下列四種犯罪人：

甲、傳染花柳病毒於他人之犯罪行為人

即隱瞞花柳病病情，而與他人為猥褻行為或姦淫，致傳染病毒於他人者。

乙、傳染痲瘋病菌於他人之犯罪行為人

即隱瞞痲瘋病病情，而與他人為猥褻行為或姦淫，致傳染病菌於他人者（現今罹患痲瘋病症者已很少）。

丙、妨害性自主之犯罪行為人

即觸犯有關之強制猥褻、強制性交罪，如刑法第二百二十一條至第二百二十九條、第三百三十二條第二項第一款、第三百三十四條第二款……等之罪情者。

丁、妨害風化之犯罪行為人

即觸犯有關之血親性交罪、公然猥褻罪，如刑法第二百三十條及第二百三十四條之罪情者。

強制治療處分之處所，刑法無明文規定，但執行其處分時，得依其病症或罪情，指定適當之公私立醫院或其他治療機構治療之，俾防止再傳染病毒於他人，或再次犯罪，以維護社會安全。

至於少年觸犯上述傳染病毒於他人之罪，固得依刑法的規定，施以強制治療處分，即使身體或精神狀態顯有缺陷者，亦得令入相當處所，實施治療，並以治癒或至滿二十歲為止。

㈥保護管束處分

保護管束處分是對於特定之犯罪行為人，不拘束其身體自由，但告以應遵守的事項，並交由專人施以輔導、管束與教誨，使其改善行狀、重新做人之處分也。保護管束處分之對象，依刑法的規定，包括下列三種情形：

甲、代替其他保安處分之保護管束

即感化教育處分、監護處分、禁戒處分與強制工作處分等，按其情形得以保護管束代之，刑法有明文規定，故保護管束得代替上述四種保安處分之執行。

乙、緩刑期內之保護管束

受緩刑宣告之犯罪行為人，在緩刑期間，得付保護管束。但犯刑法第九十一條之一所列之罪，如妨害性自主罪之強制猥褻、強制性交罪、妨害風化之血親性交罪、公然猥褻罪……以及執行刑法第七十四條第二項第五款至第八款之義務勞務、戒癮治療、精神治療、心理輔導……等等所定之事項，應於緩刑期間，付保護管束。

丙、假釋期間之保護管束

受刑人假釋出獄後，應付保護管束。

保護管束，交由警察機關、自治團體、慈善團體、本人之最近親屬或其他適當之人行之。代替其他保安處分之保護管束，期間為三年以下，如其執行不能收效者，得隨時撤銷之，仍執行原處分。至於緩刑或假釋期間之保護管束，如受保護管束之人，因故意或過失更犯罪受有期徒刑之宣告確定者，得撤銷緩刑之宣告或撤銷假釋。

少年之保護管束處分，其對象雖亦有緩刑期間之保護管束、假釋期間之保護管束與代替感化教育處分之保護管束，但另有獨立諭知之保護管束，且其執行係交由少年保護官掌理之；或依少年保護官之意見，將少年交付適當之福利或教養機構、慈善團體、少年之最近親屬或其他適當之人保護管束，受少年保護官之指導。

㈦驅逐出境處分

驅逐出境處分是對於外國人在本國領域內犯罪者，所為之遣回國籍地的隔離處分。依刑法的規定，外國人受有期徒刑以上刑之宣告者，得於刑之執行完畢或赦免後，驅逐出境。而少年事件處理法亦規定，凡外國少年受轉介處分、保護處分或緩刑期內交付保護管束者，得以驅逐出境代之。其所以必須驅逐出境者，無非在維護本國的社會安全與秩序。

研究討論問題

一、刑法規定的主刑有哪幾種？請就其性質及刑期的長短加以說明。

二、何謂褫奪公權？被宣告褫奪公權之人，不能行使何項權利？

三、何謂緩刑？宣告緩刑，依刑法的規定，必須符合何種要件？請列舉說明之。

四、何謂假釋？受刑人必須符合何種條件，才得以假釋出獄？請說明之。

五、何謂累犯？依刑法的規定，累犯應如何處遇？請說明之。

六、刑法規定的保安處分有哪幾種？請列舉說明之。

第四章
常犯的罪行

第一節　侵害國家法益的罪行

王××，身為公務員，竟利用職務上之行為，收受賄賂或其他不正當利益，觸犯了瀆職罪；徐××、吳××等二人，於公務員依法執行職務時，施強暴、脅迫，觸犯了妨害公務罪；許××，以強暴脅迫之方法，妨害他人自由行使投票權，觸犯了妨害投票自由罪；林××，身為司法警察，縱放職務上依法逮捕之人，觸犯公務員縱放犯罪人脫逃之罪；殷××，於審判機關傳喚作證時，竟為虛偽之陳述，觸犯了偽證罪……。

以上所舉例子，均屬於侵害國家法益之罪。侵害國家法益之罪，依刑法分則的規定，包括內亂罪、外患罪、妨害國交罪、瀆職罪、妨害公務罪、妨害投票罪、妨害秩序罪、脫逃罪、藏匿人犯及湮滅證據罪、偽證及誣告罪等十大種類，其中以觸犯瀆職罪者較多，茲就最常見的罪行，舉述如下：

一、瀆職罪

瀆職罪行，皆以公務人員為犯罪主體。公務人員為依法令從事公務之人，故平日處理公務，應依據法律的規定，不得循私舞弊，不得敷衍塞責，同時，應遵守公務員服務法的規定，嚴以律己、潔身自愛、堅守崗位、奉公守法，不得有違法或失職的行為。惟公務員因良莠不齊，各人之涵養又不同，故操守不堅、素行不正，觸犯刑法瀆職罪者，亦屢見不鮮，茲將公務員較易觸犯的瀆職罪情，列舉如下：

㈠公務員受賄罪

公務員應廉潔自愛，嚴以律己，執行職務時，以方便民眾、服務民眾為前提，不得收取賄賂、收取回扣、收取禮物、收取「紅包」，並接受盛宴招待。惟迄今常有少數公務員對於職務上的行為或對於違背職務之行為，要求、期約或收受賄賂或其他不正當利益，致觸犯了刑法的受賄罪（又稱瀆職罪），為審判機關判處有期徒刑或併科罰金的處罰，的確令人齒寒！

㈡公務員圖利罪

公務員有固定的薪俸，有合理的待遇，生活已能獲得確切的保障，平日執行職務時，是非應分明，不應唯利是圖，目無法紀，倘若公務員對於主管或監督之事務，直接或間接圖利自己或他人者，即觸犯公務員圖利罪，應科處刑罰。晚近，甚多公務員觸犯本罪，值得警惕。

二、妨害公務罪

李××，於公務員奉令拆除×××色情KTV之招牌、裝潢時，施以強暴、脅迫，觸犯了刑法的妨害公務罪，為審判機關判處了刑罰；朱××，於公務員執行拆除違章建物時，以糞尿潑灑執行職務之公務員數人，觸犯了侮辱公務員執行職務之罪，為審判機關判處了三年以下的有期徒刑；許××，為圖暴利，以電子通訊儀器，告知試場內參加大學聯招部分考生，有關科目之正確答案，觸犯了妨害考試罪，為警察所查獲；徐××，積欠××大廈管理費數萬元，管理員蔡××聲請法院將其冰箱、電視、音響設備……等予以查封，徐××返回大廈見狀，憤而將查封之標示紙條撕毀，觸犯了刑法的侵害標示罪……。

以上所舉案例，均為妨害公務罪的罪情，現今一般民眾因不諳法律，故觸犯本罪者甚為普遍。茲將觸犯本罪較多之相關罪行，列舉如下：

㈠一般妨害公務罪

即於公務員依法執行職務時，施強暴脅迫者，例如對於攔車臨檢之警察，予以毆打。

㈡聚眾妨害公務罪

即於公務員依法執行職務時，公然聚眾施強暴脅迫者，例如對於拆除違章建築之公務員，公然聚眾予以毆打，其在場毆打助勢之人，即觸犯了本罪。

㈢妨害考試罪

即對於依考試法舉行之考試，以詐術或其他非法之方法，使其發生不正確之結果者，例如命題之教師，故意洩漏試題給予自己所任課之學生。

三、妨害投票罪

王××，於競選××村長時，以一票新台幣五佰元之價值，向投票人賄賂，以求能順利當選，卻不料為他人所揭發……。陳××，於××縣議員競選時，贈送禮品給選民，並要求選民投票支持他，為競選政敵所告發……。

投票，是一種選賢舉能的方法，應該尊重民意，由人民依據自己的意思，去投被支持者一票，候選人應憑自己的操守、才幹、熱忱與形象，去爭取選民的好感，千萬別耍花招，而以金錢、禮品去賄賂選民，污染選舉的風氣。

目前我國的民主政治已向下紮根，奠定了良好的基礎，舉凡總統、副總統、立法委員的選舉，乃至直轄市市長、議員，或各縣（市）縣（市）長、縣（市）議員的選舉，無不由人民投票選出，假如選舉時期，候選人均以金錢、禮品賄賂選民，則其選舉結果自然發生不公、不正的流弊，不但落選的候選人不滿，一般民眾也會引以為恥。惟不可否認的，晚近每逢民選官吏、民意代表選舉時期，總有候選人賄賂選民、投票人收受賄賂的流言傳出，其真相如何尚乏確切的證據。茲將最容易觸犯妨害投票罪的罪情，列舉如下：

㈠投票受賄罪

即有投票權之人，收受候選人的賄賂。例如收受由他人轉交之金錢。

㈡投票行賄罪

即候選人委託第三人，交付賄賂給予有投票權之人。例如交付禮物、禮品。

㈢誘惑投票罪

即以生計上之利害，誘惑投票人為一定之投票行為。例如告以當選後，補助多少錢為其修復住屋、整建庭院。

第二節　侵害社會法益的罪行

吳××，私自製造、販賣安非他命毒品，為警察所查獲、逮捕……。少年高××，縱火焚燒××茶坊前，並排停放之機車，為路人報警逮捕……。曾××、徐××、張××等三人，共同印製偽鈔，並使用偽鈔購物，為受害者劉××告發……。呂××，不務正業，強暴鄰居弱智少女，為女父發覺，向法院提起告訴……。陳××，略誘未滿十六歲之少女，脫離家庭，為有監護權之父母，提起妨害家庭之訴……。

以上所舉之種種案例，均是侵害社會法益的罪行。侵害社會法益的罪情，依刑法分則的規定，包括公共危險罪、偽造貨幣罪、偽造有價證券罪、偽造度量衡、偽造文書印文罪、妨害性自主罪、妨害風化罪、妨害婚姻及家庭罪、褻瀆祀典及侵害墳墓屍體罪、妨害農工商罪、鴉片罪、賭博罪等十二種，其中犯罪行為較多者，為妨害性自主罪、妨害婚姻及家庭罪、吸毒罪、妨害風化罪、公共危險罪、偽造貨幣罪……等等，茲舉述數項如下：

一、妨害性自主罪

強姦罪、輪姦罪、強制猥褻罪……等罪行，原屬於刑法分則規範的妨害風化罪，惟新修正公布之刑法，則將其規範為妨害性自主罪。晚近，由於社會的進步、文明的衝激，男女的關係越形開放，少數理智力較薄弱的男性，禁不住色情的誘惑，竟以強暴、脅迫、恐嚇或其他方法，使對方與其為猥褻或性交之行為，因而觸犯了本罪。本罪最常發生的罪情，大約有下列幾種態樣：

㈠違反性自主意願的性交罪

即對於男女以強暴、脅迫、恐嚇、催眠術或其他違反其性自主意願之方法而為性交者。

㈡利用不知抗拒的姦淫罪

即對於男女利用其心智低劣、精神障礙、身心缺陷或其他相類似之情形，不能或不知抗拒而為性交者。

㈢違反人道的強姦罪

即對於男女以強暴、脅迫、恐嚇、催眠術或其他違反其意願之方法而為性交；或利用其心智低劣、精神障礙、身心缺陷或其他相類似之情形，不能或不知抗拒而為性交，並故意殺害被害人者。

二、妨害婚姻及家庭罪

婚姻是男女雙方以共同生活為目的，所締結的身分契約，依民法的規定，男未滿十八歲，女未滿十六歲，不得結婚，同時結婚時，應遵守一夫一妻制的原則，不得同時與二人以上結婚，結婚之後，配偶不得重為婚姻，以免觸犯刑法的重婚罪。男女雙方既然結婚，則必須相互敬愛，誠摯相待，不應同床異夢、各懷疑心，倘若有配偶之人，仍頻頻與人通姦，不但不忠於家室，尚且觸犯了刑法的妨害婚姻及家庭罪。晚近，由於男女兩性接觸的頻繁、道德規範約束力的衰微，致有配偶而與人合意性交之事甚為普遍，只不過有配偶而與人通姦之行為，較為隱密，採證不易，故常成為漏網之罪行。

三、毒品罪

吸食鴉片、罌粟、麻煙及其抵癮物品，或施打嗎啡、使用高根、海洛因或其化合質料等煙毒物品，有礙個人身心之健康，易促使個人之精神日漸萎靡，身體日漸衰弱，且染及他人，為害至大，易擴及整個社會，降低國民之體質，故不得不防制。惟目前製造、運輸、販賣、持有或施用毒品者，大有人在，只因毒品有厚利可圖，因此，一般不務正業的無業遊民甘願冒刑罰的風險，或私自製造、運輸、販賣，或由國外走私、闖關，常聞有將毒品塞入肛門企圖闖關者，有將毒品以塑膠紙袋包裝，而吞入胃部企圖瞞騙搜檢人員者，不勝枚舉。毒品，依其成癮性、濫用性及對社會危害性，分為三級：第一級包括海洛因、嗎啡、鴉片、古柯鹼……；第二級包括罌粟、古柯、大麻、安非他命……；第三級西可巴比妥……等，舉凡製造、運輸、販賣、持有或施用第一級毒品者，較之第二級毒品或第三級毒品的刑罰為重，惟目前查緝毒品之走私、闖關，雖甚嚴格，但觸犯製造、運輸、販賣、持有或施用毒品之罪者，仍甚普遍。

四、妨害風化罪

社會風氣必須淨化，善良風俗才得以保存，而國民的品質與國家的形象，才得以提昇。過去在都市社會，常有婦女穿著過分暴露，流行迷你裙、露背裝、睡衣當外衣穿的風潮，而大飯店又有媒介應召女郎陪宿的色情勾當，咖啡店、理容院、餐廳……等場所，更有美女裸體陪客的餘興活動，整個社會充滿著色情的誘惑，深深的污染著社會風氣……。近幾年來，經過政府機關大力掃黃，色情場所、色情行業，已逐漸減少；而販賣色情錄影帶，雖是一種新興的行業，經過一番取締、一番掃蕩，也逐漸消聲匿跡，社會風氣似乎淨化了許多。惟妨害善良風俗的罪行，仍難徹底消滅於無形，其較易觸犯的罪情，如下列所舉：

㈠以媒介男女性交為常業者

即意圖使男女與他人為性交或猥褻之行為，而引誘、容留或媒介以營利，並以此為常業者，例如媒介陪宿女郎。

㈡販賣足以挑起性慾之猥褻物品者

即製造、持有猥褻之文字、圖畫、淫聲、影像或其他物品，並著手散布、播送或販賣者，例如販賣性交錄影帶。

五、公共危險罪

社會生活，以公共安全為第一，絕不容許任何人因故意或過失，而造成公共危險，危害及公眾的生命、身體及財產的保障。倘若有人不顧公共安全，肆意放火燒燬公共場所，或以自製之炸藥向民宅亂投，則難免造成公共危險，危害及公眾的生命與財產，自為法律所不容許。目前國內因為人口稠密、房屋鱗次櫛比，因此，常因電線走火或用火不當，致頻頻發生火災、火警，例如臺中市××餐廳，即因用火不小心，瓦斯管破裂瓦斯漏逸，致轟然爆炸，而釀成六十四人死亡的慘狀！刑法所列的公共危險罪，其罪情雖然二十多種，但仍以觸犯失火罪及觸犯火患危險罪者居多。

六、偽造貨幣罪

貨幣為買賣、交易之媒介，足以掌控社會之經濟、人類之生活；貨幣量多者，可以享受富裕之生活，量少者終生窮苦潦倒，無以維生，因此，任何人莫不汲汲於貨幣之賺取與累積。所謂：「金錢萬能」、「有錢萬事通」，貨幣已成為主宰生活的重要鑰匙。惟現行貨幣多由紙張印製而成，故少數投機取巧的歹徒常以身試法，印製偽鈔，觸犯了偽造貨幣罪。

第三節　侵害個人法益之罪行

牛××，因細故與父親爭吵，竟持木棍將其父親打死，觸犯了殺直系血親尊親屬之罪……；紀××，因缺錢花用，竟連續在夜間，搶奪婦女隨身攜帶之皮包，為警察所逮獲……。伍××，負債累累，竟異想天開，於某日上午攜帶自製之汽油彈，衝入××商店，劫走新台幣五十萬元，旋又為警察所逮捕……。刁××、方××、石××等三人，共同綁架××幼稚園園長姚××，涉嫌擄人勒贖，為法院以裁定暫時羈押於看守所……；卓××、安××等二人，常竊取他人之車輛，並經拆卸改裝後，設法出售圖利，為警察所查獲……。

以上所舉案例，均係觸犯侵害個人法益之罪。侵犯個人法益之罪，依刑法分則的規定，包括殺人罪、傷害罪、墮胎罪、遺棄罪、妨害自由罪、妨害名譽及信用罪、妨害秘密罪、竊盜罪、搶奪強盜及海盜罪、侵占罪、詐欺背信及重利罪、恐嚇及擄人勒贖罪、贓物罪及毀棄損壞罪、妨害電腦使用罪等十五種，其中，觸犯較多的罪行不外殺人罪、擄人勒贖罪、搶奪財物罪、竊盜罪、傷害罪……等等，茲分述之：

一、殺人罪

社會是人與人相互關係的生活場地，在這瞬息萬變的生活場地，人與人之間，必須和諧相處，各就自己的角色，分工合作，才能促進社會的進步。惟人是感情複雜的動物，稍與人有摩擦、衝突的不愉快情緒，一旦失去理智，任其發洩、爆發，甚易造成外界的危害，例如殺人、傷害……，常是在情緒最激動、最強烈的時刻，所犯下的滔天大罪。殺人，隨著社會的轉型、道德的淪落，有越來越普遍的趨勢。茲就觸犯較多或令人震驚的殺人罪，列舉如下：

㈠殺直系血親尊親屬之罪

即犯罪行為人置倫理道德於不顧，殺害己身所從出的父母親或祖父母……。

㈡義憤殺人罪

即當場激於義憤而殺人者，例如看不慣暴徒王××欺侮弱小，憤而持刀殺之。

㈢普通殺人罪

即基於故意而殺害人者。

㈣過失致人於死罪

即因過失致人於死者，例如駕車不慎，而撞死路人。

二、擄人勒贖罪

生活品質要能獲得改善，必須努力工作，克勤克儉，一點一滴，累積財富，才能達成目標。而不務正業、不事生產，好逸惡勞、習於閒散之輩，不但無以改善生活品質，抑且須向生活低頭，永無翻身之日。常見不少缺錢花用或債臺高築的無業遊民，在需錢孔急的時刻，竟然鋌而走險，夥同臭氣相投的朋儕，覓定作案對象，幹起擄人勒贖的罪行。擄人勒贖罪，罪刑甚重，凡意圖勒贖而擄人者，處死刑、無期徒刑或七年以上有期徒刑；因而致人於死或重傷者，處死刑或無期徒刑；故意殺被害人者，處死刑。強制性侵被害人者，處死刑或無期徒刑。惟擄人勒贖的罪行，一旦勒贖得手，可以致富、解困、滿足金錢上之需求，故近幾年來，擄人勒贖的勾當，此起彼落，震撼人心。

三、搶奪財物罪

休閒生活的調劑，可以提振個人生活上的樂趣，充實個人生活上的內容，並增進個人的身心健康。惟休閒生活的安排，除登山、郊遊、釣魚、烤肉、打球、奕棋、看電影、看電視……等，較為單純，消費較低外，舉凡唱歌性質的KTV，消遣娛樂的電動玩具俱樂部，都有一定的消費標準。一般年輕人，為追尋生活上的刺激，常沈迷於色情KTV或電動玩具俱樂部，倘若身邊缺錢揮霍，甚易誤入歧途，幹起搶奪財物的勾當，因此，時下常發生的搶劫超商及搶奪婦女皮包的糗事，大多是這些缺錢花用的年輕人所觸犯的罪行。

四、竊盜罪

社會越進步，交通越方便，特別是鐵路、公路、四通八達，而汽車、機車，亦穿梭來去。晚近由於國民所得提高，人民的生活富裕，故購買汽車、機車毫無困難，而擁有名貴汽車、機車者亦甚普遍。在過去，竊盜犯之竊盜財物，常於深夜潛入他人之住宅，偷偷為之，而時下，竊盜犯之竊盜財物，竟於光天化日之下大膽為之，且以竊取汽車、機車為主，並即著手卸除車身、車牌，改裝成另一個樣式之車身，以瞞騙失主，此種專竊汽車、機車之竊盜罪，為目前最常發生之罪行。

五、傷害罪

人與人之間，常因細故或利害關係的衝突，致發生肢體排斥的鬥毆行為，重則殺人致死，輕則傷人身體，均為觸犯刑罰法律的行為。依刑法的規範，傷害罪有重傷罪與普通傷害罪之別，前者係使人受重傷，或致人於死，罪刑較重，非告訴乃論；而後者係傷害人之身體或健康，罪刑較輕，告訴乃論；目前傷害罪與殺人罪，均為觸犯較多之罪行，但因若干較為輕微的傷害罪，係告訴乃論，故表面上看來，似乎觸犯殺人罪者，為多、為嚴重。

六、詐欺罪

詐欺罪，又稱之為詐騙錢財罪，它是利用詐術騙取他人錢財的一種犯罪行為，已成為當今最轟動、最震撼、最猖獗、最囂張的一種經濟型犯罪態樣；在過去，詐騙錢財的詐騙伎倆，較為單純、淺易、譬如轟動一時的鄧××婦女之詐騙辜××錢財，僅以女子張××係其骨肉、血統為由，要脅辜××按月給與生活費用⋯⋯；又金光黨成員之詐騙老翁、老嫗身邊攜帶的錢財，乃是以搭訕的方式，假裝好心人，噓寒問暖，而乘其不備時，以詐術或其他使人昏迷的伎倆，騙取老翁、老嫗的錢財⋯⋯。而現在，詐騙錢財的詐騙技倆，不但較前狡猾、詭譎、隱秘，而且有集團組織，周密的計畫、行騙的方法⋯⋯。詐騙集團在行詐騙行為時，通常隱身於電話機旁，不露真面貌，以其慣用的伎倆，就選定的電話號碼一次又一次的撥打、試探，當有人拿起電話筒接聽時，即播放預先錄製的女性悅耳語音，或誆稱：你的××銀行的存款帳號，已被詐騙集團盜用、冒用、檢警單位正著手偵查、審訊，為防止你的存款被冒領或被凍結，請暫時將存款匯入檢察單位監管的安全帳號××××，俟案件偵查終結，再一併歸還⋯⋯云云。倘若接聽電話者，不辨真偽，不動腦筋思考，誤信其語音及假檢警之所言，將其存款全部依照指示匯入檢察單位監管之安全帳號，則落入詐騙集團之圈套，其錢財勢必悉數被騙光⋯⋯。又，詐騙集團亦懂得人性都有貪婪的弱點，說不定會以欺詐的手段，恭喜你中大獎，獎金共×千萬元⋯⋯但，必須繳交手續費或稅金×十萬元，或會員費×十萬元，加入××會成為會員之一，才能匯去獎金⋯⋯云云；而接聽電話者，如果信以為真，樂昏了頭，依指示匯去款項給詐騙歹徒指定的帳號，則立即落入詐騙集團之圈套，不但匯去的款項立即被提領光光，即使獎金亦分毫領不到，白白失去了×筆錢財⋯⋯。詐騙錢財的勾當目前仍方興未艾，由於詐騙集團善於說謊，被騙失財的受害者，遍及城鄉及社區鄰里；被騙的款項，有多至新臺幣幾千萬元者，不可不提高警覺，加強自己的心防，以免被騙失財。

研究討論問題

一、侵害國家法益的罪行，共有幾種？你認為那幾種罪行最普遍？請列舉說明之。

二、侵害社會法益的罪行，共有幾種？你認為那幾種罪行最普遍？請列舉說明之。

三、侵害個人法益的罪行，共有幾種？你認為那幾種罪行最普遍？請列舉說明之。

四、何謂擄人勒贖罪？何謂搶劫罪？有何異同？請依你的看法說明之。

五、有婦之夫與有夫之婦是否可以享有婚外情？如果有通姦行為，被任何一方發覺，得以何種罪名提起告訴？是否可以法外和解？請發表你的看法。

六、何謂性騷擾？請你下一定義，說明其界限。

第五編

訴訟與人生

一個人生活在人際關係極其複雜的社會，假若其生命遭受他人不法的殺害、身體遭受他人不法的凌虐、自由遭受他人不法的控制、名譽遭受他人不法的誹謗、財產遭受他人不法的侵占、貞操遭受他人不法的污辱，自應容許被害人提起訴訟，以追究其加害者之惡行罪責，平撫其受害者的怨恨心態。同樣的，人民假若遭受中央或地方機關違法的行政處分，致認爲有損害其權利或法律上利益之事實，經依法提起訴願而不服其決定者，自應容許其向行政法院提起訴訟，以謀救濟。訴訟，爲憲法所保障的人民權利，故人民得依法享有民事訴訟、刑事訴訟及行政訴訟之權，本編僅就第一章訴訟的概念；第二章解決紛爭的訴訟程序等加以概述。

第一章
訴訟的概念

第一節　訴訟的意義

檢察官王×和，偵訊××市政府××局長趙××之後，認定有瀆職罪嫌，於是向××地方法院提起公訴……。張×玉，已結婚多年，育有一子一女，生活美滿，惟其丈夫汪××，最近行動怪異，常外宿不歸，經其妻張×玉暗中注意其行蹤，發覺竟與一年輕貌美女子過從甚密，並同居於市區某一住宅，張×玉一怒之下，乃向×地方法院提起妨害婚姻及家庭之告訴……。洪××，於競選××縣立法委員時，常受競選政敵許××或郭××惡言攻許，故意誹謗、抹黑。於是在忍無可忍之下，以涉嫌妨害名譽罪名，向×地方法院提起告訴……。林××，係智障女子，十三歲，常與鄰居×國中就讀的男同學方××，在校園附近閒逛，某日，方××在慾念難禁之下，將智障女林××，誘騙至草叢中，乘其無人路過之機會，施以強暴得逞，事後為智障女林××之父知情，一怒之下，以妨害性自主罪名，向×地方法院提起告訴……。土地所有權人王××，將其土地一筆，租與陳××興建工廠，並言明十五年後歸還土地，惟十五年期限屆滿，承租土地之陳××竟向地主索取興建工廠費新台幣五百萬元，付款後始歸還土地，於是各持己見，互不相讓，土地所有權人王××在一怒之下，竟向×地方法院按鈴申告……。許××與吳××兩情相悅，熱戀多年，在愛情的沸騰下，兩人終於走向紅色的氈毯，締結了婚姻，成為一對眾所欽羨的夫妻，惟許××竟於婚後不久，罹患惡性重疾，不能人道，致夫妻原有的濃情蜜意，逐漸為之沖淡，其妻吳××在不諒解的情形下，竟向×地方法院訴請准予判決離婚……。

以上所舉的案例，均是訴訟的程序，何謂訴訟？訴訟是指特定人因為特定事項，而向法院提起的告訴程序便是。而一般人卻以「打官司」一詞稱之。

第二節　訴訟的類型

中華民國憲法因有「司法院為國家最高司法機關，掌理民事、刑事、行政訴訟之審判……」的明文規定，故訴訟的類型，包括民事訴訟、刑事訴訟及行政訴訟等三種，茲分述之：

一、民事訴訟

民事訴訟是指人民的私權，遭受他人的侵害，或有遭受他人侵害之虞時，請求法院排除其侵害，所為的法定告訴程序。例如債權人對於債務人久久不履行給付金錢的債務時，得再三予以催促，倘仍不履行其給付義務，得聲請法院核發支付命令，督促債務人依期限償還債務。又，例如洪××因觸犯殺人及毀容罪，為法院判處有期徒刑十八年確定，但被害人許××的父母不服，又提起賠償新台幣二千四百萬元精神創傷補償金之民事訴訟……等。民事訴訟，常以民法上的債權、物權、繼承、親屬……等的爭執，為訴訟客體，故人民如有民事上權利義務的爭執，自可以向該管地方法院提起民事訴訟。

二、刑事訴訟

刑事訴訟是指人民的生命、身體、自由、名譽、財產、貞操……等的權益，遭受他人非法的侵犯時，得檢具事證，向該管地方法院或檢察署提起告訴的程序。例如女子常××與男子卓××同居後，常遭其同居男友勒索、毆打，極端受辱，某夜，又因細故遭其凌虐、毆打後，女子常××乃憤而赴××醫院驗傷，翌日即檢具傷證，向×地方法院提起刑事告訴……。又例如男童鄭××罹患急性盲腸炎，由其父母駕車護送至×外科醫院，不料主治外科醫師適巧因事外出，故由其無醫師執照之助理代行手術，竟因缺乏經驗，施用麻醉藥（乙醚）過量，導致幼童鄭××昏迷而死，鄭童父母傷心之餘，乃向檢察署提起告發程序……。刑事訴訟，有由檢察官於偵查犯罪嫌疑人之罪情後，向法院提起的公訴，例如觸犯瀆職罪、妨害公務罪等有關侵害國家法益罪嫌之起訴……，及觸犯偽造貨幣罪、公共危險罪……等有關侵害社會法益罪嫌之起訴……，以及觸犯殺人罪、擄人勒贖罪……等有關侵害個人法益罪嫌之起訴……等等。亦有由因犯罪而受害之人，或其有關的親屬，逕自向法院提起的自訴，法院基於職權所在，自應依法審理。

三、行政訴訟

行政訴訟是指人民遭受中央或地方行政機關之違法處分，致損害及個人之權利或法律上利益，經提起訴願但不服其決定，而向高等行政法院所提之行政上爭訟程序，俾能如願撤銷原違法之處分，或賠償其所受損害，以填補其心中之不滿，謀求權益受損之事後救濟，例如田××有土地一筆，座落於市區某一黃金地帶，地價約值新台幣一億五千萬元，不料××市政府竟將其列為即將徵收之土地，田××不滿，雖提起訴願之請求，惟未獲妥善的決定，乃進而向高等行政法院提起行政訴訟……。又，例如××技術學院學生蔡××，某日下午駕駛汽車，經過××路，因該路段年久失修，管理不善，致道路不平，車行不穩，一失控竟衝入路旁之大排水溝，形成車毀人重傷的慘狀，其家屬經人指點，乃向管轄機關提起賠償之訴願，惟不服其訴願的決定，故再依行政訴訟法的規定，向高等行政法院提起行政訴訟……。行政訴訟的提起，必須是基於中央或地方機關的違法處分，致人民確有權利或法律上利益受有損害的事實，且必須經提起訴願而不服其決定，才得以向高等行政法院提起行政訴訟，否則不符其訴訟要件，高等行政法院可以駁回不受理。

第三節　訴訟的提起

訴訟，是要式行為，故提起訴訟，必須備具訴狀。茲依民事訴訟、刑事訴訟及行政訴訟等三方面扼要分述：

一、民事訴訟

人民倘有債權、物權、婚姻、繼承及其他權利義務關係之爭執，自得向有管轄權之地方法院提起訴訟，以保障個人的權益。惟提起訴訟，必須備具訴狀，載明當事人姓名及其他人別資料、訴訟之標的、應為之聲明或陳述、供證明或釋明用之證據、附屬文件及其件數……等等，其訴訟書狀及其附屬文件，除提出於法院者外，應按應受送達之他造人數，提出繕本。

二、刑事訴訟

人民的生命、身體、自由、名譽、財產、貞操……等權益，遭受他人侵害時，一方面得向該管地方法院檢察署提起告訴，由檢察官偵查之；一方面亦可向該管地方法院提起自訴，請求法官追究犯罪人的罪責。檢察官於偵訊犯罪嫌疑人後，如認為罪證不足，得為不起訴處分，如認為罪證確鑿，得向該管地方法院提起公訴，惟應備具起訴書狀，載明被告之姓名、性別、年齡、出生地、住居所……等人別資料及犯罪事實、證據及所犯法條，並將卷宗及證物一併送法院，由法院擇期審判。至於犯罪受害人向該管地方法院提起的自訴，亦須備具自訴狀，載明被告之姓名、性別、年齡、出生地、住居所……等人別資料及犯罪事實、證據，請求法院擇期審判追究之[1]。

三、行政訴訟

人民因中央或地力機關之違法行政處分，認為損害其權利或法律上之利益，經依訴願法提起訴願而不服其決定，或提起訴願逾三個月不為決定，或延長訴願決定期間逾二個月不為決定者，得向高等行政法院提起撤銷之訴訟。人民因中央或地方機關對其依法申請之案件，於法令所定期間內應作為而不作為，認為其權利或法律上利益受損害者，經訴願程序後，得向高等行政法院提起請求該機關應為行政處分或應為特定內容之行政處分之訴訟。人民因中央或地方機關對其依法申請之案件，予以駁回，認為其權利或法律上利益受違法損害者，經訴願程序後，得向高等行政法院提起請求該機關應為行政處分或應為特定內容之行政處分之訴訟。人民與中央或地方機關間，因公法上原因發生財產上之給付或請求做成行政處分以外之其他非財產上之給付，得提起給付之訴訟……。又，人民為維護公益，就無關自己權利及法律上利益之事項，對於行政機關之違法行為，得提起行政訴訟。但以法律有特別規定者為限。又，選舉罷免事件之爭議，除法律別有規定外，得提起行政訴訟。惟提起行政訴訟，係要式行為，故應備具起訴書狀，載明當事人、起訴之聲明、訴訟標的及其原因事實，並記載適用程序上有關事項、證據方法及其他準備言詞辯論之事項，附具訴願之決定書，向高等行政法院提出之。

第四節　訴訟的輔導

訴訟的輔導，是運用輔導學上的談話（Interview）與諮商（Counseling）的臨床方法與技術，指引訴訟當事人如何進行訴訟的誘導過程。訴訟輔導，雖然包含刑事訴訟、民事訴訟、行政訴訟等方面的輔導，但目前青少年因涉及刑事問題者較多，因此，本節偏重刑事訴訟方面的輔導。

一、自首的輔導

自首是指行為人於犯罪後，在未被偵查機關發覺之前，主動向檢察官或司法警察官，告知自己之犯罪事實，並願意接受法律之制裁者也。自首，依刑事訴訟法的規定，應以言詞或書狀向檢察官或司法警察官為之；以言詞自首者，應製作筆錄。以書狀自首者，應載明自首人之姓名、性別、年齡（出生年月日）、職業、籍貫、住居所、身分證統一編號及自首之犯罪行為……等資料。由於刑法第六十二條有「對於未發覺之罪自首而受裁判者，得減輕其刑……」之規定，故任何人於犯罪後，在尚未被偵查機關發覺之前，有關之親屬、朋友應輔導其主動向檢察官或司法警察官自首。

二、告訴的輔導

告訴是指犯罪受害者或其有關之親屬，在犯罪受害後，向偵查機關告知犯罪被害之事實，並請求追訴犯罪嫌疑人之犯罪行為者也。依刑事訴訟法的規定，「犯罪之被害人，得為告訴」，「被害人之法定代理人或配偶，得獨立告訴」，「被害人已死亡者，得由配偶、直系血親、三親等內之旁系血親、二親等之姻親或家長、家屬告訴。但告訴乃論之罪，不得與被害人明示之意思相反」。告訴，應以言詞或書狀向檢察官或司法警察官為之。以言詞為之者，應製作筆錄；以書狀為之者，應載明告訴人之姓名、身分證統一編號、性別、年齡（出生年月日）、職業、籍貫、住居所、電話號碼、告訴之犯罪受害事實及證據……等資料。告訴，在使犯罪之加害者，能繩之以法，接受法律的制裁，以慰撫受害者不平、不滿的心理狀態，維護受害者生命、身體與財產的法益，故因犯罪而受害者，應輔導其向檢察官或司法警察官告訴，不必礙於情面，不必擔心損害名譽。

三、選任辯護人的輔導

辯護人是協助、輔導被告或犯罪嫌疑人，如何就法律與事實方面，為有利於自己之辯解之「得力助手」。依刑事訴訟法的規定，「被告得隨時選任辯護人。犯罪嫌疑人受司法警察官或司法警察調查者，亦同」，「被告或犯罪嫌疑人之法定代理人、配偶、直系血親或三親等內之旁系血親或家長、家屬，得獨立為被告或犯罪嫌疑人選任辯護人」，「每一被告選任辯護人，不得逾三人」。由於辯護人是選任律師充當，故選任時應注意律師的品德、操守、信譽、資歷、法律素養、辯才……等條件。

四、再議聲請之輔導

再議是指告訴人不服檢察官所為之不起訴處分，以書狀聲請再為偵查的程序。依刑事訴訟法的規定：「告訴人接受不起訴處分書後，得於七日內以書狀敘述不服之理由，經原檢察官向直接上級法院檢察長聲請再議。……」，故告訴人所告訴之被害事實，乃追訴之意思表示，經檢察官為不起訴處分後，告訴人如有不服，應指導其書寫書狀，敘述不服之理由，於法定之七日內，向原為不起訴處分之檢察官之直接上級法院檢察長聲請再議。但被告已向被害人道歉，或立悔過書，或支付相當數額之慰撫金者，告訴人不得聲請再議。

五、自訴之輔導

自訴是犯罪被害人主動向該管地方法院按鈴申告，告知自己被害之事實，請求法院制裁犯罪嫌疑人的訴訟程序。依刑事訴訟法的規定：「犯罪之被害人得提起自訴，但無行為能力，或限制行為能力，或死亡者，得由其法定代理人，直系血親或配偶為之」，「自訴，應向管轄法院提出自訴狀為之。……」，故犯罪被害人提出自訴時，應指導其記載被告人之姓名、性別、年齡、籍貫、職業、住所或居所，或其他足資辨別之特徵及犯罪事實與證據，向有管轄權之地方法院自訴之。自訴狀應按被告之人數，提出繕本。如自訴人不能提出自訴狀者，得以言詞為之，惟應由書記官製作筆錄。

自訴與公訴不同，公訴是檢察官偵查犯罪案件後，代表國家向有管轄權的地方法院，告訴犯罪嫌疑人的犯行，聲請法官予以法律制裁所提起的追訴；而自訴是犯罪被害人，不經偵查之程序，向檢察官提起告訴，而逕向該管地方法院告知自己因犯罪而被害的事實，請求法院制裁犯罪行為人所提起的私人追訴程序。我國的刑事訴訟制度，除採用國家追訴主義外，兼採私人追訴主義，故容許犯罪被害人直接向該管地方法院提起自訴，但犯罪被害人死亡者，得由其法定代理人、直系血親或配偶為之。惟提起自訴，仍有限制，譬如對於直系尊親屬或配偶，不得提起自訴，告訴或請求乃論之罪，已不得為告訴或請求者，不得再行自訴，同一案件經檢察官終結偵查者，不得再行自訴，同一案件經提起自訴者，不得再行告訴……等等，因自訴之制度仍有限制，故對於有意提起自訴之犯罪被害人或有關之親屬，得加以指導。例如對於未滿十八歲之犯罪人，不得提起自訴。

六、上訴之輔導

上訴是指訴訟當事人，對於法院之判決不服，請求上級法院撤銷或變更原判決的訴訟救濟程序。依刑事訴訟法的規定，「當事人對於下級法院之判決有不服者，得上訴於上級法院，如自訴人於辯論終結後，喪失行為能力或死亡者，得由其法院代理人、直系血親或配偶為之」，「告訴人或被害人對於下級法院之判決有不服者，亦得備具理由，請求檢察官上訴……」，「檢察官為被告之利益，亦得上訴」，「被告之法定代理人或配偶，得為被告之利益獨立上訴」、「原審之代理人或辯護人得為被告之利益而上訴」，「檢察官對於自訴案件之判決，得獨立上訴」……等等，由於提起上訴為要式行為，且須於判決書送達後十日內為之，故應指導上訴之當事人、告訴人、被害人以及得提起上訴之法定關係人，於法院判決書送達後十日內，書寫上訴書狀，向原審法院提出之。惟上訴書狀應按他造當事人之人數，提出繕本。

目前各級法院為輔導訴訟當事人，如何進行訴訟程序，如何撰寫訴訟書狀，皆於書記處設有訴訟輔導諮詢部門，惟迄今尚未能普遍發生功效。另，臺北、桃園、新竹、臺中、彰化、雲林、嘉義、臺南、高雄、屏東、……等律師會，亦設有平民法律扶助，以電話、書信、面談解說的方式，為民眾解答疑義、輔導訴訟、並備法律諮詢。又臺灣大學、政治大學、中興大學、東吳大學、輔仁大學、東海大學……等法律服務社，亦設有大學法律服務，以電話、書信、面談解說的方式，為大學生提供法律諮詢及解答疑義的服務。而各縣（市）政府，亦相繼聘有法律顧問，為民眾提供法律諮詢之服務[2]。

附　註

[1] 現行的司法體制，是屬於審檢分隸制度，審判機關如地方法院、高等法院、最高法院，係隸屬於司法院。檢察機關如地方法院檢察署、高等法院檢察署、最高法院檢察署，係隸屬於行政院法務部。審判機關乃審判民、刑事案件之機關。檢察機關乃代表國家偵查犯罪之機關。

[2] 摘錄自拙著法學概論（民國87年9月　三民書局出版）第一百零一頁至第一百零五頁。

研究討論問題

一、何謂民事訴訟？何謂刑事訴訟？何謂行政訴訟？

二、何謂自首？自首應向何機關提起？

三、何謂告訴？何謂自訴？兩者有何不同？

四、何謂起訴？何謂自白？

第二章
解決紛爭的訴訟程序

第一節　民事訴訟

民事上的私權爭執，得依民事訴訟法的規定，向當地有管轄權的法院，提起民事訴訟解決之。

一、民事訴訟的意義

民事訴訟是指當事人為保護其既有之私權，當私權遭受侵害或有遭受侵害之虞時，訴請法院以公權力排除其侵害，所踐行的訴訟程序。

二、民事訴訟的當事人

民事訴訟的當事人，稱為兩造當事人，一為原告，一為被告，原告是指向法院提起訴訟，請求保護其私權之人；被告是指被起訴之他造侵害權利之特定人。民事訴訟的當事人，不限於自然人，即法人（公法人或私法人）或團體，亦得為訴訟當事人。且二人以上亦得為共同訴訟人，一同起訴或一同被訴。對於兩造之訴訟有法律上利害關係之第三人，為輔助一造起見，於該訴訟繫屬中，亦得參加。

三、民事訴訟的第一審程序

民事訴訟的第一審程序，除調解程序外，茲就通常訴訟程序與簡易訴訟程序二項，分述之：

㈠通常訴訟程序

通常訴訟程序，由當事人向被告住所地之法院為起訴而開始。起訴，應以書狀載明當事人之姓名、性別、年齡、職業、住所或居所（當事人為法人或其他團體者，其名稱及事務所或營業所），法定代理人、訴訟代理人之姓名、性別、年齡、職業、住所或居所，訴訟之標的，應為之聲明或陳述，供證明或釋明用之證據，附屬文件……等等，提出於法院為之。法院於受理民事訴訟案件後，應即為言詞辯論之準備，並擇定期日，開庭審判，一方面為兩造當事人間之言詞辯論，一方面調查證據，如有成立和解之望者，得試行和解；如訴訟達於可為裁判之程度者，應即為終局判決；如各種獨立之攻擊、防禦方法或中間之爭點，達於可為裁判之程度者，得為中間判決。言詞辯論期日，當事人之一造不到場者，得依到場當事人之聲請，由其一造辯論而為判決；當事人於言詞辯論時，為訴訟標的之捨棄或認諾者，應本於其捨棄或認諾為該當事人敗訴之判決。

㈡簡易訴訟程序

關於財產權之訴訟，其標的之金額或價額在新臺幣五十萬元以下者，得適用簡易程序；但下列各款訴訟，不問其標的金額或價額一律適用簡易程序：

甲、因建築物或其他工作物定期租賃或定期借貸關係所生之爭執涉訟者。

乙、僱用人與受僱人間，因僱傭契約涉訟，其僱傭期間在一年以下者。

丙、旅客與旅館主人、飲食店主人或運送人間，因食宿、運送費或因寄存行李、財物涉訟者。

丁、因請求保護占有涉訟者。

戊、因定不動產之界線或設置界標涉訟者。

己、本於票據有所請求而涉訟者。

庚、本於合會有所請求而涉訟者。

辛、因請求利息、紅利、租金、贍養費、退職金及其他定期給付涉訟者。

壬、因動產租賃或使用借貸關係所生之爭執涉訟者。

癸、因第一款至第三款、第六款至第九款所定請求之保證關係涉訟者。

但如有不合於適用簡易程序之訴訟案件，經當事人之同意，亦得適用之。

四、民事訴訟之上訴審程序

對於第一審之終局判決，得上訴於管轄第二審之法院。提起上訴，應以上訴書狀表明：當事人及法定代理人，對於第一審判決不服之程度及應如何廢棄或變更之聲明。上訴狀內，宜記載新事實及證據，或其他準備言詞辯論之事項……等，提出於原第一審法院為之。對於第二審之終局判決，除別有規定外，得上訴於管轄第三審之法院。提起上訴，應於上訴狀內，表明上訴之理由，並添具關於上訴理由之必要證據，記載因上訴所得受之利益，向原判決法院為之。

五、民事訴訟之抗告程序

對於法院之裁定，得為抗告，故當事人或訴訟關係人對於法院未確定之裁定，得向為裁定之原法院或原審判長所屬之法院，提出抗告狀為之。惟訴訟程序進行中所為之裁定，除別有規定外，不得抗告；不得上訴於第三審法院之事件，其第二審法院所為之裁定，不得抗告；受命法官或受託法官之裁定，不得抗告；抗告，除別有規定外，由直接上級法院裁定。

六、民事訴訟之再審程序

法院所為之確定判決，當事人之私權爭執問題原已獲得解決，不應再推翻或請求其再審；但如有民事訴訟法第四百九十六條、第四百九十七條及第四百九十八條規定之法定原因者，得提起再審之訴。

七、民事爭執之督促程序

民事爭執之督促程序，是指債權人聲請法院發支付命令，督促債務人給付一定數量之金錢或其他代替物或有價證券；而法院不訊問債務人，就支付命令之聲請為裁定之程序。此項督促程序，債務人得不附理由於二十日之不變期間內向法院提出支付命令全部或一部之異議，否則該命令即與確定判決有同一之效力。

八、民事爭執之保全程序

民事爭執的保全程序，是指債權人聲請法院對於特定的債務人實施假扣押以及假處分，以保全強制執行的程序。保全程序與督促程序同樣是非訟事件。

九、公示催告程序

公示催告程序，是指法院依聲請人之聲請，以公示催告之方式，將申報權利之期間及在期間內應為申報之催告……等事項，黏貼於法院之公告處，並登載於公報、新聞紙或其他相類之傳播工具，使不明之利害關係人於法定之期限內，依法申報權利之非訟程序。

十、人事訴訟程序

人事訴訟程序，包括婚姻事件程序、親子關係事件程序、監護及輔助宣告事件程序與宣告死亡事件程序等四種，除婚姻事件及親子關係事件為訴訟程序外，禁治產事件及宣告死亡事件，因無爭訟性，故屬於非訟事件[1]。

第二節　刑事訴訟

刑事上的犯罪案件，得依刑事訴訟法的規定，向偵查機關告發或提起告訴，亦得逕向有管轄權之地方法院自訴之。

一、刑事訴訟的意義

刑事訴訟是指國家對於刑事被告，為確定是否有犯罪事實，以便行使刑罰權所為的審判程序。

二、刑事訴訟的當事人

刑事訴訟的當事人，包括檢察官、自訴人與被告。檢察官是代表國家偵查犯罪的公務員，其任務是：當犯罪被害人向檢察機關提起告訴；或知有犯罪嫌疑之人，向檢察機關所為之告發，檢察官均應主動實施偵查，並將確有犯罪嫌疑之人，向該管地方法院起訴，追訴之。而自訴人是因犯罪而受害之人，主動向該管法院起訴，告訴自己被害之事實，請求法院行使刑罰權以懲戒其不法之加害者。至於被告，即有犯罪嫌疑之他造當事人。

三、刑事訴訟的程序

刑事訴訟的程序，依實務而分，大致有偵查程序、起訴程序、審判程序、執行程序……等，茲分述之：

㈠偵查程序

偵查程序是刑事訴訟的最初階段，由代表國家行使追訴權的檢察官，就告訴、告發、自首等的犯罪案件，實施追訴前之偵查；偵查時，採不公開主義，但得傳訊被告或犯罪嫌疑人，以確定是否有犯罪之嫌疑。

㈡起訴程序

檢察官依偵查所獲得之證據，足認為被告有犯罪嫌疑者，應向該管地方法院提起公訴。被告之所在不明者，亦應提起公訴。檢察官之提起公訴，無異以國家之名義，代替被害人為訴訟行為。至於有訴訟能力之犯罪受害人，逕向有管轄權之法院所為之自訴，從訴訟程序而言，亦屬於起訴程序，但係私的起訴程序。

㈢審判程序

犯罪案件經提起公訴或自訴後，代表國家之法院法官，應即依法踐行審判程序，傳喚原告、被告之兩造當事人，以及得以參加訴訟之有關人，就法律與事實方面，為攻擊及防禦之言詞辯論，並就證據之調查結果，為被告是否有罪之判決，並作為刑罰權行使之依據。

㈣執行程序

法院法官對於刑事被告為判決確定後，應即執行其所科處之刑罰，以實現其國家刑罰權之目的。通常刑事訴訟之執行程序，除依其性質應由法院、審判長、受命法官、受託法官指揮者外，由檢察官指揮之。

㈤上訴程序

訴訟當事人對於下級法院之判決有不服者，得上訴於上級法院。告訴人或被害人對於下級法院之判決有不服者，亦得具備理由，請求檢察官上訴。檢察官為被告之利益，亦得上訴。故上訴程序是不服下級法院之判決，向上級法院所為之訴訟救濟程序。我國的刑事訴訟制度，現在已由原來的三級三審改為四級三審。

㈥抗告程序

訴訟當事人對於法院之裁定有不服者，除有特別規定不得抗告之裁定外，得以抗告書狀，敘述抗告之理由，向直接上級法院為抗告；惟此項抗告書狀，應提出於原審法院為之。

㈦再審程序

判決確定後，為受判決人之利益或不利益，如確有再審之法定原因，有聲請權人得依法以再審聲請書狀，敘述理由，附具原判決之繕本及證據，提出於再審管轄法院為之。

㈧非常上訴程序

刑事案件經判決確定後，檢察官如發現該案件之審判，係違背法令者，應具意見書將該案卷宗及證物送交最高法院檢察署之檢察總長，聲請提起非常上訴。最高法院檢察署之檢察總長經審查後，認為該案件之審判確有違背法令之事證者，得向最高法院提起非常上訴。

㈨簡易程序

輕微之罪情，第一審法院依被告在偵查中之自白，或其他現存之證據，已足認定其犯罪者，得因檢察官之聲請，逕以簡易判決處刑，不必踐行通常之審判程序。

㈩協商程序

輕微的罪情，經檢察官提起公訴或聲請簡易判決，而在第一審言詞辯論終結前或簡易判決處刑前，檢察官得徵詢被害人之意見，經同意後聲請法院准於審判外進行協商，促請被告向被害人道歉或支付賠償金……等，以迅速終結審判程序。

⑪附帶民事訴訟

在刑事訴訟程序中（第二審辯論終結前），得附帶提起民事訴訟，即因犯罪而受有損害之人，得對於被告及依民法負賠償責任之人，請求賠償其損害。

四、刑事訴訟與民事訴訟的不同

刑事訴訟與民事訴訟，同樣採取四級三審制，同樣採取言詞辯論主義、直接審理主義，但也有其不同之處：

㈠目的不同

刑事訴訟以實施國家刑罰權、制裁犯罪人為目的；民事訴訟以保護私人權利、解決民事上之爭執為目的。

㈡適用法律不同

刑事訴訟在實體法上，係適用刑法、刑法之特別法以及其他定有刑罰規定之法律；在程序法上，則以刑事訴訟法為訴訟程序的準繩。民事訴訟在實體法上，係適用民法、民法之特別法以及其他私法；在程序法上，則以民事訴訟法為訴訟程序的準繩。

㈢程序不同

甲、起訴程序不同

刑事訴訟採國家追訴主義，犯罪案件由檢察官實施偵查；倘若有事證足認為有犯罪嫌疑者，才依職權提起公訴，而自訴程序為例外。民事訴訟採私人訴訟主義，訴訟的目的在解決私權上的爭執。

乙、審理程序不同

刑事訴訟採職權進行主義及干涉主義；民事訴訟採當事人進行主義及不干涉主義。

丙、救濟程序不同

刑事訴訟，設有非常上訴之程序，以匡正違背法令之確定判決；民事訴訟，則僅設有再審之程序，以救濟認定事實錯誤之確定判決，無非常上訴之制度[2]。

第三節　行政訴訟

人民遭受中央或地方機關的違法行政處分，致權利或法律上利益，認為受有損害者，得依訴願法的規定，向原處分機關之上級機關提起訴願。惟人民對於訴願的決定仍不服者，得依行政訴訟法的規定，向高等行政法院提起行政訴訟以謀救濟。

一、行政訴訟的意義

行政訴訟是指人民因中央或地方機關的違法行政處分，或應作為而不作為的失職行為，致權利或法律上利益，認為受有損害，經依訴願法的規定，向有關機關的上級機關提起訴願，而不服其決定，進而向高等行政法院起訴之救濟程序。

二、行政訴訟的要件

人民向高等行政法院提起行政訴訟，必須具備下列的要件：

㈠須因中央或地方機關的違法行政處分，認為損害其權利或法律上利益，經依訴願法提起訴願而不服其決定，或提起訴願逾三個月不為決定，或延長訴願決定期間逾二個月不為決定者，始得向高等行政法院提起撤銷訴訟。

㈡須因中央或地方機關對其依法申請之案件，於法令所定期間內應作為而不作為，認為其權利或法律上利益受有損害者，經依訴願程序後，得向高等行政法院提起請求該機關應為行政處分或應為特定內容之行政處分之訴訟。

㈢須因中央或地方機關對其依法申請之案件，予以駁回，認為其權利或法律上利益受違法損害者，經依訴願程序後，得向高等行政法院提起請求該機關應為行政處分或應為特定內容之行政處分之訴訟。

㈣須人民與中央或地方機關間，因公法上發生財產上之給付或請求作成行政處分以外之其他非財產上之給付，得提起給付訴訟。

㈤人民為維護公益，就無關自己權利及法律上利益之事項，對於行政機關之違法行為，得向高等行政法院提起行政訴訟（但以法律有特別規定者為限）。

㈥選舉罷免事件之爭議，除法律別有規定外，得提起行政訴訟。

三、行政訴訟的當事人

行政訴訟的當事人，依修正之行政訴訟法第二十三條的規定，包括原告、被告及參加訴訟之人。惟當事人得委任代理人代理訴訟。

㈠原告：即因中央或地方機關的違法行政處分或失職行為，致權利或法律上利益認為受有損害之特定人，所提起之行政訴訟的一造當事人。

㈡被告：即為違法行政處分或不為一定行為之原中央或地方機關。

㈢參加訴訟之人：即高等行政法院命有利害關係之第三人參加訴訟之特定人；或因第三人之聲請，允許其參加訴訟之特定人。

四、行政訴訟的起訴期間

行政訴訟的提起，應於訴願決定書送達後二個月之不變期間內為之。但因天災或其他不應歸責於己之事由，致遲誤不變期間者，於其原因消滅後一個月內，得向高等行政法院聲請回復原狀，許可其起訴。

五、行政訴訟的判決

高等行政法院經審查起訴書狀，並為言詞辯論，或為調查證據後，如認為原告起訴有理由者，應以判決撤銷或變更原處分或決定。其附帶請求被告機構損害賠償者，並應為判決。如認為起訴無理由者，應以判決駁回之。其附帶請求被告機關損害賠償者，亦同。高等行政法院之判決，就其事件有拘束各關係機關之效力。同時，行政訴訟的當事人對於高等行政法院的裁判不服，尚得上訴於最高行政法院。

第四節　選舉訴訟

民主法治的政治制度，人民有參與政治活動的機會，人民不但在憲法上享有選舉權，同時，也享有被選舉權；人民的選舉權不容許他人任意剝奪、支配，或以強暴、脅迫或其他非法之方法，妨害其自由行使的權利；人民的被選舉權，也應該在法律的保障下，公平合理的去從事爭取票源的競選活動，絕不容許以賄賂、期約、利誘……等非法手段，使選舉發生不公正的結果，故人民的選舉權與被選舉權的行使，有違反法律的規定者，得以選舉訴訟的程序，使其接受法律的制裁與懲罰。

一、選舉訴訟的意義

選舉訴訟是指檢察官代表國家，對於違法的選舉人或被選舉人，向有管轄權的法院所提起的訴訟行為。一般而言，選舉人或被選舉人，在選舉期日前的競選活動，如有確切的違法事證，任何人均得向檢察官告發，有利害關係之被選舉人（候選人），除得向檢察官告發外，亦得向有管轄權之法院提起自訴。檢察官偵查經告發之案情後，如認為選舉人或被選舉人，在選舉前之競選活動期間，確有違法之事證者，應向該管法院提起公訴，追訴制裁之。

二、提起選舉訴訟的案件

提起選舉訴訟，必須選舉人（投票人）或被選舉人（候選人）有下列之違法行為：

㈠以強暴、脅迫或其他非法之方法，妨害他人自由行使法定之政治上選舉權或其投票權者。

㈡有投票權之人，要求期約或收受賄賂或其他不正當利益，而許以不行使其投票權或為一定行使之承諾者。

㈢對於有投票權之人，要求期約或交付賄賂或其他不正當利益，而約其不行使投票權或為一定行使之承諾者。

㈣以生計上之利害，誘迫投票人不行使其投票權或為一定行使之承諾者。

㈤以詐術或其他非法之方法，使投票發生不正確之結果或變造投票之結果者。

㈥妨害或擾亂投票者。

㈦選舉委員會辦理選舉違法，足以影響其選舉結果者。

㈧當選人當選票數不實，足以影響其選舉結果者。

㈨當選人違反自辦政見發表會之規定，經監察人員書面制止不聽者。

㈩當選人資格不符規定或經檢覈合格之候選人資格被撤銷者。

三、選舉訴訟的當事人

選舉訴訟的當事人，包括公訴人、起訴人與被告。公訴人是指檢察官就舉發、告發之選舉無效之訴、當選無效之訴，以及選舉人或被選舉人之選舉爭訟事件，經偵查後，所提起之公訴；由於檢察官係代表國家，追訴不法之犯罪行為，故亦稱公訴人。起訴人是指有利害關係人，如被選舉人（候選人），向有管轄權之法院，就他造當事人之違法競選，所為之起訴。被告，雖指有違法嫌疑之他造當事人，但在提起選舉無效之訴中，係以各該選舉委員會為被告；在提起當選無效之訴中，係以當選人為被告。

四、選舉訴訟的判決

選舉訴訟之判決，得就刑罰之科處、選舉之無效與當選之無效等分述之：

㈠刑罰之科處

選舉人或被選舉人，於選舉期間如有觸犯刑法之規定，經由法院審判認定罪證確鑿者，應為刑罰之科處；但被判決人如有不服，得依法上訴於直接上級法院。

㈡選舉之無效

選舉委員會辦理選舉違法，經檢察官或候選人於投票結果，當選人名單公告之日起十五日內，向管轄法院提起選舉無效之訴。其選舉無效之訴，經法院判決無效確定者，其選舉無效，應即定期重行選舉。如其違法屬選舉之局部者，局部之選舉無效，應就該局部無效部分定期重行投票。但局部無效部分顯不足以影響選舉之結果者，不在此限。

㈢當選之無效

當選人如有當選票數不實之情況，或在競選時違反自辦政見發表會之規定，經監察人員以書面制止不聽之事實，或當選後發現資格不符規定或經檢覈合格之候選人資格被撤銷者，選舉委員會、檢察官或同一選舉區之候選人，得於法定之期限內，向該管轄法院提起當選無效之訴。其當選無效之訴，經判決無效確定者，其當選無效。

附　註

[1] 摘錄自拙著法學概論（民國91年8月　三民書局出版）第一百零九頁至第一百十三頁。

[2] 摘錄自註1拙著第一百十三頁至第一百十六頁。

[3] 摘錄自註1拙著第一百十七頁至第一百十九頁。

[4] 摘錄自註1拙著第一百十九頁至第一百二十一頁

研究討論問題

一、民事訴訟與刑事訴訟有何不同？請就適用法律及程序之不同，比較說明之。

二、何謂不告不理原則？何謂一事不再理原則？請參考有關刑事訴訟專著，解釋之。

三、法院審判刑事案件，常有傳喚、拘提、羈押、舉證……等等程序，請參考有關刑事訴訟專著，解釋其名詞定義。

四、何謂通緝？通緝與協尋是否相同？何種情形之犯罪嫌疑人才有必要通緝？

五、何謂搜索？何謂勘驗？請參考有關刑事訴訟專著，研究其名詞定義。

六、債權人對於債務人始終不履行給付義務，有何補救方法促其履行給付？如債務人仍依舊不履行給付，怎麼辦？請依民事訴訟法的規定說明之。

七、何種情況下，得提起行政訴訟？請舉一例說明之。

八、何謂抗告？何謂上訴？兩者是否相同？請舉例說明之。

參考書目

1. 法學緒論／韓忠謨著／著作者印行
2. 法學緒論／林紀東著／五南圖書出版公司印行
3. 法學緒論／鄭玉波著／三民書局印行
4. 法學緒論／管　歐著／著作者印行
5. 法學入門／劉得寬著／五南圖書出版公司印行
6. 法學緒論／孫致中著／三民書局印行
7. 法學緒論／林榮耀著／著作者發行
8. 法學緒論／段重民編著／國立空中大學出版
9. 法學概論／陳惠馨著／三民書局出版
10. 法學概論／李復甸、劉振鯤編著／大中國圖書公司印行
11. 法學緒論／劉作揖著／三民書局出版
12. 法學概論／陳麗娟著／五南圖書出版公司印行
13. 中華民國憲法論／管歐著／三民書局印行
14. 中華民國憲法／陳志華著／三民書局印行
15. 中華民國憲法逐條釋義／林紀東著／三民書局印行
16. 中華民國憲法精義／朱元懋著／著作者發行
17. 中華民國憲法概要／曾繁康著／三民書局印行
18. 中國憲法新論／薩孟武著／三民書局印行
19. 中華民國憲法／林騰鷂著／三民書局印行
20. 比較憲法／劉慶瑞著／大中國圖書公司印行
21. 民法總則／劉得寬著／五南圖書出版公司印行

22. 民法總則／鄭玉波著／三民書局印行
23. 民法概要／何孝元著／三民書局印行
24. 民法總則大意／楊與齡著／五南圖書出版公司印行
25. 民法債編總論／鄭玉波著／三民書局印行
26. 民法債編總論／何孝元著／三民書局印行
27. 民法物權／鄭玉波著／三民書局印行
28. 民法親屬新論／陳棋炎、黃宗樂、郭振恭著／三民書局印行
29. 民法繼承新論／陳棋炎、黃宗樂、郭振恭著／三民書局印行
30. 商事法／鄭玉波著／大中國圖書公司印行
31. 刑法總則之比較與檢討／楊建華著／著作者發行
32. 刑法原理／韓忠謨著／著作者發行
33. 刑法總論／蔡墩銘著／三民書局印行
34. 刑法總論／梁恆昌著／著作者發行
35. 刑法概要／周冶平著／三民書局印行
36. 刑法各論／蔡墩銘著／三民書局印行
37. 刑法特論／林山田著／三民書局印行
38. 民事訴訟法論／陳計男著／三民書局印行
39. 刑事訴訟法論／蔡墩銘著／五南圖書出版公司印行
40. 刑事訴訟法論／梁恆昌著／著作者發行

附錄：試題彙編

99年公務人員普通考試試題：法學知識（包括中華民國憲法、法學緒論）

1. 我國司法院釋字第328號，如何解釋憲法第4條關於中華民國「固有疆域」之範圍？
   (A)包括中國大陸、外蒙古和臺澎金馬
   (B)包括中國大陸和臺澎金馬
   (C)僅包括臺澎金馬
   (D)屬重大政治問題，釋憲機關不予解釋
2. 依憲法增修條文第10條之規定，有關國家應保障原住民族之政治參與之敘述，下列何者正確？
   (A)國家依法要求各私營企業須僱用一定比例之原住民，即為直接保障原住民族之政治參與之表現
   (B)為突顯國家保障原住民族之政治參與，國家不得保障其他特定群體之政治參與
   (C)原住民族政治參與之保障，應於其整體教育水準達一定程度以上方得開始
   (D)國家應依民族意願，保障原住民族之政治參與
3. 依憲法增修條文第12條規定，修憲案經合法提出並公告後，若我國自由地區選舉人總數為一千四百萬，參與複決投票者為一千兩百萬，應有多少同意票，修憲案方為通過？
   (A)七百萬票　(B)七百萬零一票

(C)六百萬　　(D)六百萬零一票

4. 下列何者屬於我國憲法上的社會權規定？

(A)結社權　　(B)受教育權

(C)服公職權　　(D)應考試權

5. 人民為解決公法爭議得提起行政訴訟，此屬於人民之何種權利？

(A)社會權　　(B)參政權

(C)行政受益權　　(D)司法受益權

6. 依司法院大法官解釋，提審法上之提審制度，主要係保障何種人權？

(A)言論自由權　　(B)人身自由權

(C)居住遷徙自由權　　(D)平等權

7. 憲法第23條的比例原則，其中有三個子原則，其中「有多種同樣能達成目的之方法時，應選擇對人民權益損害最少者」，乃屬於那個原則？

(A)適當性原則　　(B)必要性原則

(C)過度禁止原則　　(D)視情況而定

8. 依憲法增修條文之規定，總統、副總統之彈劾案，經立法院決議通過後，由下列何者審理之？

(A)監察院　　(B)高等法院

(C)司法院大法官　　(D)公務員懲戒委員會

9. 國家對人民違反法定義務之處罰，應以法律定之。此係何種憲法原則？

(A)法律優位原則　　(B)法律保留原則

(C)一行為不二罰原則　　(D)比例原則

10. 依憲法增修條文的規定，若立法院通過對行政院院長的不信任案，下列敘述何者正確？

(A)行政院院長應辭職，並得同時呈請總統解散立法院

(B)行政院院長應辭職，立法院因此自動解散

(C)行政院院長得決定是否辭職，並得同時呈請總統解散立法院

(D)行政院院長得決定是否辭職，立法院是否自動解散，視行政院院長辭職與否而定

11. 人民以公民投票方式，議決國家重要事項，依司法院釋字第645號解釋，其憲法上法源基礎為何？

(A)憲法第7條平等權

(B)憲法第17條人民有創制、複決之權

(C)憲法第18條人民有應考試服公職之權

(D)憲法第22條一般行為自由與第23條比例原則

12. 有關立法院對於行政院所提預算案的敘述，下列何者為正確？

(A)立法院可以刪減，但不得為增加支出之提議

(B)立法院可以刪減，亦得為增加支出之提議

(C)立法院不得刪減，但得為增加支出之提議

(D)立法院不得刪減，亦不得為增加支出之提議

13. 下列那個機關有權審理政黨違憲之解散事項？

(A)內政部　(B)司法院憲法法庭

(C)最高法院　(D)最高行政法院

14. 下列何者不屬於考試院之職權？

(A)公務員之銓敘　(B)公務員之考績

(C)公務員之懲戒　(D)公務員之撫卹

15. 關於中央與地方之權限爭議，憲法規定由何一機關解決之？

(A)總統　(B)司法院大法官

(C)立法院　(D)行政院

16. 下列何者，以批判概念法學為目標？

(A)立憲主義 (B)羅馬法繼受
(C)自由法運動 (D)天賦人權

17. 以下法律，何者是公元2000年以後新制定的法律？
(A)國民年金法 (B)全民健康保險法
(C)就業服務法 (D)勞工保險條例

18. 下列一般、抽象之規定中，何者居於最高之法位階？
(A)違法經營電子遊戲場業裁罰基準
(B)臺北縣電子遊戲場業設置自治條例
(C)電子遊戲場業公共意外責任險投保辦法
(D)電子遊戲場業管理條例

19. 依中央法規標準法之規定，法規有下列何種情形者，修正之？
(A)因有關法規之修正而應配合修正者
(B)機關裁併，有關法規無保留之必要者
(C)法規因有關法規之修正致失其依據，而無單獨施行之必要者
(D)同一事項已定有新法規，並公布或發布施行者

20. 有關法律制定程序的描述，下列何者正確？
(A)法律案只能由行政院提出 (B)立法院黨團無權提出法律案
(C)法律應經立法院通過 (D)法律應經行政院會議通過

21. 下列何者為法律適用之原則？
(A)法無擬制之明文亦可於個案中進行擬制
(B)法律所推定之事實不得舉證推翻
(C)特別法應優先於普通法適用
(D)法律違憲即無效，行政機關得逕行拒絕適用

22. 法律適用上，探討生活事實與法律構成要件是否相符之問題，係運用下列何一方式來進行？

(A)涵攝　　(B)認定

(C)推定　　(D)解釋

23. 下列何者非特別人格權？

(A)信用　　(B)信仰

(C)姓名　　(D)自由

24. 現代民主國家採用權力分立制度的原因為何？

(A)政治學理論上認為，權力集中必然導致濫權，有害人民權利保障，故須採用權力分立的制度

(B)因權力分立制度較有利於行政權的推展

(C)因權力分立可使國家威權獲得實現

(D)因為權力分立制度，可以落實君權神授的理想

25. 下列何種情形，被害人乙不得請求甲賠償慰撫金？

(A)甲綁架乙之小孩

(B)甲不法侵害孕婦乙之胎兒致死

(C)甲不法侵害乙公司之信譽

(D)甲將乙送修電腦中硬碟所儲存的私密淫照曝光

26. 下列何者在刑法上不處罰？

(A)即成犯　　(B)繼續犯

(C)不作為犯　　(D)不能犯

27. 依據刑法第63條規定，以下何者，不得處死刑或無期徒刑，本刑為死刑或無期徒刑者，減輕其刑？

(A)滿20歲之犯罪人

(B)未滿18歲之犯罪人

(C)滿60歲，但未滿80歲之犯罪人

(D)18歲以上，但未滿20歲之犯罪人

28. 有關性別工作平等法陪產假之敘述，下列何者正確？
(A)雇主於受僱者之陪產假期間，無需給付工資
(B)受僱者之陪產假之請假日數，併入病假計算
(C)雇主於受僱者之配偶分娩時，應給予受僱者陪產假三日
(D)雇主於受僱者之家屬分娩時，應給予受僱者陪產假一日

29. 關於著作合理使用之敘述，下列何者正確？
(A)符合著作之合理使用者，不構成著作財產權及著作人格權之侵害
(B)合法電腦程式著作重製物之所有人，有權重製該程式之備份，以供自己備用存檔之需要
(C)合法電腦程式著作重製物之所有人，得出租該重製物
(D)依法設立之各級學校，因授課需要得合理重製他人公開著作，但不得改作該著作

30. 下列那一項全民健康保險的給付，保險對象無需自行負擔費用？
(A)門診　(B)急診
(C)住院　(D)分娩

法學知識解答

題序	01-10	11-20	21-30
答案	DDBBDBBCBA	BABCCCADAC	CABACDBCBD

99年公務人員高等考試三級考試試題：法學知識（包括中華民國憲法、法學緒論）

1. 有關公民投票法中公民投票訴訟之敘述，下列何者正確？
   (A)以二審終結，且不得提起再審之訴
   (B)以二審終結，但得提起再審之訴
   (C)以一審終結，且不得提起再審之訴
   (D)以一審終結，但得提起再審之訴
2. 相較於憲法本文之規定，憲法增修條文針對我國地方制度所為之重大變革為：
   (A)廢除省之組織　(B)廢除省自治
   (C)增列鄉（鎮、市）之組織　(D)增列鄉（鎮、市）之自治
3. 依司法院大法官釋字第487號解釋意旨，冤獄賠償法與國家賠償之關係為何？
   (A)冤獄賠償法為國家賠償責任之特別立法
   (B)冤獄賠償與國家賠償可同時請求
   (C)冤獄賠償法為普通法，國家賠償法為特別法
   (D)冤獄賠償法為國家賠償法之基本法
4. 有關現行監察院及監察委員之敘述，下列何者正確？
   (A)監察委員在院內所為之言論及表決，對院外不負責任
   (B)監察院為國家最高監察機關，行使彈劾、糾舉及審計權
   (C)監察委員，除現行犯外，非經監察院許可，不得逮捕或拘禁
   (D)監察院設監察委員，由各省市議會、蒙古西藏地方議會及華僑團體選舉之

5. 若有政黨主張將中華民國改變為「專制極權國家」，並積極從事相關活動，請問在憲法上有何方式予以處理？
   (A)由內政部逕以行政處分撤銷該政黨之設立登記
   (B)內政部應轉知監察院，由監察院對該政黨提出糾舉案
   (C)不能為任何處理，只能依靠人民選舉時之抉擇
   (D)由內政部之「政黨審議委員會」檢具該政黨相關違憲之事證，聲請司法院憲法法庭解散之
6. 司法院之年度預算應如何編列？
   (A)司法院所提出之年度司法概算，行政院刪減後，編入中央政府總預算案，送立法院審議
   (B)行政院所提出之年度司法概算，編入中央政府總預算案，送立法院審議
   (C)司法院所提出之年度司法概算，行政院得加註意見，編入中央政府總預算案，送立法院審議
   (D)司法院所提出之年度司法概算，行政院得刪減或加註意見，編入中央政府總預算案，送立法院審議
7. 依司法院釋字第401號解釋，有關立法委員言論免責權範圍之敘述，下列何者正確？
   (A)所免除之「法律責任」，不僅不受刑事追訴，也免除民事責任
   (B)所免除之「法律責任」，僅排除刑事責任之訴追
   (C)免除一切法律責任，因此也不受任何形式之懲戒處分
   (D)免除一切法律責任，故不得以免責之言論作為罷免之事由

8. 依公職人員選舉罷免法之規定，有下列何種情事者，不得登記為公職人員選舉之候選人？
(A)動員戡亂時期終止前，曾犯內亂、外患罪，經依刑法判刑確定
(B)曾犯貪污罪，經判刑確定
(C)判處有期徒刑以上之刑確定，受緩刑宣告
(D)曾受禁治產宣告但已撤銷

9. 下列機關之隸屬何者正確？
(A)中央研究院隸屬於總統府
(B)審計部隸屬於行政院
(C)公務人員保障暨培訓委員會隸屬於考選部
(D)公務員懲戒委員會隸屬於法務部

10. 凡屬限制人民權利之事項，立法者非不得授權行政機關發布命令以為法律之補充，惟其授權之目的、內容及範圍應具體明確，始屬合憲。此等要求稱之為：
(A)信賴保護原則　(B)法安定性原則
(C)授權明確性原則　(D)比例原則

11. 憲法第22條規定凡人民之其他自由及權利，不妨害社會秩序、公共利益者，均受憲法之保障。依大法官解釋，下列何者可列入憲法第22條所保障之基本權利？
(A)隱私權　(B)請願權
(C)訴訟權　(D)工作權

12. 依司法院大法官有關平等權之解釋，下列敘述何者錯誤？
(A)憲法之平等原則係指相對平等而非絕對平等
(B)基於憲法之價值體系得為差別對待
(C)基於事物之本質得為差別對待
(D)憲法之平等原則只在保障人民在法律形式上的平等

13. 根據司法院大法官釋字第392號解釋，憲法第8條之羈押權應由何人行使之？

(A)法官　(B)檢察官

(C)警察　(D)調查局

14. 憲法規定中華民國之主權，屬於國民全體，而此國民主權則以各種方式呈現，下列何項方式是錯誤的？

(A)公民投票　(B)選舉

(C)宣布戒嚴　(D)制定憲法

15. 憲法前言表徵的是制憲的意志，而依據前言所述，下列何者並非制定中華民國憲法的目的？

(A)擴張國土　(B)鞏固國權

(C)保障民權　(D)奠定社會安寧

16. 某美食餐廳於報紙上刊登徵才廣告，徵求外場服務生，並說明是因為女性特質較為細膩且有耐心，因此限定女性才能應徵，下列何者為性別工作平等法有關該種徵才廣告的相關規定？

(A)雇主對於求職者之招募，得敘明理由，限定僅特定性別才能應徵

(B)雇主不得基於性別或性傾向而對於受僱者給予差別待遇，但對於求職者之招募，不受此限

(C)雇主對於求職者之招募，不得因性別或性傾向而有差別待遇，除非該工作性質僅適於特定性別

(D)雇主對於求職者的招募，得限定特定性別，但應給付與其他工作價值相同的員工相同的薪資

17. 在我國現行法秩序中，劃分公、私法的實益，並不包含下列何者？

(A)影響實體法律規定的適用

(B)影響程序法律規定的適用

(C)影響訴訟管道的劃分

(D)人民之公法上的法律地位必然優於其在私法上的法律地位

18. 下列法律行為中，那一項為無效？

(A)19歲之小陳未得父母同意與50歲之麗麗結婚

(B)17歲之阿西自書遺囑

(C)30歲受監護宣告之王先生，意識突然清醒，隨即自行購買一本英漢字典

(D)16歲之東東不讓父母知道，單獨至機車行購買機車

19. 關於法律時的效力，下列敘述何者正確？

(A)立法機關制定溯及既往之法律時，應兼顧既得權的保障

(B)法律不溯既往原則僅適用於刑事法律

(C)新法優於舊法的原則並無例外

(D)法律定有施行期限者，期滿仍應經立法院通過廢止案，始喪失效力

20. 下列民事裁判的法源，何者相當於自由法運動提倡的「法律的自由創造」？

(A)法律　　(B)憲法

(C)法理　　(D)命令

21. 關於權力分立原則之敘述，下列何者正確？

(A)中央與地方之權限劃分係屬垂直分權

(B)立法院應享有行政院各委員會委員之提名權及決定權

(C)立法院對於刑事案件享有完全之調查權及強制處分權

(D)行政、立法、司法、考試、監察之五權分立係屬垂直分權

22. 歐洲大陸地區繼受羅馬法運動始自下列何者？

(A)德國　(B)法國

(C)義大利　(D)瑞士

23. 法律適用上，對於適用法律之際，為避免落入拒用或無法律可用之尷尬，進而由法院創造規範之行為，法學方法論稱之為下列何者？

(A)擴充解釋　(B)整體類推

(C)體系解釋　(D)法律續造

24. 當行政機關欲修改或廢止某一授予人民利益之法規時，首應留意那一項原則之遵守？

(A)比例原則　(B)平等原則

(C)信賴保護原則　(D)合義務裁量原則

25. 2006年7月1日起施行之修正刑法廢除刑法第56條連續犯規定，下列何者是刑法修正理由內所提出之說明？

(A)連續犯之處罰不符合訴訟經濟原則

(B)連續犯之處罰過於嚴苛

(C)連續犯之處罰能達到尊重人權，迅速審判之目的

(D)實務上對連續犯範圍認定過寬，不無鼓勵犯罪之嫌

26. 「甲在飲水中下毒，結果乙丙因此中毒而亡」，甲構成那一種競合類型？

(A)想像競合　(B)實質競合

(C)不真正競合　(D)法條競合

27. 中國舊律所稱之「比附援引」，即現代法學方法所謂之何種補充法律之方式？

(A)目的限縮　(B)法律續造

(C)類推適用　(D)當然解釋

28. 關於著作財產權之敘述，下列何者正確？
(A)共同著作人未約定應有部分者，依各著作人參與創作之程度定之
(B)著作財產權讓與之範圍，如當事人約定不明，視為未讓與
(C)共有之著作財產權，非經著作財產權人全體二分之一以上同意，不得行使之
(D)非專屬授權之被授權人，得任意將該權利再授權予第三人利用

29. 為提供全民健康保險政策、法規之研究及諮詢事宜，依法應設置何組織？
(A)全民健康保險爭議審議委員會
(B)全民健康保險監理委員會
(C)全民健康保險醫事服務機構
(D)全民健康保險政策委員會

30. 甲到A渡假中心住宿渡假，結果甲的鑽錶不翼而飛，則下列敘述何者正確？
(A)A渡假中心與甲無任何契約存在，所以甲不得向A渡假中心請求負場所主人責任
(B)場所主人之責任為法定責任，即使甲未交付該鑽錶給A渡假中心，A渡假中心仍要負責
(C)鑽錶為貴重物品，非經報明價值及數量並交付保管者，A渡假中心不負場所主人責任
(D)A渡假中心本身不屬民法所規定之場所主人責任之對象

法學知識解答

題序	01-10	11-20	21-30
答案	ABABDCABAC	ADACACDCAC	ACDCDACABC

100年公務人員普通考試試題法學知識（包括中華民國憲法、法學緒論）

1. 憲法本文及其增修條文中關於「邊疆民族地位」與「原住民族」之規範設計，下列說明何者錯誤？
   (A)國家肯定多元文化，並積極維護發展原住民族語言及文化
   (B)國家對於邊疆地區各民族之教育文化事業應積極舉辦，但不包括經濟社會事業
   (C)國家應依民族意願，保障原住民族之地位及政治參與
   (D)國家對於邊疆地區各民族之土地，應予以合法之保障，並於其地方自治事業，特別予以扶植
2. 關於夫妻婚後之住所，依司法院釋字第452號解釋，下列說明何者錯誤？
   (A)夫妻有同居義務，夫妻婚後所設定之住所亦應同一
   (B)住所雖得由夫妻約定之，不能協議約定者，應准許訴請法院決定之
   (C)如法律規定妻以夫之住所為住所，贅夫以妻之住所為住所，有違男女平等原則
   (D)住所選擇乃人民權利，夫妻婚後未設定住所者，亦應尊重其決定
3. 總統副總統選舉罷免法規定，被連署人應繳交保證金新臺幣100萬元，依司法院釋字第468號解釋，是否合憲？
   (A)違憲，侵害人民被選舉之權利
   (B)違憲，逾越比例原則
   (C)合憲，對人民服公職權利並無影響
   (D)合憲，係避免耗費社會資源之合理規範

4. 所謂人性尊嚴，下列敘述何者錯誤？
(A)係指人的尊嚴不可侵犯，尊重及保護人的尊嚴是所有國家機關之義務
(B)屬於我國憲法第一條所明定，居於基本權之首位
(C)屬於我國憲法未明文例示而為司法院憲法解釋所承認之人權
(D)世界人權宣言亦明揭：人皆生而自由平等，享有尊嚴與權利

5. 憲法本文及其增修條文中關於修改憲法之規定，均未包括下列何種事項？
(A)提案機關　(B)修憲程序
(C)修憲之界限　(D)如須複決者，複決機關為何

6. 依憲法第153條之規定，有關國家與勞資雙方關係之敘述，下列何者正確？
(A)基於契約自由原則，國家不應介入勞資雙方所定之勞動條件
(B)基於計劃經濟原則，國家應訂出固定勞動條件，勞資雙方不得以合意改變
(C)為改良勞工生活，增進其生產技能，國家應制定保護勞工之法律
(D)基於濟弱扶傾原則，國家應要求資方一律提繳盈餘之一定比例給國家，以照顧勞工

7. 下列有關基本人權保障之敘述，何者正確？
(A)憲法平等權保障僅限於男女、宗教、種族、階級、黨派之形式平等
(B)受基本人權保障之主體除自然人之外，還包括公司、財團法人等私法人
(C)言論自由並非絕對，國家得因公益需要，雖無法律依據仍得為事前之檢查
(D)大陸地區人民來臺設有戶籍後，即可立即比照臺灣地區人民，享有應考試服公職之權利

8. 教育、科學、文化之經費，依憲法增修條文之規定，中央、省、縣各占預算總額多少百分比？

(A)5%、10%、15% (B)10%、15%、20%

(C)15%、25%、35% (D)不受百分比之限制

9. 依司法院釋字第574號解釋，憲法第16條所規定之訴訟權，係以人民於其權利遭受侵害時，得依下列何者請求法院救濟為其核心內容？

(A)三級三審 (B)正當法律程序

(C)職權進行主義 (D)自力救濟

10. 依憲法增修條文之規定，副總統缺位時，應如何處置？

(A)不須補選

(B)由行政院長兼任

(C)開放登記，人民補選之

(D)總統提名候選人，立法院補選之代號

11. 依憲法及其增修條文規定，下列何者非屬行政院院長之職權？

(A)總統、副總統均缺位時，代行總統職權

(B)提請總統任命行政院副院長之權

(C)總統發布命令之副署權

(D)預算執行完畢後，向立法院提出審核報告之權

12. 依憲法增修條文第4條規定，有關總統彈劾，何者正確？

(A)由全體監察委員四分之一以上提議，全體監察委員過半數審查及決議後向國民大會提出

(B)由全體監察委員三分之一以上提議，全體監察委員三分之二以上審查及決議後向國民大會提出

(C)由全體立法委員三分之一以上提議，全體立法委員三分之二以上之決議

(D)由全體立法委員二分之一以上提議，全體立法委員三分之二以上之決議

13. 依憲法增修條文第1條規定，有關領土變更案之敘述，下列何者正確？

(A)領土變更案涉及受變更地之住民權益，應先由當地住民公投通過後方得成案

(B)領土變更案涉及國家安全，應由國家安全局負責向立法院提出

(C)領土變更案依規定須交由我國自由地區選舉人投票複決

(D)領土變更案為國際法問題，我國應依聯合國之決定辦理

14. 依據司法院釋字第384號解釋，秘密證人制度違反下列何一原則？

(A)比例原則　(B)一事不再理原則

(C)罪疑唯輕原則　(D)罪刑法定主義原則

15. 依據憲法增修條文第9條規定，省議會之組織如何規定？

(A)省設省議會，為省之立法機關，省議員由省民選舉之

(B)省設省參議會，置參議員若干人，由行政院院長任命之

(C)省設省諮議會，置省諮議會議員若干人，由行政院院長提請總統任命

(D)省設省諮議會，置省諮議會議員若干人，由縣（市）議會選舉產生之

16. 有關強行法與任意法之敘述，下列何者正確？

(A)公法領域內都是強行法　(B)私法領域內有強行法

(C)民法規定都是任意法　(D)公司法規定都是任意法

17. 直轄市之自治條例規定有罰則時：

(A)須送行政院備查　(B)須送行政院核定

(C)須送立法院備查　(D)須送立法院核定

18. 甲、乙就A屋成立買賣契約，但甲卻誤將B屋移轉於乙，此種錯誤稱為：

(A)動機錯誤　(B)債權行為錯誤

(C)物權行為錯誤　(D)債權行為及物權行為錯誤

19. 下列何者非司法院釋字第491號解釋所揭示法律明確性原則之要件？

(A)可經由司法審查加以確認　(B)為受規範者所得預見

(C)意義並非一般人難以理解　(D)行政機關享有判斷餘地

20. 甲在百公尺外埋伏欲射殺仇人乙，當時乙、丙站在一起談話，甲明知可能會誤射中丙，仍執意開槍，丙果真中槍死亡。甲對丙之死亡應負何種罪責？

(A)過失殺丙既遂　(B)故意殺丙既遂

(C)過失殺丙未遂　(D)故意殺丙未遂

21. 雇主修改工作規則，作不利於勞工之單方變更，我國法院基本上依據下列何一原則判斷其合法性？

(A)工作規則集體合意原則　(B)工作規則合理變更原則

(C)工作規則契約合意原則　(D)工作規則法規制定原則

22. 殺人罪之追訴時效期間為幾年？

(A)20年　(B)10年

(C)15年　(D)30年

23. 下列關於股份有限公司董事會之敘述何者錯誤？

(A)公司董事人數不得少於3人

(B)公司董事必須是公司股東

(C)董事會為決議時，有利益衝突的董事於表決時必須迴避，否則此一決議無效

(D)每年度會計終了，董事會必須編造相關財務與業務表冊送監察人查核並經股東會決議

24. 下列關於司法機關適用「不告不理原則」之敘述，何者錯誤？

(A)其內涵係指非經當事人請求，法院不得對於法律爭議逕為裁判

(B)民事案件適用之

(C)行政案件適用之

(D)刑事案件不適用之

25. 下列有關員工權利之敘述，何者正確？

(A)員工分配紅利之成數，由董事會定之

(B)員工取得認股權憑證，不得轉讓

(C)員工分紅取得之股份，公司得限制在一定期間內不得轉讓

(D)公司發行新股時，應保留百分之二十由員工優先認購

26. 就他人之財產或營業概括承受其資產及負債者，債務人關於未到期之債權所負之責任為何？

(A)自到期時起，2年內單獨負擔其責任

(B)自到期時起，2年內與承擔人連帶負擔其責任

(C)自到期時起，2年內與承擔人個別負擔其責任

(D)自到期時起，與承擔人個別負擔其責任

27. 下列對自由法運動的敘述，何者錯誤？

(A)自由法運動主張司法造法　(B)自由法運動認為法律體系並不完美

(C)自由法運動拒絕法官從事利益衡量　(D)自由法運動批判概念法學

28. 關於刑法中之故意，下列何者錯誤？

(A)刑法以處罰故意犯為原則

(B)故意分為直接故意與間接故意

(C)故意分為確定故意與不確定故意

(D)行為人對於構成犯罪之事實，明知並有意使其發生者，為間接故意

29. 家庭暴力通常保護令失效前，當事人及被害人得聲請法院延長期限最長為幾年？

(A)1年　　(B)2年

(C)3年　　(D)4年

30. 勞動基準法有關終止勞動契約之預告期間規定，下列何者錯誤？

(A)雇主依同法第11條終止勞動契約者，如勞工繼續工作達3年以上者，應於30日前預告之

(B)勞工於預告期間內，得於工作時間請假外出以另謀工作，請假時數每星期不得超過1日

(C)雇主依同法第11條終止勞動契約者，如未為預告，應給付勞工預告期間之工資

(D)不定期契約，勞工終止契約時，應準用同法第16條之預告期間

法學知識解答

題序	01-10	11-20	21-30
答案	BADBCCBDBD	DDCACBBCDB	BDBDBBCDAB

100年公務人員高等考試三級考試試題法學知識（包括中華民國憲法、法學緒論）

1. 就公立大學教育而言，下列何者不屬於憲法第11條講學自由之保障範圍？
   (A)行政規費之收取　(B)教師之研究主題設定
   (C)教師之教學大綱決定　(D)學生之學習自由
2. 人民有居住遷徙的自由，依司法院釋字第454號解釋，以下敘述何者錯誤？
   (A)憲法第10條規定人民有居住及遷徙之自由，旨在保障人民有自由設定住居所、遷徙、旅行，包括出境或入境之權利
   (B)對人民上述自由或權利加以限制，必須符合憲法第23條所定必要之程度，並以法律定之
   (C)對於「國人入境短期停留長期居留及戶籍登記作業要點」第7點規定，關於在臺灣地區無戶籍人民申請在臺灣地區長期居留得不予許可、撤銷其許可、撤銷或註銷其戶籍，並限期離境之規定，係對人民居住及遷徙自由之重大限制，應有法律或法律明確授權之依據
   (D)對人民入境居住之權利，固得視規範對象究為臺灣地區有戶籍人民，僑居國外或居住港澳等地區之人民，及其所受限制之輕重而容許合理差異之規範，惟必須符合憲法第23條所定必要之程度，並以法律定之，不得經立法機關明確授權由行政機關以命令定之
3. 下列那一種公職人員之選舉並無婦女當選名額之保障？
   (A)區域立法委員
   (B)全國不分區及僑居國外國民立法委員
   (C)直轄市、縣（市）議員
   (D)鄉（鎮、市）民代表

4. 下列那一種制度，在法理上也常被稱為「第二次權利保護」或「第二次權利救濟」？

(A)訴願　(B)行政訴訟

(C)國家賠償　(D)徵收補償

5. 憲法第1條明定中華民國為民主共和國，下列何者並非民主共和國之特徵？

(A)國家元首是透過選舉產生

(B)國家元首有一定的任期

(C)國家元首由人民直接或間接選出

(D)國家元首可以指定繼承人

6. 下列我國憲法本文第10章及第11章之條文中，何者已因憲法增修條文第9條第1項之規定而不適用？

(A)第110條有關縣立法並執行事項之條文

(B)第113條有關省自治法內容之條文

(C)第116條有關省法規與國家法律牴觸者無效之條文

(D)第111條有關中央與地方權限爭議解決之條文

7. 依地方制度法之規定，下列有關直轄市或縣（市）政府辦理自治或委辦事項之敘述何者錯誤？

(A)直轄市政府辦理自治事項違背法律者，由中央各該主管機關報行政院予以撤銷、變更、廢止或停止其執行

(B)直轄市政府辦理委辦事項違背法律者，由委辦機關予以撤銷、變更、廢止或停止其執行

(C)縣（市）政府辦理自治事項違背法律者，由中央各該主管機關報行政院予以撤銷、變更、廢止或停止其執行

(D)縣（市）政府辦理委辦事項違背法律者，由委辦機關予以撤銷、變更、廢止或停止其執行

8. 下列何者並非憲法基本國策中明文規定，有關勞工及勞資關係之重要原則？
(A)為保護本國勞工，應限制輸入外籍勞工
(B)婦女兒童從事勞動者，應給予特別之保護
(C)勞資關係以協調合作為原則
(D)勞資糾紛之仲裁應以法律定之

9. 下列何者非訴訟權保障之核心內容？
(A)權利遭受侵害時，必須給予向法院提起訴訟之權利
(B)權利遭受侵害時，可以請求依正當法律程序公平審判
(C)權利遭受侵害時，可以獲及時有效救濟之機會
(D)公私法上之訴訟，皆應有相同審級之救濟

10. 有關財產權之限制，依據司法院大法官解釋，下列何項敘述正確？
(A)得依其限制之程度，以法律或法律明確授權之命令予以規範
(B)有關財產權之限制，必須以法律定之
(C)屬憲法保留層次問題
(D)原則上由法規命令或行政規則為之

11. 法律限制大陸地區人民經許可進入臺灣地區者，非在臺灣地區設有戶籍滿十年，不得擔任公務人員之規定，依司法院大法官解釋，何者錯誤？
(A)此規定目的為確保臺灣地區安全、民眾福祉暨維護自由民主之憲政秩序，應屬合理正當
(B)此種有關兩岸關係事務之規定，係屬政治問題，立法機關就此所為之決定，釋憲機關不得審查
(C)以設有戶籍滿十年，作為其擔任公務人員之要件，仍屬必要及合理之範圍

(D)此種限制係考量原設籍大陸地區人民對自由民主憲政體制認識與臺灣地區人民之差異，仍屬合理

12. 總統行使何種職權，無須經行政院會議之議決？

(A)宣布戒嚴

(B)發布緊急命令

(C)行使國家安全大政方針決定權

(D)行使大赦之權

13. 有關審計長之敘述，下列何者正確？

(A)任期十年

(B)與執政黨之更迭同進退

(C)由總統提名，監察院同意後任命

(D)由總統提名，立法院同意後任命

14. 有關言論自由，依司法院大法官解釋，下列說明何者錯誤？

(A)言論自由有實現自我、溝通意見、追求真理、滿足人民知的權利，形成公意，促進各種合理的政治及社會活動之功能，乃維持民主多元社會正常發展不可或缺之機制

(B)言論自由如以法律加以限制者，應符合比例原則之要求

(C)人民團體法第2條規定：「人民團體之組織與活動，不得主張共產主義」，使主管機關於許可設立人民團體以前，得就人民「主張共產主義」之政治上言論內容而為審查，與憲法保障人民結社自由與言論自由之意旨相符

(D)政黨成立後發生其目的或行為危害中華民國之存在或自由民主之憲政秩序者，經憲法法庭作成解散之判決後，始得禁止

15. 人民身體自由享有充分保障，行政執行法拘提管收事由相關規定是否違憲，依司法院大法官解釋，下列敘述何者錯誤？

(A)立法機關基於重大之公益目的，藉由限制人民自由之強制措施，以貫徹其法定義務，於符合憲法上比例原則之範圍內，應為憲法之所許

(B)行政執行法關於「管收」處分之規定，於法定義務人確有履行之能力而不履行時，拘束其身體所為間接強制其履行之措施，尚非憲法所不許

(C)行政執行法如規定，「於調查執行標的物時，對於執行人員拒絕陳述者」得予以拘提管收，已逾越必要程度，與憲法第23條規定之意旨違背

(D)憲法第8條第1項規定所稱「法定程序」，係指凡限制人民身體自由之處置，不問其是否屬於刑事被告之身分均須同一

16. 刑法第153條第1款規定：「以文字、圖畫、演說或他法，公然為左列行為之一者，處二年以下有期徒刑、拘役或一千元以下罰金：一、煽惑他人犯罪者。」下列有關此條文之解釋，何者正確？

(A)此規定所謂之他人，係指不特定之人

(B)此規定所謂之他人，係指特定之人

(C)他人必須有犯罪之著手，行為人始構成此罪

(D)他人必須犯罪既遂，行為人始構成此罪

17. 依民法規定，監護人執行監護職務所負之責任為何？

(A)應負無過失責任　　(B)應負抽象輕過失責任

(C)僅就具體輕過失負責　　(D)僅就重大過失負責

18. 甲有配偶乙，子女A、B，別無其他親屬。甲死亡時留下遺產90萬元，並留下有效遺囑將遺產全部贈與密友丙。請問依照民法規定，乙、A、B各可主張多少數額的特留分？

(A)乙、A、B各10萬元　　(B)乙15萬元，A、B各10萬元

(C)乙、A、B各15萬元　　(D)乙30萬元，A、B各15萬元

19. 下列關於意思表示的敘述，何者正確？

(A)虛偽意思表示，隱藏他項法律行為者，適用關於該項法律行為之規定

(B)表意人因過失而不知相對人之姓名、居所者，得依民事訴訟法公示送達之規定，以公示送達為意思表示之通知

(C)意思表示因傳達人或傳達機關傳達不實者，傳達人或傳達機關之撤銷權，自意思表示後，經過一年而消滅

(D)向法定代理人允許其獨立營業之限制行為能力人為意思表示者，以其通知達到其法定代理人時，發生效力

20. 下列何種法學理論曾以「機械法學」批判法院之裁判？

(A)概念法學　　(B)社會法學

(C)法律實證主義　　(D)立憲主義

21. 下列何者屬於抽象危險犯？

(A)殺人罪　　(B)傷害罪

(C)竊盜罪　　(D)偽證罪

22. 甲、乙就A車成立讓與合意後，讓與人甲又以借用人身分與乙訂立A車之使用借貸契約。本題之交付方式為何？

(A)現實交付　　(B)簡易交付

(C)占有改定　　(D)指示交付

23. 下列何者並不是司法院大法官解釋認為憲法保障商業言論自由的理由？
(A)商業言論所提供之訊息為真實
(B)商業言論所提供之訊息須無獲利性
(C)商業言論所提供之訊息係以合法交易為目的，且有助於消費大眾作出經濟上之合理抉擇者
(D)商業言論所提供之訊息須無誤導性

24. 近世法律關係趨於複雜，有時純靠私法並無法解決私人間的法律關係，因此公法往往介入私法領域，而有社會法及勞動法之產生，下列何者屬於此類法律？
(A)團體協約法
(B)行政程序法
(C)漢生病病患人權保障及補償條例
(D)國家賠償法

25. 在一電子工廠服務的女性員工甲女於懷孕七個月時，雇主以「甲女生育後，有育兒的義務」為由將甲女解僱，依據性別工作平等法，該解僱效力如何？
(A)非直接以懷孕為由之解僱，該解僱有效
(B)以育兒為由之解僱，該解僱有效
(C)雇主不得以育兒作為解僱甲女之理由，該解僱不生效力
(D)雇主支付甲女一個月薪資後，即可解僱甲女

26. 有關依法行政原則，下列何者錯誤？
(A)行政行為應受法律拘束，不受一般法律原則之影響
(B)包含積極的與消極的兩種面向
(C)可區分為法律優越以及法律保留兩項
(D)為法治國家的重要表徵

27. 法院依法為某未成年子女A酌定B為其權利義務之行使或負擔之人的裁判後，B對A為家庭暴力，請問下列何人無法向法院請求，為A之最佳利益改定之？

(A)A本身 (B)縣市主管機關
(C)社會福利機構 (D)A友人之父母

28. 直轄市家庭暴力防治中心應辦理的事項，不包括下列何者？

(A)協調、督導警政、社政與司法機關家庭暴力防治事項之執行
(B)提供二十四小時電話專線服務
(C)提供被害人及其未成年子女短、中、長期庇護安置
(D)追蹤及管理轉介服務案件

29. 公司轉投資其他公司為有限責任股東時，其所有投資總額，原則上不得超過本公司實收股本百分之多少？

(A)三十 (B)四十
(C)五十 (D)六十

30. 消費者保護法規定，於訂立定型化契約之前，消費者應有幾日以內之審閱期間？

(A)30日以內 (B)20日以內
(C)15日以內 (D)10日以內

法學知識解答

題序	01-10	11-20	21-30
答案	ADACDBBADA	BCDCDABCAB	DCBACADABA

國家圖書館出版品預行編目資料

法律與人生／劉作揖著.一八版.一臺北市：五南，2012.01
面；　公分.

ISBN 978-957-11-6424-3（平裝）

1.法律

580　　100017887

1S59

法律與人生

作　　者 — 劉作揖(343.1)
發 行 人 — 楊榮川
總 編 輯 — 龐君豪
主　　編 — 劉靜芬　林振煌
責任編輯 — 李奇蓁
封面設計 — P. Design視覺企劃
出 版 者 — 五南圖書出版股份有限公司
地　　址：106台北市大安區和平東路二段339號4樓
電　　話：(02)2705-5066　　傳　　真：(02)2706-6100
網　　址：http://www.wunan.com.tw
電子郵件：wunan@wunan.com.tw
劃撥帳號：01068953
戶　　名：五南圖書出版股份有限公司
台中市駐區辦公室/台中市中區中山路6號
電　　話：(04)2223-0891　　傳　　真：(04)2223-3549
高雄市駐區辦公室/高雄市新興區中山一路290號
電　　話：(07)2358-702　　傳　　真：(07)2350-236
法律顧問　元貞聯合法律事務所　張澤平律師
出版日期　2003年 9 月三版一刷
2004年 3 月三版二刷
2004年 9 月四版一刷
2005年 2 月五版一刷
2006年10月六版一刷
2007年10月七版一刷
2012年 1 月八版一刷
定　　價　新臺幣420元

凝煉知識品味閱讀

凝煉知識品味閱讀